古代歷史文化研究輯刊

十六編

王明蓀 主編

第 22 冊

從長城到長城學

黃益 著

國家圖書館出版品預行編目資料

從長城到長城學／黃益 著 — 初版 — 新北市：花木蘭文化出
版社，2016〔民 105〕
目 4+202 面；19×26 公分
（古代歷史文化研究輯刊 十六編；第 22 冊）
ISBN 978-986-404-767-3（精裝）
1. 歷史 2. 長城
618   105014274

ISBN-978-986-404-767-3

9 789864 047673

古代歷史文化研究輯刊
十六編　第二二冊　　　　　　　ISBN：978-986-404-767-3

從長城到長城學

作　者	黃益
主　編	王明蓀
總編輯	杜潔祥
副總編輯	楊嘉樂
編　輯	許郁翎、王筑　美術編輯　陳逸婷
出　版	花木蘭文化出版社
社　長	高小娟
聯絡地址	235 新北市中和區中安街七二號十三樓
	電話：02-2923-1455 ／傳真：02-2923-1452
網　址	http://www.huamulan.tw 信箱 hml810518@gmail.com
印　刷	普羅文化出版廣告事業
初　版	2016 年 9 月
全書字數	182819 字
定　價	十六編 35 冊（精裝）台幣 68,000 元

從長城到長城學

黃益　著

作者簡介

黃益，女，湖南人，1980 年生，歷史文獻學博士，現爲南京大學文化遺產學博士後，致力於長城保護與長城文化研究。曾參加國家重點科研與出版項目兩個，獨立完成晚清學者黃彭年《陶樓詩文輯校》（70 餘萬字）的整理和出版，參與編寫中國文化有關書籍 5 種，發表學術論文 9 篇，報紙文章、會議論文及專業網站首頁文章 40 餘篇，創立長城文化宣傳主題網站「長城時光：從長城到長城學」（www.wallstime.com）。

提　　要

長城既是課題也是話題。從其誕生之日起，長城便與國家之間形成了千絲萬縷的聯繫，因此，上到國家首腦下到黎民百姓，無論是中國還是世界，它都是中國的一個符號、一張名片、一個話題。所有人都能站在自己的認識角度對長城本體或借長城對中國發表一定的知見。這些知見中包含很多眞知灼見，也往往因爲對長城整體認識不足而存在一定的缺憾。

本書作者在以學術秘書身份參加《中國長城志》編纂的過程中，通過聆聽各位長城研究學者的觀點，再進行系統長城文獻閱讀，辨析各類長城認識的不一致處，最終找到了相對準確的長城認識方式。作者對現有長城研究成果去蕪取精，以長城的產生背景、長城的產生與發展、長城的作用與價值、長城的保護與研究四個角度進行歸納總結，是對現有研究成果的學術史總結。與一般的學術史總結不完全一致的是，此次梳理的過程中儘量減少了對既有觀念的點評，只是通過歷史、軍事、民族、建築等多角度的知識理論全面思考和整理，以期爲長城學的構建奠定理性的、學術的基礎。

文後附錄了作者在閱讀各種長城理念的過程中的思考片段，這些片段或者以論文的形式呈現，或者以百餘字的篇幅記錄，或者以條析的形式對中國現有長城的調查與研究情況進行梳理，從中可以略見長城研究的繁複程度與可能存在的各類誤區。

目

次

前　言

　　2010 年，是我人生中較為重要的一個轉折點。帶著對未來長城文化出版的無限憧憬，我選擇進入了《中國長城志》編輯部，從此開始了一段較為特殊的工作旅程。

　　厚積才能薄發，這是讀書這麼多年自己最深切的體悟。進入《中國長城志》編輯部時，我是意氣風發的，心裏很篤定地認為自己已經進行了十幾年的歷史思維訓練，期間對方志的掌握又託賴於黃彭年的精微廣博而直入堂室，《中國長城志》又是數百位專家進行編纂，我作為編輯只需要做一些跟蹤和服務，這個工作肯定是駕輕就熟的。

　　但真正進入編輯崗位，準備用全身心投入編輯事業時，我發現自己所申請的這個編輯崗位並不是我想像的那樣簡單。由於單位任命我擔任《中國長城志》總主編的學術秘書，我的主要工作內容不是做編輯，而是做學術。儘管沒有發表論文的壓力，但要全面掌握長城的知識和長城理論。

　　很清楚地記得，2010 年下半年單位讓我迅速整理出長城理論。為了梳理長城理論，我搜集並閱讀了幾百萬字的文字資料，但沒有絲毫頭緒。最後不得不交出工作任務時，搭上了周末，也熬了幾個通宵，拿出的兩萬餘字自己根本無法滿意。為什麼？還是大二暑假拜訪孫欽善先生時，孫先生諄諄教導的那句「根深才能葉茂」！長城研究的根基都沒有，談什麼理論總結！

　　就在硬著頭皮交出那自己都說服不了自己的「長城理論」討論稿後，我的心裏對長城研究充滿了敬畏。也就是在那時候，我向領導申請盡量參與每一次專家討論會，向所有的專家學習。與此同時，我也開始著力搜集並利用各種時間閱讀與長城有關的文獻資料。到現在，我讀過的直接寫長城的書有

多少本？我沒有進行過統計。到 2014 年時，我手頭的紙質長城典籍已經超過
150 種，這並不包括跟蹤《中國長城志·文獻》卷的數百種古籍，更不包括因
長城而延展開來的其它研究資料，也不包括數以千計的學術論文。不可否認，
受工作強度的限制，其中很多書籍我至今仍舊停留在快速翻閱並初步掌握信
息的階段。要深入掌握長城這門學問，談何容易！

很清楚地記得，最開始讀長城典籍時，我處在的狀態是永遠點頭：是的，
是的，是的，是這樣的……很快，我又陷入了無限的困惑：是這樣嗎？是這
樣嗎？真的是這樣嗎？……再往後，我又進入了這個階段：不對，應該這樣
說；不行，這樣看長城偏離了長城的實際，這樣看更好……到現在，我終於
進入了自己比較滿意的狀態：是的，這位先生看長城很有歷史的思辨！這位
先生看到了長城的這些問題！那位先生看到了長城的那個癥結！

如果將這些先生的觀點進行去粗取精，再加上中國深厚的歷史文化，不
就是長城嗎？！……正是基於這一思考，我下定決心搭一個架子，將各位專
家學者的深邃思考進行一些綴連和總結分析，這就是《從長城到長城學》這
本書的緣起。

感謝有著十幾年史學思維辨析的功底，感謝北京師範大學、南京大學讓
我從一開始便懂得了對學術的尊重、對智慧的真誠。經過幾年的努力，我終
於在浩如煙海的長城宣傳和長城研究中摸到了一點歷史的脈絡，逐漸開始體
認歷史意識對社會發展的重要性。不容否認，為了掌握長城的知識體系，我
忍受了無數的痛苦和煎熬——苦中作樂的日子或許會跟隨著我此後研究長城
的每一個腳步，但我還是要感謝對長城總脈絡的這一次梳理：是它讓我真正
開始理解中國幾千年的歷史。

回想過去的 5 年，我不是在讀長城的文獻資料，不是在探討與長城有關
的話題；不是在去長城考察的路上，就是在考察的那一段長城上。反思間覺
得，我能加入《中國長城志》編纂的團隊，可能是自己這一輩子最大的幸事。
如果沒有去認識和瞭解長城，我這輩子或許都難以對長城的研究產生濃厚的
興趣，或許一輩子都不會逼自己用如此寶貴幾年時間摸爬滾打於長城研究
中，或許一輩子都不會萌生出讓每一位中華民族的子孫成為長城專家的願望。

《從長城到長城學》是我立志將長城文化傳揚起來進行的第一次脈絡梳
理，這次的梳理主旨在讓所有關心長城研究的朋友看到其犖犖大者。這次梳
理比較粗疏，很多問題在更深入研究之後或許會有觀點的調整和改變。「智者

千慮必有一失，愚者千慮亦有一得」，我深知自己是愚悃的，因此，不敢自己一個人獨坐冷板凳去面對如此龐大的長城研究且深信自己的研究定然準確。姑且將這當成一個靶子，供所有熱愛長城研究和長城文化的朋友們批判吧！

　　本文寫作時，充滿了對此前進行過長城研究的所有長輩和朋友的感激。本擬對行文中提到的每一位研究者後加「先生」二字表達自己最眞切的尊敬。經過一番思慮之後，我最終決定尊重學術行文的規範，將敘述的重點放在學術觀點的分析與展示上。相信所有的朋友在閱讀的過程中，能感受到我對文中提到的和沒有提到的所有長城研究者的敬重。

　　最後，我想借這前言表達自己對鳳凰出版傳媒集團和中國長城學會的感謝。沒有這兩個機構的通力合作，就沒有《中國長城志》的編纂；沒有《中國長城志》的編纂，我就不會對長城高度關注。沒有對長城的高度關注，也難以認識如此眾多研究長城和熱愛長城的長輩和朋友們。感恩永存。願我們以長城文化的交流爲契機，共同推動長城研究，促長城學最終從理念到理論，最終落地生根。

黃　益

2015 年 10 月 30 日

緒　論

　　1987 年，世界上發生了一件未受到足夠關注的大事：中國的萬里長城
（The Great Wall）〔註1〕與英國的哈德良長城（Hadrian's Wall）同時列入《世
界遺產名錄》。未受到世人足夠關注的重要因素已由聯合國教科文組織在此
後的 20 餘年間陸續補足：2005 年，教科文組織將德國上日耳曼-雷蒂安邊牆
（The Upper German-Raetian Limes）與哈德良長城合併成羅馬帝國邊牆
（Frontiers of the Roman Empire），並在注釋中明確指出哈德良長城是羅馬帝
國邊牆的一部分。〔註2〕2008 年，教科文組織又將英國安東尼長城（The
Antonine Wall）加入此遺產中。〔註3〕古代中國和古代羅馬分別修建的萬里

〔註1〕　《The Great Wall》，UNESCO，http://whc.unesco.org/en/list/438。原英文為：In
　　　　c. 220 B.C., under Qin Shi Huang, sections of earlier fortifications were joined
　　　　together to form a united defence system against invasions from the north.
　　　　Construction continued up to the Ming dynasty（1368〜1644），when the Great
　　　　Wall became the world's largest military structure. Its historic and strategic
　　　　importance is matched only by its architectural significance.世界遺產名錄關注的
　　　　重點是中國秦至明的長城，但在詳細解說中包含了先秦長城的内容。本書為
　　　　保證全書統一，「Frontiers」「Limes」「Wall」採用「邊牆」或「長城」的譯法，
　　　　不採用「界牆」「軍事防禦體系」等譯法。
〔註2〕　《World Heritage List》，UNESCO，http://whc.unesco.org/en/list。第 10 條注釋
　　　　為：The"Hadrian's Wall"which was previously inscribed on the World Heritage
　　　　List, is part of the transnational property"Frontiers of the Roman Empire」.
〔註3〕　《Frontiers of the Roman Empire》，UNESCO，http://whc.unesco.org/en/list/430。
　　　　原英文為：Frontiers of the Roman Empire：The ‘Roman Limes’ represents the
　　　　border line of the Roman Empire at its greatest extent in the 2nd century AD. It
　　　　stretched over 5,000 km from the Atlantic coast of northern Britain, through
　　　　Europe to the Black Sea, and from there to the Red Sea and across North Africa to
　　　　the Atlantic coast. The remains of the Limes today consist of vestiges of built walls,

長城幾乎同時作爲全人類共同遺產受到保護，世界上不止中國有萬里長城也逐漸成爲世人的共識。

當我們將中國長城與羅馬帝國邊牆進行比較時，不難發現中國長城對中國的影響遠遠超過羅馬帝國邊牆對歐洲的影響，也不難發現中國長城在世界人民心目中所佔的分量遠遠超過羅馬帝國邊牆。這些顯而易見的事實讓我們忍不住驕傲地宣稱：「在人類發展史上，出現過許多文明古國，各自留下了其稱奇於世的燦爛文化。但無論哪一個文明古國，都不曾有過像長城這樣規模宏大、內涵豐富、閱盡滄桑而魅力永駐的建築，不僅使遍及天涯的炎黃子孫魂牽夢繞，也使世界人民由衷景仰。」〔註4〕

在看到社會對長城讚譽這一主流同時，我們也很清楚地看到：世界輿論對中國長城的評價從古至今一直存在批判和質疑。在中國古代，長城常常被人民用作反抗苛政的直接抨擊對象，以孟姜女哭長城爲代表的大量民間傳說故事傳唱至今；近現代以來，一些學者將中國長城視爲「限制文明空間的環」〔註5〕，甚至有人認爲中國長城「把歷史上的中國變成一座特大的監獄」〔註6〕，將中國長城與保守、卑劣、孱弱、封閉、無能等消極詞彙劃上了等號。中國以外，「躲在長城裏邊」〔註7〕等成語出現在人們的話語中；學者在研究中國問題時常會對長城質疑，馬克思（Karl Heinrich Marx）和恩格斯（Friedrich Von

---

ditches, forts, fortresses, watchtowers and civilian settlements. Certain elements of the line have been excavated, some reconstructed and a few destroyed. The two sections of the Limes in Germany cover a length of 550 km from the north-west of the country to the Danube in the south-east. The 118-km-long Hadrian's Wall （UK） was built on the orders of the Emperor Hadrian c. AD 122 at the northernmost limits of the Roman province of Britannia. It is a striking example of the organization of a military zone and illustrates the defensive techniques and geopolitical strategies of ancient Rome. The Antonine Wall, a 60-km long fortification in Scotland was started by Emperor Antonius Pius in 142 AD as a defense against the" barbarians"of the north. It constitutes the northwestern-most portion of the Roman Limes.

〔註4〕侯仁之：《在長城國際學術研討會上的總結發言》，《長城國際學術研討會論文集》，長春：吉林人民出版社，1995年，第333頁。此爲1994年長城國際學術研討會上的發言稿，後經整理收入《中國長城年鑑》（2006年出版）時，增加了標題「長城的歷史效應、國際影響及保護與作用」。

〔註5〕何新：《中國文化史新論》，哈爾濱：黑龍江人民出版社，1987年，第147頁。

〔註6〕崔文華：《河殤論》，北京：文化藝術出版社，1988年，第166頁。

〔註7〕〔蘇聯〕Л. C.瓦西里耶夫：《中國長城》，劉蜀永譯，《蘇聯考古文選》，北京：文物出版社，1980年，第160頁。

Engels）受到當時西方思潮影響，在《國際述評（一）》中也將中國的萬里長城與「最反動最保守」聯繫在一起。〔註8〕

　　對中國長城作用的認識存在各種爭論，說明人們看待中國長城的角度和看待長城的時間跨度不一致。當我們審視各家觀點的時候，往往看到這樣的情況：很多詆毀、否定長城的認識放在某種情境下似乎很有道理，但將其擴展到漫長的歷史時空中去看時便不攻自破。中國長城在現代為什麼能獲得如此高的地位？我們仍需要回到歷史大背景中，用事實來看。現在，對中國長城的作用和地位，已經有很多學者進行過這樣那樣的闡述。侯仁之在 20 年前就曾經指導我們，今天研究長城要「寬容地對待古人，不簡單地以某種意識形態價值觀去批判文物」，「更加客觀、更加理智、更加辯證地來加以審視」，將「探究其深刻內涵與發展其歷史精神的理性思考」作為責任。〔註9〕透過學者已經取得的成績，我們不難發現，長城已經作為巨大的歷史文化載體，成為人們認識中國歷史的一把鑰匙。它吸引著中外學者深入挖掘其歷史價值和現實意義，推動中國與世界在更深的層面展開對話和交流。

〔註 8〕　《國際述評（一）》中寫道：「雖然中國的社會主義跟歐洲社會主義像中國哲學跟黑格爾哲學一樣具有共同之點。但是，有一點仍然是令人欣慰的，即世界上最古老最鞏固的帝國 8 年來在英國資產者的大批印花布的影響之下已經處於社會變革的前夕，而這次變革必將給這個國家的文明帶來極其重要的結果。如果我們歐洲的反動分子不久的將來會逃奔亞洲，最後到達萬里長城，到達最反動最保守的堡壘的大門的時候，那麼他們說不定會看見這樣的字樣：REPUBLIQUE CHINOISE LIBERTE， EGALITE， FRATERNITE（中華共和國，自由，平等，博愛）」（〔德〕馬克思、恩格斯：《國際述評（一）》，《馬克思恩格斯全集》第 7 卷，北京：人民出版社，1959 年，第 265 頁。）
〔註 9〕　侯仁之：《在長城國際學術研討會上的總結發言》，《長城國際學術研討會論文集》，長春：吉林人民出版社，1995 年，第 337～338 頁。

第一章　長城產生與發展的環境

　　長城是什麼？很多學者都曾嘗試著給出答案。景愛曾搜集並辨析了《現代漢語詞典》《辭源》《辭海》《中文大辭典》《漢語大詞典》中長城定義存在的各種問題，並總結認爲學術界研究的薄弱是定義不准確的根本原因：「對長城解釋的缺陷是有原因的，那就是學術界對長城缺乏深入細緻的研究，關於長城的性質、功用、特點等許多問題並不是很清楚的，甚至可以說是若明若暗。編纂辭書的人，要依據現有的科研成果撰寫詞條，科研水平的高低，直接影響了詞條解釋的準確程度。」〔註1〕這確實是長城難以下定義的原因之一。

　　世界上並未得到學術界深入研究的事物極多，爲什麼很多事物的定義一目了然或者至少沒有像長城一樣遭遇如此多的辯駁？除了長城研究略嫌薄弱外，這與長城在歷史發展進程中具有不斷豐富的內涵也存在密切的關係。侯仁之在1994年曾指出：「長城是什麼？回答這個問題多解而都不盡意。長城，可以從哲學、歷史學、民族學、建築學、軍事學等多種角度給以界定，但又似乎都不能達成精確的概括。這是因爲長城本身具有極大的可創造性，並在多種領域含有豐富的可探藏量。」〔註2〕侯仁之用「可創造性」和「可探藏量」說明了長城內涵的豐富。

　　成大林也曾從發展的角度強調過給長城下定義的難處：「我國長城的修築，從它的始建到修建的終止，它的建築結構、形態、地域、使用材料和內涵、外延都處在動態變化之中。每朝每段長城都顯示著強烈的時代、地域和民族特徵。如果我們現在給長城下定義時，以某朝或某段長城爲標準去界定

〔註1〕景愛：《中國長城史》，上海：上海人民出版社，2006年，第24頁。
〔註2〕侯仁之：《在長城國際學術研討會上的總結發言》，《長城國際學術研討會論文集》，長春：吉林人民出版社，1995年，第334頁。

我國所有的長城，必定有許多說不通的現象。這是目前給長城下一個能含括中國歷代長城的內涵和外延的定義的困難所在。」〔註3〕

本著科學嚴謹的態度，侯仁之對中國長城只進行過描述性的定義，成大林也只在具體分析長城的某些問題時提到界定長城需要留意的若干細節〔註4〕，威廉‧林賽在向朋友們介紹長城時，首先說明「The Great Wall of China（中國長城）」這個概念掩蓋了很多信息，造成了很多誤解〔註5〕。爲此，威廉‧林賽用了較大篇幅來排除誤會。〔註6〕很顯然，用描述的形式和排除的方法可以不斷縷析出長城的特點。我們也將繼續以排除和描述的方式對長城進行盡可能多的分析，爲最終形成長城的精準定義打下堅實的基礎。

在中國古代，長城修建和延續使用時間的長久是顯而易見的事實。早在先秦時期，長城便已經產生並發揮重要的作用。但長城到底產生於何時？長城又是在什麼樣的情境下產生的？這些仍是需要不斷探索的問題。站在歷史的高度看古代中國與世界，我們又不難發現，只有中國這片土地上曾不斷修建長城。「長城以中國最多，故中國被稱作長城之國。」〔註7〕那麼，到底是

〔註3〕成大林：《慎説金界壕不是長城》，《中國長城博物館》2006年第4期，第96頁。

〔註4〕成大林在《慎説金界壕不是長城》中對長城的概念有所涉及：「長城時全世界修築規模最大、時間最長的中國古代永備性的軍事工程建築體系。」「現代人心目中的長城，最形象的標本是明代長城。是不是長城，往往是拿明代長城作爲度量和判斷的標尺。長城時古人修的，『長城』一詞也是古人最先使用的。我們現代人在討論什麼是『長城』的時候，應該先回顧一下長城起源的歷史，瞭解古人心目中的長城。」「溯本求源，長城修築之始就是利用天然河道及人工壕塹與堤防或城垣，共同構成的軍事防禦工程體系。」（成大林：《慎説金界壕不是長城》，《中國長城博物館》2006年第4期，第92～94頁。）

〔註5〕〔英〕William Lindesay O.B.E（威廉‧林賽）：《The Great Wall Explained》，北京：五洲傳播出版社，2012年，第29頁。原文如下：「Magical as it is, the name 'The Great Wall of China' creates much misunderstanding. It Reveals a little and conceals a lot.」

〔註6〕〔英〕William Lindesay O.B.E（威廉‧林賽）：《The Great Wall Explained》，北京：五洲傳播出版社，2012年，第29頁。原文如下：「To explain what 'The Great Wall of China 'is, I usually start by explaining what it is not.」文中重點突出了以下幾點：第一，「長城」不是一條長城，而是多條長城的總稱，每條長城均有其具體的名字；第二，以「牆」爲名，但實際上包括城堡、關塞等等多種建築實體，不僅僅指牆體而言；第三，雖然是「中國長城」，實際上也有一些分佈在中國現有疆域範圍之外，如蒙古國、朝鮮等國境內有中國長城的分佈；第四，雖稱「萬里長城」，但「萬里」只是一個概數，並非實指5000千米。

〔註7〕景愛：《中國長城史》，上海：上海人民出版社，2006年，「前言」第1頁。

什麼使長城得以在中國這片土地上不斷發展？關於這些問題，已經有不少學者進行過分析，或從現實狀況反溯歷史，或在歷史的發展情境中尋找每段長城修建的動因。這些成果爲我們繼續探索長城在中國的產生與發展起到了極大的推動作用。我們相信，長城在中國古代產生並不斷發揮作用與古代中國的社會背景是分不開的，與中國這塊土地的自然條件也是密不可分的，古代中國的社會狀況和自然條件共同構成了長城產生與發展的背景。

第一節　長城產生與發展的社會狀況

在眾說紛紜的長城觀念中有一些是學者的共識，比如：長城的本體是建築，其建築體量巨大，往往需要大量人力、物力的集中投入。這些信息引領著我們去關注中國古代社會的基本狀況及政治組織形式，並從中尋找長城在中國大量產生並發展的原因。

一、古代中國的大一統趨勢及其穩定核心

中國最初的發展與世界其它國家的發展並無二致：小部落合併爲小邦國，再合併小邦國成爲地區性的國家。《史記》中黃帝「置左右大監，監於萬國」〔註8〕略見中國古代邦國林立的局面；《呂氏春秋》中「當禹之時，天下萬國，至於湯而三千餘國」〔註9〕和《晉書》「春秋之初，尚有千二百國；迄獲麟之末，二百四十二年，弒君三十六，亡國五十二，諸侯奔走不得保其社稷者不可勝數，而見於《春秋》經傳者百有七十國焉」〔註10〕可視爲對邦國合併趨勢的具象描述。這種合併趨勢在世界其它國家的初期發展歷史上極爲常見。但在世界上，只有中國在發展中長期保持了大一統的趨勢。梳理中國社會的發展脈絡可以看到，中國的發展與兩大因素有關：第一，大一統意識的形成及其對政權組織形式的影響；第二，中原地區成爲中國發展的穩定核心。

在小國林立的先秦時期，夏、商、周是中國大地上陸續出現的三個中心。這三個中心雖與後來的秦、漢等封建帝國有很大的不同，但它們在某種程度

〔註8〕　《史記》卷1《五帝本紀》，北京：中華書局，2008年縮印本，第6頁。

〔註9〕　（民國）許維遹：《呂氏春秋集釋》卷19《用民》，梁運華整理，北京：中華書局，2007年，第523頁。

〔註10〕　《晉書》卷14《地理志上》，北京：中華書局，2008年縮印本，第411頁。

上也存在著統治上的承接關係，《尚書》中可以看到三代相承的觀念〔註11〕。
透過《詩經》「邦畿千里」「肇域彼四海」〔註12〕的描述可以看到，雖然商朝
直接管理的範圍只有千里，但因為得到周邊邦國的擁戴而具有了初步的大一
統氣象。學者常以「溥天之下，莫非王土；率土之濱，莫非王臣」〔註13〕來
說明大一統意識在先秦時期已經形成。在大一統意識的影響下，春秋戰國時
期人們較為普遍地認為，社會要穩定，必須定於一。秦始皇履至尊而制六合，
建立了中國歷史上第一個統一的、中央集權的封建大國。經過楚漢之爭和漢
朝數百年的統治，這個統一的、中央集權的封建大國體制基本定型。此後，
雖然每隔一段時間就會出現分裂和動亂，但統一的、中央集權的封建大國始
終是中國古代社會的主導形式。在這種主導形式下，古代中國土地上的不同
經濟、不同文化的族群在相互交往的過程中不斷融合，大致經歷了各民族內
部的大一統、地區性多民族大一統和全國性多民族大一統三大階段，最終建
立起統一的多民族國家。金觀濤等人通過剖析大一統的組織力量，揭示了中
國的宗法一體化結構，並提出了「超穩定系統」假說。〔註14〕

　　在「超穩定系統」假說中，金觀濤指出中國古代社會是利用政治結構和
意識形態結構的一體化來組織穩定大國的。到秦漢時期，中國社會上形成一
體化的必備條件已經成熟：（1）從先秦開始，士階層逐漸脫離土地獨立存在，
具有較為強大的規模，在社會上起到聯繫作用。（2）先秦諸子百家爭鳴之後，
經過秦朝焚書坑儒，到漢朝將儒家和法家思想有效結合，「霸王道雜之」〔註15〕，
並「罷黜百家，表章六經」〔註16〕之後，士階層具有了統一的思想和積極的、
統一的國家學說。（3）從春秋戰國開始，郡縣制形成，國家派遣官吏管理郡

〔註11〕《尚書·周書》中已經存在殷革夏命、周革殷命的觀念，如「君奭，弗弔天
　　　　降喪於殷，殷既墜厥命，我有周既受。」「君奭，我聞在昔成湯既受命，時則
　　　　有若伊尹，格於皇天。」（（漢）孔安國：《尚書正義》卷16《君奭》，（唐）孔
　　　　穎達正義，黃懷信整理，上海：上海古籍出版社，2007年，第644頁、第646
　　　　頁。）
〔註12〕程俊英、蔣見元：《詩經注析》之《商頌·玄鳥》，北京：中華書局，1991年，
　　　　第1030頁。
〔註13〕程俊英、蔣見元：《詩經注析》之《小雅·北山》，北京：中華書局，1991年，
　　　　第643頁。
〔註14〕金觀濤、劉青峰：《中國歷史上封建社會的結構：一個超穩定系統》，《貴陽師
　　　　院學報（社會科學版）》，1980年第1～2期。
〔註15〕《漢書》卷9《元帝紀》，北京：中華書局，2008年縮印本，第277頁。
〔註16〕《漢書》卷6《武帝紀》，北京：中華書局，2008年縮印本，第212頁。

縣，避免貴族與土地的結合。（4）秦朝建立以後，具有統一信仰的階層組織官僚機構分層控制，保證全國各地的有序管理。〔註17〕在採用一體化來組織穩定大國的同時，中國封建社會還利用儒家學說有效實現了家國同構，不僅較好地避免了血緣關係與地緣關係的矛盾，而且擴充了國家對個人的管理和控制能力。〔註18〕宗法一體化較好地克服了自然經濟條件下農民之間缺乏組織聯繫的問題，保證了中國古代封建大國的有效組織。

既然宗法一體化主要克服的是農民之間缺乏組織聯繫的問題，用大一統的趨勢來理解整個中國的發展是否仍舊存在缺陷？當然有！畢竟，中國古代不止有漢族，還有很多其它民族，而且古代中國土地上各民族及其政權的發展並不完全同步。中國各民族對大一統局面的形成均曾作出重要貢獻，這種貢獻的存在不能因為研究的不足而忽略。但是，中國能實現多民族大一統，中原地區這個穩定的核心起到了關鍵作用。學者早就注意到：「中原地區的經濟文化水平和長期積累下來的政治威望，對少數民族是有吸引力的。這可能在形成傾向統一的新的因素上起一定的作用。」〔註19〕筆者認為，中原地區能成為穩定的核心，與其經濟文化水平較高有關，與各民族對這一地區管理和統治的相對穩定也有較大的關係，用政治威望對周邊民族的吸引力來表述並未盡意。

中原地區成為穩定的核心，首先與中原王朝的大一統意識有著密切關係。秦漢時期，中國的宗法一體化組織構架形成。中原王朝在以宗法一體化來進行內部管理的同時，大一統的意識形態也讓中原王朝用各種形式將周邊民族納入自己的體系之中。狄宇宙在考察中原王朝與北方游牧民族的關係時發現，中原王朝逐漸將游牧民族所在的北方包括進佔星學的範圍內，又通過追溯族源等方式與游牧民族連上了「血緣關係」。〔註20〕狄宇宙將這視為司馬遷所處時代對歷史的闡釋方式，實際上這是古代中國以大一統意識處理與周

〔註17〕 金觀濤：《在歷史的表象背後》，成都：四川人民出版社，1985年，第10～17頁。

〔註18〕 金觀濤：《在歷史的表象背後》，成都：四川人民出版社，1985年，第30～37頁。

〔註19〕 白壽彝：《中國通史》第1卷《導論》，上海：上海人民出版社，1989年，第94頁。

〔註20〕 〔美〕狄宇宙（Nicola Di Cosmo）：《古代中國與其強鄰——東亞歷史上游牧力量的興起》，賀嚴、高書文譯，北京：中國社會科學出版社，2010年，第350～353頁。

邊民族及其政權關係的縮影。受大一統意識的影響，古代中國大量採用了朝
貢、和親等方式與周邊民族及其政權進行交流與聯繫。這些交流與聯繫不斷
架起了中國與周邊民族及其政權的橋梁，形成了以中原地區為核心的輻射態
勢。通過中原王朝的武力征服和周邊民族的主動內附，中國古代封建王朝總
體上呈現統治範圍擴大的趨勢。

中原地區成為穩定的核心，與統治中原地區的各個政權選擇的管理方式也
有極為密切的關係。春秋戰國時期，中原地區「終因華夏諸侯中有強大之國，
然後能攘卻夷狄，中原之文化始獲保存」〔註21〕。秦漢以來，中原地區曾經歷
多個民族的統治。不同民族佔據中原地區時，在管理方式上不同程度地帶著本
民族的特點，但採用中原王朝創立的宗法一體化來實施對中原地區的管理這
一點從未改變。伏爾泰《風俗論》中已經看到「韃靼人」征服「中國」（即我
們說的中原地區或農耕民族統治區域）後「國家結構並沒有削弱或改變。征
服者的故土變成了被征服國的一部分。」〔註22〕尤為可貴的是，伏爾泰初步
意識到這可能與長城的用途有關。拉鐵摩爾曾指出，能夠建立同時統治草原
及中國內地的「游牧人」朝代的，也許只有「鄰近亞洲內陸邊疆的混合文化
民族」，因為他們瞭解兩種社會的權力結構並能靈活運用他們的知識。〔註23〕
拉鐵摩爾的研究從側面補充了中原地區得以長期採用宗法一體化的原因。

中原地區是中國古代封建王朝作為政治實體不曾被外來因素中斷的穩定
核心，不同民族均採用宗法一體化結構來管理中原地區並借助宗法一體化來
維持統一的局面，保證了中國文明在歷史上不曾出現斷裂的現象。在這兩大
因素共同影響下，中國古代社會一直保持著大一統的趨勢，以封建制度的長
期延續為主要表現形式，最終形成了我們現在統一的多民族的國家。

二、宗法一體化的強控性與文化的影響力

在中國古代，中國封建社會的初步形成與長城的開始修建同步；第一個
中央集權封建制統一國家和第一道萬里長城並肩出現；多民族國家的形成發
展與多民族長城的修築相伴。〔註24〕這些現象說明，長城的修建與中國古代

〔註21〕顧頡剛、史念海：《中國疆域沿革史》，北京：商務印書館，2009年，第43頁。
〔註22〕〔法〕伏爾泰：《風俗論（上冊）》，北京：商務印書館，1996年，第212頁。
〔註23〕〔美〕拉鐵摩爾：《中國的亞洲內陸邊疆》，唐曉峰譯，南京：江蘇人民出版
社，2010年，第370～372頁。
〔註24〕羅哲文：《長城》，北京：清華大學出版社，2008年，第6～8頁。

封建王朝和民族關係之間存在著較爲密切的聯繫。經過對長城錯綜複雜的現象進行分析和比較後，筆者認爲長城在中國的大量修建與宗法一體化的強控性、文化的影響力這兩者之間存在著極爲密切的聯繫。

在具體分析宗法一體化的強控性和文化的影響力之前，我們有必要對中國長城的基本情況略作交代，盡量減少長城概念的固化現象。

首先，長城研究容易固化到「處理游牧與農耕關係的長城」這一概念上。

在中國古代所修的所有長城中，最受關注的長城主要是秦長城、漢長城和明長城。從總體上來看，修建這三條長城的主要目的是防禦北方游牧勢力。這三條長城的長度均超過 5000 千米，被稱爲「萬里長城」。在中國，「萬里長城」這四個字存在廣義和狹義。廣義上的「萬里長城」與長城的概念相同，指代中國歷史上出現的所有長城；狹義的「萬里長城」僅指位於農牧交錯帶、主要用於防禦北方游牧勢力的秦、漢、明這三條長城。目前學者研究得最多的正是這三條長城，多數對長城的研究結論也建立在研究這三條長城的基礎上。

其實，中國古代所修長城並不全是中原王朝防禦游牧勢力的長城，這是學者的共識。春秋戰國時期諸侯國所修的長城中有不少屬於諸侯國互防的長城。中原地區多個政權並立時也曾經有農耕地區不同政權相互防禦而修建長城，如北齊在西部修長城的重要目的是爲了防止北周的東進。一些以游牧爲主的民族政權也曾經修建長城來防禦其它游牧民族政權的侵擾，學界逐漸認識到「成吉思汗邊牆」的一些段落屬於西夏防禦蒙古而修建的。〔註25〕

多位學者曾介紹長城的修建情況，景愛製表列舉了春秋戰國至明代共 16 個諸侯國及王朝修建的長城。〔註26〕羅哲文晚年出版的《長城》一書中結合文獻資料，分別介紹了楚長城、齊長城、中山長城、魏長城、鄭韓長城、秦昭王長城、燕長城、趙長城、秦始皇萬里長城、漢長城、北魏長城、東魏長城、北齊長城、北周長城、隋長城、金代長城、明代萬里長城，並認爲唐、

〔註25〕2005 年和 2007 年，由俄羅斯聖彼得堡大學和蒙古國烏蘭巴托大學組成的中亞國際考古團在俄羅斯學者Ａ・Ａ・科瓦列夫、蒙古國學者Ⅱ・額爾德涅巴特爾的領導下，對蒙古國南戈壁省「成吉思汗邊牆」進行了實地調查。綜合實地調查的情況，他們共同發表文章認爲，「成吉思汗邊牆」（北線）應該是西夏國爲了抵禦蒙古人於 13 世紀初建造的。（〔俄羅斯〕Ａ・Ａ・科瓦列夫、〔蒙古國〕Ⅱ・額爾德涅巴特爾：《蒙古國南戈壁省西夏長城與漢受降城有關問題的再探討》，譯者不詳，《內蒙古文物考古》2008 年第 2 期。）

〔註26〕景愛：《中國長城史》，上海：上海人民出版社，2006 年，第 341～342 頁。

宋、遼時期也曾修築長城，只是其工程規模小，幾乎處於停息階段。〔註 27〕
《萬里長城百題問答》中將其統計爲兩個歷史時期和 13 個朝代，分別爲春秋、
戰國兩個時期和秦、漢、西晉、北魏、東魏、北齊、北周、隋、唐、遼、北
宋、金、明等。〔註 28〕各書對修建朝代的列舉和介紹方式不完全一樣，這些
列舉也給我們的重要信息：雖然修建長城的主要是農耕民族所建立的政權，
但不止是農耕政權。

很顯然，將中國古代所修長城固化爲「農耕民族防禦游牧民族的長城」
是不合適的。我們尊重中國長城的多樣性，我們也尊重前期學者對秦、漢、
明長城的研究成果，但在分析和研究中國長城的整體面貌時需要避免以偏概
全的情況。

其次，中國古代長城與軍事的關係。

學者研究長城時，較爲普遍地認爲長城與軍事有關，多數學者將長城直
接視爲軍事防禦設施。但在具體的研究過程中，一些學者探討長城的起源和
對一些長城的修建進行具體分析時，實際上對長城是否屬於軍事防禦設施提
出了質疑。國光紅研究齊長城時認爲，管仲富國策略是國家壟斷鹽業，並向
不產鹽的國家高價售賣牟利。爲了防止私鹽售賣，齊國便修了一條千里長城
分限齊魯，設關征稅。因此，雖然戰國後期這條長城具有國防意義，但其初
建目的應是經濟。〔註 29〕拉鐵摩爾和房兆楹等學者農耕民族與游牧民族的關
係和長城的有關問題時認爲，漢人修建城牆割斷了與游牧民族的貿易關係，
是造成游牧民族對抗的原因。〔註 30〕不同觀點的存在說明中國長城的作用並
不限於軍事。當然，在中國古代，長城的修建一般是由軍事部門來完成的，
將長城視爲軍事設施是較爲妥當的。鑒於長城在防禦方面的重要作用，加上
防禦本可分爲積極防禦和消極防禦兩種，將長城視爲軍事防禦設施也屬恰當。

〔註 27〕羅哲文：《長城》，北京：清華大學出版社，2008 年，第 23～71 頁。

〔註 28〕王雪農、〔英〕威廉‧林賽：《萬里長城百題問答》，北京：五洲傳播出版社，
2010 年，第 4 頁。

〔註 29〕國光紅：《齊長城肇建原因再探》，《歷史研究》2000 年第 1 期，第 182～185
頁。

〔註 30〕林霨在《中國長城的重要起源》中介紹並否定了這兩個觀點。房兆楹《中國
長城：阻擋還是抑制？》演講稿筆者未見，林霨對拉鐵摩爾觀點的介紹較爲
準確，對演講稿的內容判斷應可信任。（〔美〕林霨（阿瑟‧沃爾德隆）：《長
城：從歷史到神話》，石雲龍、金鑫榮譯，南京：江蘇教育出版社，2008 年，
第 40 頁。）

　　筆者說將長城視為「軍事防禦設施」而未說將長城視為「軍事防禦系統」或「軍事防禦體系」，這是因為長城並不是從一開始就有明長城那樣完備的縱深防禦體系。歷史地看，長城的縱深防禦體系是不斷發展而形成的。若將長城從一開始便視為縱深梯次的軍事防禦體系，顯然出現了將明長城研究移植到前期長城研究上去的問題。

　　長城的作用很顯然並不局限於軍事，這不待言說。需要強調指出的是，由於戰爭深受人們的注意，以至於很多人忽略了長城在平時的防禦和保護作用。實際上，長城在軍事方面的作用不止是體現在戰爭時期，若不判斷戰爭其它各種因素，僅因長城在一些戰爭時未達到預期的目的便否定長城，這顯然容易落入文人論兵的誤區。

　　再次，中國古代所修長城並不全是修建在邊疆區域。

　　將長城與邊疆、邊界聯繫起來，既有中國歷史發展自身的因素，也有世界近現代歷史上的政治因素，更有對長城認識不全面造成的誤會。我們現在認識和研究長城主張立足於中國現有疆域範圍，並客觀面對歷史疆域的發展演變情況。基於這種認識，我們可以看到，中國古代所修的長城，雖然有不少修建在當時王朝的邊疆區域，但也存在大量修建在非邊疆區域的情況。「畿上塞圍」是北魏太武帝為保衛國都平城而修建的，一些學者曾因非邊疆區域修建的長城而質疑其是否為長城，現在，「畿上塞圍」屬於長城已經是多數學者的共識。明長城薊鎮、昌鎮長城的修建雖含有天子守邊的意識，在很大程度上實際上是出於都城和皇陵安全的考慮。清朝利用舊長城進行增修形成的「柳條邊」，主要是作為保護龍興之地的屏障。從當時朝廷的統治範圍來分析，這些長城段落的修建位置均不宜簡單視為邊疆區域。

　　學者在分析介紹某一段長城的情況時形成的觀念，若將其固化並視為整個長城的情況時很容易形成以偏概全的問題。曹大為曾經指出：「長城的具體形制、方位走向大體依據生態環境、政治形勢、經濟狀況、民族關係、地理位置、地形地貌等特點而定。如上所述，由於其中一些因素的變化，歷代王朝對築城的態度興廢不一，其位置、走向也因時因朝代而異。」〔註31〕關於長城容易形成的固化印象很多，上文所述是其中比較突出的三個方面。每一代修建長城都有其明確的目的，這些長城在千百年的整體中呈現出錯綜複雜

〔註31〕曹大為：《凝聚中華民族的歷史豐碑——評長城的歷史作用》，《長城國際學術研討會論文集》，長春：吉林人民出版社，1995 年，第 33 頁。

的面目。經過總結學者的大量研究成果，我們已經較爲清楚地認識到長城在中國的不斷修建與中國的社會制度與民族關係均存在著較爲密切的聯繫。具體說來，宗法一體化的強控性和民族文化的影響力兩者共同影響了長城在中國的不斷修建。

第一，宗法一體化的強控性使修建長城成爲中國古代封建王朝的重要選擇。中國古代封建王朝主要採用宗法一體化來管理國家，因此，要實現對國家的有效管理，需要接受並處理好宗法一體化自身的特點。

宗法一體化結構的重要特點是它的脆性，具體說來，在這種結構下，中國社會經濟結構、政治結構和意識形態三個子系統在相互適應時缺乏足夠的彈性，任何一個子系統偏離適應態達到一定的程度時，都會引起整個社會的崩潰。基於這一特點，中國古代封建統治者需要採用強控措施來盡量避免任何一個子系統偏離適應態。爲此，中國封建統治者利用信息傳遞系統建立了強控制的執行網絡，並保證控制中樞對子系統偏離平衡的各種情況進行及時調節和控制。〔註 32〕在中國封建社會利用強大的官僚網、採用各種有效的措施來維持子系統之間的平衡時，保證自身統治不受外來因素的衝擊、保證疆域內部的有序進展成爲朝廷需要考慮的重要因素。基於安全的考慮，修建並利用長城來實現調節成爲朝廷的重要選擇。

秦始皇初步採用一體化結構來管理國家時，主要將長城作爲保障北部安全的有效手段。爲了實現強控，秦始皇下令「墮壞城郭，決通川防，夷去險阻」〔註 33〕，在消除內部障礙、大力進行基礎建設，疏濬河道、修建道路的同時，採用焚書坑儒、統一文字、度量衡、錢幣，實行郡縣制等多種方式加強中央對地方的管理。

秦始皇希望做到「六合之內，皇帝之土。西涉流沙，南盡北戶。東有東海，北過大夏。人跡所至，無不臣者」〔註 34〕。從宗法一體化的特點來考慮，將周邊民族納入統治範圍之內確實最有利於保持內部子系統的平衡。但從實際情況來看，並不是所有的地域都適宜納入宗法一體化的管理體系中。在秦始皇計劃北逐匈奴時，李斯曾經諫言認爲「得其地不足以爲利，遇其民不可

〔註 32〕 金觀濤：《在歷史的表象背後》，成都：四川人民出版社，1985 年，第 37～42 頁。
〔註 33〕 《史記》卷 6《秦始皇本紀》，北京：中華書局，2008 年縮印本，第 252 頁。
〔註 34〕 《史記》卷 6《秦始皇本紀》，北京：中華書局，2008 年縮印本，第 245 頁。

役而守」〔註35〕。秦始皇派蒙恬取河南地後，「就燕趙所築，聯貫補修」，形成了「起臨洮，至遼東，延袤萬餘里」的長城。〔註36〕學者一般將這一長城的修建視爲中原王朝抵禦北方游牧民族的人工屏障。秦朝北逐匈奴，當時處於軍事優勢，爲何要修建長城？主父偃認爲是秦始皇未聽李斯的勸諫，才導致了蒙恬暴師以外十餘年和秦朝的短命而亡。實際情況很可能是秦始皇在聽了李斯的勸諫後，結合秦國統治經驗派蒙恬北逐匈奴，據黃河天險並修建長城，盡量保證北方匈奴不影響秦朝內部的統治。

自秦朝開始，中國古代封建王朝統治者根據當時的具體情況，大量選擇修建長城和利用長城來保證內部子系統的有序運轉。呼韓邪單于內附於東漢後曾請求「罷邊備塞吏卒」，侯應以「十不可」說明了需要保留北部邊備的原因，落腳點放在保證中原的穩固。〔註37〕漢元帝在回覆呼韓邪的請求時也明確指出：「中國四方皆有關梁障塞，非獨以備塞外也，亦以防中國姦邪放縱，出爲寇害，故明法度以專眾心也。」〔註38〕這段外交辭令實際上指明了中國大量修築長城和其它關梁障塞的重要原因：以強控措施「明法度」「專眾心」，保證封建王朝的有序管理。可以說，在中國古代封建王朝統治區域內所修的長城，無論是修建在王朝統治的邊疆地區還是修建在王朝統治的中心區域，都是中國古代封建王朝實現宗法一體化所採取的強控措施。曹大爲認爲滇東地區 2000 年發現的長埂屬於長城時分析道：「構築滇東長城是漢代推行郡縣制、開拓邊疆、鞏固和發展統一多民族國家以及推進中外交流戰略的又一重要舉措和典型例證。」〔註39〕這與漢元帝所言「中國四方皆有關梁障塞，非獨以備塞外也」這一觀念是相呼應的，也與「四塞以爲固」〔註40〕的理念相通，這些無不說明長城並不一定修建於北方，而更多的是用於政權的有效控制。

當然，實行強控不一定要選擇修建長城。貞觀二年（628），唐太宗在眾多大臣請求修復古長城時回答：「朕方爲公掃清沙漠，安用勞民遠修障塞乎！」

〔註35〕《史記》卷112《平津侯主父列傳》，北京：中華書局，2008 年縮印本，第 2954頁。

〔註36〕《史記》卷 88《蒙恬列傳》，北京：中華書局，2008 年縮印本，第 2565 頁。

〔註37〕《漢書》卷 94 下《匈奴傳下》，北京：中華書局，2008 年縮印本，第 3803～3804 頁。

〔註38〕《漢書》卷 94 下《匈奴傳下》，北京：中華書局，2008 年縮印本，第 3805頁。

〔註39〕曹大爲：《滇東古長城之我見》，《光明日報》2002 年 1 月 15 日。

〔註40〕《史記》卷 79《范雎蔡澤列傳》，北京：中華書局，2008 年縮印本，第 2408 頁。

〔註 41〕康熙在將邊疆民族納入統治範圍後，曾對大臣說：「昔秦興土石之工，修築長城。我朝施恩於喀爾喀，使之防備朔方，較長城更爲堅固。」〔註 42〕從統治方略來看，唐朝和清朝在建立初期均曾選擇更多地倚仗民心，倚仗有效的中央對邊地的有效管理。留存至今的古代文獻中保留了是否修建長城的大量辨析材料，也說明修建長城只是中國古代封建王朝鞏固統治的重要選擇之一。

我們使用宗法一體化的強控性來說明長城的修建時，並未充分考慮春秋戰國長城的修建背景。對這一點，我們仍需略作說明。首先，由於文獻的不足，根據目前對春秋戰國時期長城的現狀，尚難以對這一段時間長城的產生原因進行精準的判斷，有些內容包含部分推論。其次，春秋戰國時期尚未完全實現宗法一體化，因此不能直接使用宗法一體化的脆性和強控性來解讀這一階段長城大量產生的原因。再次，春秋戰國時期正是中國封建制度的形成階段，大一統意識在此時已經存在，構建宗法一體化的重要因素也多在此時產生，我們可以由此反推，春秋戰國時期的長城或許正是中國進行宗法一體化實踐過程中爲解決這一制度初顯的脆性而採取的應對措施。當然，要支撐這一觀點需要更多的研究和分析。

以宗法一體化的強控性可以較好地解釋中國古代封建社會不斷選擇修建長城的原因，但要將周邊民族國家修長城的情況均以宗法一體化來解釋顯然不妥。而且，世界上不止中國修建過長城，考慮到長城在陸戰中的重要戰略作用，不能排除中國古代周邊民族國家自發產生修建長城主張的可能性。但是，從周邊民族及其政權與中國古代封建王朝交流互動的情況分析，我們傾向於認爲中原地區與周邊國家的文化交流可能影響到周邊民族國家選擇修建長城來解決內部問題。

文化結構大致分爲三個層面：物質的層面、制度的層面和意識的層面。〔註 43〕在這三個層面中，物質文化是最容易接受的，不同的制度文化較難相

〔註41〕《資治通鑒》卷 193《太宗文武大聖大廣孝皇帝上之中》，上海：上海古籍出版社，1988 年，第 1291 頁。

〔註42〕《清聖祖實錄》卷 151 康熙三十年五月壬辰，北京：中華書局，1986 年，第677 頁。

〔註43〕這一歸納是參考龐樸的觀點略作簡練。龐樸認爲，文化結構的三個層面中，第一個層面是物質的層面，第三個最深的層面是心理層面或者說是意識的層面；中間一個第二層，是表層和裏層的結合和統一，就是物質化了的意識，或者是物質裏面所包含的意識，如理論、制度、行爲等。（龐樸：《文化的民族性與時代性》，北京：中國和平出版社，1988 年，第 37～38 頁。）

互接受，不同意識形態的相互理解和接受最難達成。根據考古發掘，文化物質層面的交流在遠古時期便已經不斷出現，狄宇宙研究中曾使用大量學者的研究，較好地展現了古代中原地區與北方地區的交往情況。〔註 44〕狄宇宙所研究的交往與交流或許最側重物質層面的交流，但由於中國古代中原地區與周邊地區的交流一直存在，較爲持續恒久的相互交流也從物質文化不斷深入到制度層面乃至意識層面。

至遲從漢朝建立起，中國古代封建王朝對周邊民族主動展開了制度和意識形態方面的「教化」，漢朝與周邊民族和親時，往往選擇能言善辯之士前往「風諭以禮節」〔註 45〕，便是有意識地對周邊民族政權施加制度和意識層面的影響。此外，中國古代不少儒士接受周邊民族政權的邀請，參與周邊民族政權的政治決策。這些儒士受中原文化的影響極深，他們在爲周邊民族政權統治出謀劃策的過程中，也容易將中原文化與民族政權的特色有機結合。修建長城的行爲屬於文化結構的第二個層次，雖然在接受層面上存在一定的難度，但存在成爲中國古代周邊民族政權處理具體事務措施的可能。受文獻資料的局限，我們尚未找到西夏修長城防禦蒙古、高句麗修長城防禦唐朝的具體原因，關於中國古代中原地區文化影響到周邊民族修建長城的推論仍有待深入研究。

以中國古代封建王朝爲主體，數十個朝代和民族政權陸續在中國大地上修建了幾十條長城。每條長城的修建均有其具體的目的，我們可以簡單地將這些目的歸結爲利益，但通過進一步的挖掘，我們發現，長城是解決中國古代王朝實施內部強控的重要措施之一。通過中國古代封建王朝與周邊民族的文化交流，我們也可以初步判斷並得出以下結論：採用宗法一體化進行管理的民族政權可能受中原文化的影響而採用長城作爲解決部分政權問題的措施。客觀地來說，長城與中國古代封建王朝採取的其它強控措施並無明顯區別，它能從眾多具體措施中凸顯出來，可能與兩個因素有關：第一是長城與它和社會中最能吸引人們眼球的不穩定因素——軍事緊密聯繫；第二是長城的修建需要動用大量大力、物力。

〔註 44〕　〔美〕狄宇宙（Nicola Di Cosmo）：《古代中國與其強鄰——東亞歷史上游牧力量的興起》，賀嚴、高書文譯，北京：中國社會科學出版社，2010 年，第25～35、66～67 頁。

〔註 45〕　《史記》卷 99《劉敬叔孫通列傳》，北京：中華書局，2008 年縮印本，第 2719頁。

第二節　長城產生與發展的自然條件

　　站在歷史的高度來看中國古代所修的長城時，長城具有明顯的多樣性。但仔細審視便能發現，雖然在歷史的長河中，中國古代封建王朝修建長城來保證自身的穩定是其主流，而周邊民族及其政權受中原文化的影響而修長城是其支流，這兩者共同構成了長城的多樣性。

　　中國古代封建王朝不斷修建長城來防止外部侵擾和保證內部穩定時，說明長城對中國古代封建王朝的穩定和發展具有一定的作用。除了宗法一體化保證了古代中國有能力組織人力、物力進行大規模的修建外，除了宗法一體化的脆性需要長城來保證封建王朝內部子系統的平衡外，還有沒有什麼因素促使中國土地了分佈了如此眾多的長城？一些學者對秦、漢、明長城沿線的氣候、生態、土壤等的考察和研究〔註46〕提醒我們，中國古代大量修建長城與自然條件之間也存在著極為密切的聯繫。具體來看，中國疆域地理的整體統一性和局部獨立性對中國古代各民族在歷史進程中的出現和發生方式產生了較為明顯的影響，南北氣候差異及山系區隔則主要影響了長城的修建位置並有效保證了長城作用的發揮。

一、中國疆域地理的整體統一性與局部獨立性

　　中國社會大一統局面的出現、發展和鞏固經歷了漫長的過程。造成中國大一統的因素很多，中國疆域地理的整體統一性是不可忽視的原因之一。受「喜馬拉雅運動（Himalayaorogeny）」的影響，亞洲的地理環境發生了重要的變化。對中國來說，這一運動使得中國東西地勢的高差增大、季風環流增強，自然地理環境發生明顯分異：青藏地區隆起為世界最高的高原，第三紀的熱帶、亞熱帶環境被高寒荒漠取代，西北地區因內陸性不斷增強而處於乾旱環境，東部地區則成為濕潤季風區，中國所有高山、高原現今所達到的海拔高度也主要是喜馬拉雅運動第三幕以來上升的結果。從整體上來看，中國西和西南的高山天然形成了對古代中國西部和西南的保護，東部和東南部的大海也成為天然屏障，生活在這片土地上的各族人民擁有相對獨立的發展環境。

〔註46〕這種文章比較多，如：田廣金、史培軍：《中國北方長城地帶環境考古學的初步研究》，《內蒙古文物考古》1997年第2期。郭德政、楊姝影：《中國北方長城的生態學考察》，《環境保護》2005年第1期。馬桂英：《萬里長城對人與自然關係的折射》，《蘭州學刊》2007年第12期。

中國疆域地理在古代世界上具有相對的獨立性和內部整體的統一性保證了中國古代歷史上絕大多數政治活動和歷史事件具有明顯的「內向性」。

中國古代封建王朝統治者在實施政治職能時，充分借助了中國疆域地理的整體統一性。從興修水利來看，中國古代封建王朝不僅有效治理水患來保證耕作的正常進行，而且大量興修貫通多條河道的運河，使中國土地適宜耕作的地區形成了暢通的水脈。事實上，秦始皇「奮六世之餘烈，振長策而御宇內，吞二周而亡諸侯，履至尊而制六合」〔註 47〕之後，大量修建道路的舉措也是充分利用地理條件，只是修建道路對地理條件的借助和改善不如運河貫通水道那麼明顯。一些學者注意到地理條件的整體統一性對政治形勢發展的重要影響，認為它有維繫國家大一統的一面。〔註 48〕這是我們不能否認的客觀有利條件。實際上，對有利條件的有效利用才能真正實現其價值。中國古代大量關於水利事業的記載中，可以看出中國古代封建王朝在公共工程建設方面的基本情況。通過機構設置、具體執行和社會效應等方面的記載，宗法一體化管理模式下統治職能的發揮情況及其效果較為清晰地體現出來。在統治職能的有效發揮下，古代中國在黃河流域率先發展起先進的農業耕作技術後，又將這些技術迅速推廣到長江、珠江流域，拉鐵摩爾對中原先進農業耕作技術向南方的傳播論之甚詳。〔註 49〕中國古代農耕區域能始終保持較為明顯的文化向心力，與封建統治者在地理環境四出受阻的情況下有效利用及加強中國疆域地理的整體統一性有著密切的關係。

但是，中國地理條件除了具有整體統一性外，還存在明顯的局部獨立性。因此，中原地區在古代能始終保持中國歷史發展的穩定核心地位，不可能僅靠較強的經濟實力和文化向心力來維繫。中國地理條件的局部獨立性主要表現在農業耕作區與畜牧經濟區的分離以及受山川隔阻、交通不太便利而出現的相對獨立農耕經濟發展區。中國古代封建王朝為了保證內部子系統的平衡，需要採取強控措施來面對和解決局部獨立性的問題。具體來看，中國古代封建王朝對周邊民族及其政權均採取過攻伐、和親、羈縻等措施。封建王

〔註 47〕 （漢）賈誼：《新書》之《過秦上·事勢》，吳雲、李春臺校注：《賈誼集校注（增訂版）》，天津：天津古籍出版社，2010 年，第 4 頁。

〔註 48〕 白壽彝：《中國通史》第 1 卷《導論》，上海：上海人民出版社，1989 年，第 145 頁。

〔註 49〕 〔美〕拉鐵摩爾：《中國的亞洲內陸邊疆》，唐曉峰譯，南京：江蘇人民出版社，2010 年，第 25～28 頁。

朝以農耕經濟爲主要經濟形態，因此，對於局促於山地的農耕區，封建王朝在以武力或羈縻方式將其併入管轄範圍之後，鑒於具備有效管理的可能性，一般對這些地區進行的是疏通障礙的工程。秦漢時期在南部和西南地區修建靈渠、五尺道等國家工程，便是這些舉措的重要表現。但北方畜牧業區域在中國古代封建王朝看來屬於「不食之地」〔註 50〕，對這些地區的接受方式在各階段雖然不完全一致，但在權衡利弊的情況下不時投入人力、物力修建長城來加強控製成爲中國古代封建王朝的重要選擇之一。大部分位於農牧交錯地帶的長城正是中國古代封建王朝爲解決與北方游牧民族的關係而修建的。

二、中國山水有利地形與長城的構築

長城可以作爲中國古代封建王朝的強控措施而存在，但長城不是唯一的強控措施。長城屬於不封閉的建築形式，這種建築的兩端往往易成爲防禦的薄弱環節。但事實上史籍中記載北方民族對中原王朝的擾掠時往往「毀長城」〔註 51〕而入。從具體史實來看，俺答汗庚戌之變中從山西一路向北，繞了一大圈才從古北口找到長城的薄弱環節突入京城〔註 52〕；明朝滅亡前，清軍曾多次希望繞過長城進入中原不果，最終入關得力於吳三桂的歸降。這些說明長城並未出現兩端防禦不足的情況。爲什麼這種不封閉的建築形式並未留下明顯的薄弱環節？筆者認爲，這與中國有利的山水分佈狀況和中國古代對這些有利地形的利用存在著明顯的聯繫。

爲了防禦北方游牧民族，中國古代封建王朝修建長城的重點區域在農牧交錯地區，學者發現中國北方的農牧交錯帶東段較寬、西段較窄，與中國北方長城的分佈存在較大區域的偶合印證了這一點。〔註 53〕具體考察農牧交錯帶的情況時我們發現，這一區域分佈了大量山脈：大興安嶺山脈是東北地區

〔註 50〕 王利器校注：《鹽鐵論校注（上）》卷 2《憂邊》，北京：中華書局，1992 年，第 161 頁。

〔註 51〕 此類記載，正史中多見，如《漢書》卷 6 有「匈奴入定襄、雲中，殺略數千人，行壞光祿諸亭障」的記載；《隋書》卷 22 有「河清二年……發卒築軹關，突厥二十萬眾毀長城，寇恒州」的記載。

〔註 52〕 王雪農、威廉·林賽通過庚戌之變對戰事分析後認爲，古北口長城防守的失敗，從根本上是人爲的原因，暴露出當時明王朝長城防務上的麻痹和準備不足。（王雪農、〔英〕威廉·林賽：《萬里長城百題問答》，北京：五洲傳播出版社，2010 年，第 47 頁。）

〔註 53〕 趙哈林、趙學勇、張銅會、周瑞蓮：《北方農牧交錯帶的地理界定及其生態問題》，《地球科學進展》2002 年第 5 期，第 739～746 頁。

的重要山脈，燕山山脈和太行山脈在北京交會，燕山山脈自西向東直抵渤海之濱，太行山脈則綿延在河北、河南、山西境內。陰山山脈自西向東橫臥在內蒙古自治區的中部。祁連山脈西北高、東南低，自西向東成爲內蒙古高原和青藏高原的分界線。這些山脈爲連綴長城、形成防禦線提供了較好的地理條件。從現在長城的遺址分佈情況來看，中國古代也確實充分利用了這種較好的地理條件來選擇長城各區段的起點與終點。

　　除了山脈外，河流、湖泊、沼澤等重要的自然條件也成爲長城重要的區段起點或終點的選擇。老龍頭長城深探入海是借助了海洋的天然防禦條件；從山西偏關到甘肅蘭州，長城與黃河四次握手，充分利用黃河天險進行佈防是借助黃河進行防禦；橫跨中國、俄羅斯和蒙古三國的遼代長城終止於蒙古國烏勒吉河源的沼澤地中，是借助了沼澤地難以穿越的特點。

　　事實上，在整個長城的修建過程中一直存在對有利地形和地勢的有效利用。比如，一些地段懸崖高峻，長城便在此中斷，完全依靠山勢來實現防禦。又比如，一些地段由於山脊的外側已經相當陡峭險峻，只需要稍加平整便可以形成險阻，於是採用鏟削山體形成山險牆或沿著山體修砌單邊牆。景愛認爲，長城修建選擇路線時盡量利用陡山、深壑、湍流、大澤是爲了節省人力、物力，以減少長城的修築。〔註 54〕如果不利用高山深谷等作爲屏障，需要花費的人力物力是難以計算的。

　　中國天然形成地理環境的半封閉狀態下，中國古代封建王朝若能有效減少北部地區對自身統治的衝擊，便可以較好地採用宗法一體化來進行內部管理。農牧交錯地區的山川地理又爲長城各區段的修建提供了較好的條件。中國的地形、地貌使萬里長城在北方的修建兼具了必要性和可行性，這成爲秦、漢、明等王朝陸續修建萬里長城來防禦北方的重要原因之一。

　　事實上，長城除了用於防禦北方游牧民族外，也有用於解決疆域內部的民族問題、解決中國古代封建王朝與羈縻民族政權之間的關係及拱衛京師等重要區域的情況。《奉天通志》說：「明之築牆，清之植柳，蓋隨宜而制也。」〔註 55〕長城作爲中國古代封建王朝統治者實行有效統治的措施而存在，這一點已經通過學者對「畿上塞圍」和柳條邊等的辨析得到越來越多的認同。這

〔註 54〕景愛：《長城》，北京：學苑出版社，2008 年，第 5 頁。
〔註 55〕王樹楠、吳廷燮、金毓黻等：《奉天通志》卷 78《山川十二·大小淩河流域·義縣》，瀋陽：東北文史叢書編輯委員會點校、出版，1983 年，第 1776 頁。

些長城在修建時同樣大量利用了有利的地形、地貌來確定具體的位置及各區段形制。

　　根據史料記載，夏禹治水時「行山表木」「左準繩，右規矩」〔註56〕，對地理條件極為重視。中國古代學者司馬遷、杜佑、李吉甫、顧炎武、顧祖禹等留存至今的著述，對地理條件的關注度極高。「因地形，用制險塞」〔註57〕成為中國古代長城修建的總原則，明確表達了長城借助地形控制險要之處的重要理念。通過對現在長城分佈情況的分析，我們發現古人在修建長城時有效地利用了山丘、河流等自然條件。我們有理由相信，也正是因為中國的地理條件能使這種不封閉的建築形制發揮控御四方的作用，長城才得以在中國古代不斷修建並利用。林霨認為，「中國歷史上的長城」是「政策決定的產物」〔註58〕，這是較為符合中國長城產生與發展實際的一種假說。中國古代政治正是在「觀天地興衰，隨時制事」〔註59〕的過程中，不斷採用諸如修長城這類具體措施，有效借助中國古代的地形條件來鞏固統治，才保證了中國在中原地區相對穩定的情況下，各民族有序發展並最終形成統一的多民族國家。

〔註56〕《史記》卷2《夏本紀》，北京：中華書局，2008年縮印本，第51頁。
〔註57〕《史記》卷88《蒙恬列傳》，北京：中華書局，2008年縮印本，第2565頁。
〔註58〕〔美〕林霨（阿瑟・沃爾德隆）：《長城：從歷史到神話》，石雲龍、金鑫榮譯，南京：江蘇教育出版社，2008年，第71頁。
〔註59〕《新唐書》卷183《朱樸傳》，北京：中華書局，2008年縮印本，第5385頁。

第二章　長城的產生與發展

　　白眉初在 20 世紀 30 年代曾說：「其破碎華離而不可究詰者，則莫不蓄疑於長城。」〔註1〕王雪農、威廉·林賽在 21 世紀初曾表示：「如果不是專門的長城研究者，有的地段你就是站在遺址上面，也很難發現它的存在。」〔註2〕被譽爲「萬里長城第一人」的羅哲文經過考察也不敢輕易斷言藏區長城、浙江臨安長牆關口等是否屬於長城。〔註3〕考慮到中國每個朝代所修的每一段長城都具有明顯的時代特徵、地域特徵和民族特徵，考慮到長城的內涵和外延均處在動態的變化中，我們至今不敢給長城下一明確定義並居爲定論。關於長城，需要面對和解決的問題很多，其中不少問題在較長的將來仍將懸而未決。

　　受長城歷史悠久和分佈範圍廣等特點影響，也受歷史上河流改道、植被變化、建置調整等因素影響，要理清長城的各種問題任重而道遠。王國良《中國長城沿革考》、壽鵬飛《歷代長城考》及現代一些學者在研究和梳理長城的歷史脈絡時，往往只是逐個朝代、逐條長城進行分析和論述。長城產生於什麼時候？長城是怎樣產生的？在眾說紛紜中，哪個觀點較爲可信？長城在發展過程中具體出現了怎樣的變化？在這些變化是否存在規律性？

第一節　長城的產生

　　關於長城的產生問題，學者投入了大量精力，成果累累。目前關於長城的起源眾說紛紜、莫衷一是。景愛認爲長城起源於城，認爲長城和城堡的性

〔註1〕白眉初：《中國長城沿革考序》，王國良：《中國長城沿革考》，上海：商務印書館，1933 年，第 1 頁。

〔註2〕王雪農、〔英〕威廉·林賽：《萬里長城百題問答》，北京：五洲傳播出版社，2010 年，第 1 頁。

〔註3〕羅哲文：《長城》，北京：清華大學出版社，2008 年，第 20～22 頁。

質是相同的，都是防禦敵人的軍防工程，兩者只是結構上有些差別。〔註4〕研究軍事的學者多持相似觀點，並認為長城是城的發展，隨著戰事的頻繁發生，才用牆體將邊境城堡連接起來，形成長城。〔註5〕牟祥雷認為長城起源於堤，中國古代可能正是在既有堤壩與壕塹基礎上修建或補修了長城，或是在後來建造長城過程中借鑒了傳統的築堤技術。長城的防禦功能更多地體現在與河流山澗的有機結合、運用與再造，這賦予長城建築以抵禦自然與防禦軍事活動的雙重職能。〔註6〕張玉坤等通過分析「封」的概念認為，古代通過挖溝、封土、種樹等方式，設立標明國土所有的實物標誌來確定領土的合法界限，並賦予邊界上的長城系統以防守疆土的功用。〔註7〕城說、堤說和封說之外，還有列城說、楚方城說等觀點來對長城的起源進行探析。成大林發現，古文獻中關於楚長城形態的描述「多種多樣，有連堤說、崗阜說、列城說、山體說、古城說、萬城說等，今年又增加了一個山寨說」。〔註8〕這些形態的描述中也包含了對楚長城起源的探索和分析。探索長城起源的各種假說正是為了更好地認識長城的產生，這些假說也確實為我們全面認識中國長城提供了不同的認識角度。

通過學者對長城的起源各種假說的分析，我們可以初步看到長城產生的各種條件。首先，長城的產生是因為有安全的需要。《明長城考實》開篇提到人類為保護自己修建房屋，在房屋附近挖壕溝，在房屋周圍夯築土牆等〔註9〕，便主要是從人類保護自身安全的需要方面提出了長城產生的條件。其次，長城的產生是因為古代中國初步具有大協作完成大工程的條件。鯀禹治水時，各部落統一號令，協作完成水利工程建設便是這種大協作條件初步形成的表現。到春秋戰國時期，封建集權體制逐漸開始形成，更為有效地保證了勞動

〔註4〕景愛：《長城》，北京：學苑出版社，2008 年，第 107～108 頁。

〔註5〕中國軍事史編寫組：《中國軍事史》第 6 卷《兵壘》，北京：解放軍出版社，1991 年，第 69 頁。

〔註6〕牟祥雷（老雷）：《拭去塵埃：找尋真實的長城》，北京：東方出版社，2002 年，第 180 頁。牟祥雷、常征：《與黃河同行：關於萬里長城的走向》，《中國三峽建設》2008 年第 8 期，第 22～31 頁。

〔註7〕張玉坤、李哲、李嚴：《「封」——中國長城起源另說》，《天津大學學報（社會科學版）》2009 年第 4 期，第 318～322 頁。

〔註8〕成大林：《「楚長城」仍有許多未解之謎》，《中國社會科學學報》2012 年 2 月 20 日。

〔註9〕華夏子（吳德玉、董耀會、張元華）：《明長城考實》，北京：檔案出版社，1988 年，第 1～2 頁。

力的有序調遣和物資的集中。再次，長城的產生需要具備初步的物質條件。彭曦考察秦簡公「塹洛」遺跡時看到多處石塹壕和採石場後認爲，鋼鐵工具的普及是修建長城不可缺少的物質條件。〔註 10〕第四，長城的產生需要具備一定的技術條件。治水時築土爲防、採用烽火臺來實現信息的準確快速傳遞等均可視爲長城產生的重要技術條件。

隨著對長城起源各種條件的分析和探索，學者對長城的產生時間也形成了各種不同的推論，學術界至今尚未完全探索清楚。因此，我們有必要對史料中的有關記述略作列舉和推斷。

一、南仲「城彼朔方」

《詩經・小雅・出車》頌揚了周王命南仲出車驅逐玁狁並在朔方築城的情況。詩中提到：「我出我車，于彼牧矣。自天子所，謂我來矣。……王命南仲，往城于方。出車彭彭，旗旐央央。天子命我，城彼朔方。赫赫南仲，玁狁于襄。……王事多難，不遑啓居。豈不懷歸，畏此簡書。……執訊獲醜，薄言還歸。赫赫南仲，玁狁于夷。」〔註 11〕這段涉及民族關係的文字從其產生時開始便得到了學者的高度關注，南仲「城彼朔方」也成爲研究長城的學者關注的焦點：南仲所築是長城嗎？

在分析南仲城是否屬於長城前，我們首先需要對史實進行一定的判斷。南仲城到底修建在何時？學界在這一問題上的觀點並不一致。早在漢朝時，關於《出車》便已經存在不同觀點。毛亨爲《詩經》作注，將《采薇》《出車》和《杕杜》三首詩列爲歌頌周文王事跡的作品，其中《出車》一詩，「《毛詩》以爲是周文王勞還師之作。」〔註 12〕班固《漢書》中記載：「至懿王曾孫宣王，興師命將以征伐之，詩人大美其功，曰：『薄伐玁狁，至于大原』『出車彭彭』『城彼朔方』。是時四夷賓服，稱爲中興。」〔註 13〕班固認爲《出車》讚揚的是周宣王（前 827～前 782 在位）征伐玁狁的事跡。司馬遷將《出車》視爲周襄王（前 651～前 619 在位）時的作品，認爲周襄王被同父異母兄弟子帶與戎狄驅逐後，戎狄「侵盜暴虐中國。中國疾之，故詩人歌之曰：『戎狄是應』『薄

〔註 10〕彭曦：《長城七問》，《中國長城博物館》2012 年第 4 期，第 4～5 頁。

〔註 11〕程俊英、蔣見元：《詩經注析》之《小雅・出車》，北京：中華書局，1991 年，第 470～473 頁。

〔註 12〕程俊英、蔣見元：《詩經注析》之《小雅・采薇》，北京：中華書局，1991 年，第 469 頁。

〔註 13〕《漢書》卷 94 上《匈奴傳上》，北京：中華書局，2008 年縮印本，第 3744 頁。

伐玁狁，至于大原』；『出車彭彭』『城彼朔方』。」〔註14〕司馬遷認爲《出車》中「戎狄是應」說明了周襄王時的具體情形，而「薄伐玁狁，至于大原」；「出車彭彭」「城彼朔方」應視爲詩人通過回顧周朝此前功績來表達對重振周室的期待。綜合上述分析，南仲城的修建在漢朝時至少有兩種不同認識：一是認爲修建於周文王時期，一是認爲修建於周宣王時期。

關於《出車》的詩本事，明清以來較多學者認爲發生在周宣王時。姜亞林結合考古文獻資料、《出車》詩句的具體內容和毛《傳》本義，在《大雅·常武》中分析了南仲的身份，將周文王時的南仲和周宣王時的南仲明確區別開來；在《小雅·采薇》中，以傳世文獻與金文互相印證，對玁狁的情況進行了重點分析，認爲《采薇》《出車》應是周文王時期的作品；在《出車》中借助多友鼎的銘文等資料，結合詩句的內容，再次對《出車》屬於周文王時期之事進行了補充論述。〔註15〕姜亞林通過地上、地下文獻與詩文互證，結合周文王、周宣王時期的歷史事實和民族關係等多方面的信息進行綜合考慮，其結論是值得信任的。景愛也在辨析周文王曾奉命征伐犬戎等情況，結合鄭玄、孔穎達等學者的觀點認爲，「城彼朔方」應是發生在周文王時期的事。〔註16〕綜合學者的觀點，筆者認爲南仲城最可能是周文王時修建的。

「城彼朔方」是否是修長城呢？最早認爲「城彼朔方」是修了長城的應是壽鵬飛，他在書末所附的歷代長城示意圖上，將南仲城繪製於鄂爾多斯北部接近黃河的位置。〔註17〕此後也有一些學者贊同「城彼朔方」是修建了長城的觀點，並對朔方的位置提出了不同的認識。〔註18〕「城彼朔方」是否能算修長城呢？南仲城又具體修建在什麼位置呢？

〔註14〕《史記》卷110《匈奴列傳》，北京：中華書局，2008年縮印本，第2882頁。

〔註15〕姜亞林：《〈詩經〉戰爭詩研究》，首都師範大學博士學位論文，2007年，第54～55、66～74、77～82頁。

〔註16〕景愛：《中國長城史》，上海：上海人民出版社，2006年，第55～59頁。

〔註17〕壽鵬飛：《歷代長城考》，《得天廬存稿》，民國三十年（1941）鉛印本，第1頁。

〔註18〕高旺在壽鵬飛研究的基礎上繪製了《周代南仲城圖》，將其置於內蒙古河套一帶。高旺認爲南仲城是「一座一座的單體結構」，屬於「有聯繫的小城堡和烽火臺的軍事防禦設施」，「中間（設）〔沒〕有城牆聯繫」，「只是長城的萌芽或者說是長城的一種初級形態」。（高旺：《內蒙古長城史話》，呼和浩特：內蒙古人民出版社，1991年，第11～14頁。）周興華認爲「城彼朔方」是修建了長城，但認爲朔方的具體位置應在周朝都城鎬京北面的靈、夏、固原一帶。（周興華：《固原長城始築年代考》，周興華、周曉宇：《從寧夏尋找長城源流》，銀川：寧夏人民出版社，2008年，第5～10頁。）

　　張守節在《史記正義》中認爲「城彼朔方」的情形是「獫狁既去，北方安靜，乃築城守之。」〔註 19〕這一記載與《詩經・大雅・烝民》中「王命仲山甫，城彼東方」〔註 20〕的「城」一樣，都是築城，並不能將「城」與長城直接聯繫起來。在古代文獻的記載中，目前所見最早將南仲修城與秦始皇、漢武帝修建長城並列可能是刁雍的建議。〔註 21〕朔方本是北方地區的概稱，在廣大的北部區域修建一道長的防禦線來應對北方民族，也是有可能的。陳正祥因此曾認爲：「如果《詩經・出車》：『天子命我，城彼朔方；赫赫南仲，獫狁於襄。』的城彼朔方一句，不是只造一座城，而是築一條長垣，則中國北邊長城的出現，又遠在戰國後期之前。」〔註 22〕因此，周朝當時是否需要在朔方一帶修建一條長垣成爲「城彼朔方」是否可以判定爲修長城的關鍵。

　　周文王時的「朔方」在什麼地方呢？顧頡剛、史念海根據史料辨析「周初發達之跡」，綜合歷史地理的研究結果認爲，周初的主要活動範圍在涇、汧、渭水之間。〔註 23〕景愛也根據一些史實分析認爲：「在商末周初，周人的活動是以渭河流域豐鎬爲中心。」〔註 24〕以「朔方」即北方的概念來看，周文王時期的「朔方」應在距離渭河不遠的範圍內，主要指今陝北地區。周文王時，陝北地區是否有可能修建長城？一些學者通過研究發現，周文王時期陝北黃土高原地區主要是森林與草原地區。對於歷史時期植被變遷史的研究，史念海先生通過研究認爲黃河下游及其附近地區在遠古之時森林相當茂密，黃河

〔註 19〕《史記》卷 110《匈奴列傳》，北京：中華書局，2008 年縮印本，第 2883頁。

〔註 20〕程俊英、蔣見元：《詩經注析》之《大雅・烝民》，北京：中華書局，1991 年，第 900 頁。該書對「城彼東方」的注釋是：「城，築城。東方，指齊國，齊在鎬京之東。」（901 頁）

〔註 21〕《魏書》中記載了高閭上表的內容：「昔周命南仲，城彼朔方；趙靈、秦始，長城是築；漢之孝武，踵其前事。此四代之君，皆帝王之雄傑，所以同此役者，非智術之不長，兵眾之不足，乃防狄之要事，其理宜然故也。」（《魏書》卷 42《高閭傳》，北京：中華書局，2008 年縮印本，第 1201 頁。）杜佑《通典》中將將此列爲刁雍的建議，可能是根據當時可見的文獻資料進行了確指。將南仲建城與秦、漢修建長城並列，確實容易讓人誤以爲當時人認爲「城彼朔方」就是修長城。

〔註 22〕陳正祥：《中國文化地理》，香港：生活・讀書・新知三聯書店香港分店，1981 年，第 158 頁。

〔註 23〕顧頡剛、史念海：《中國疆域沿革史》，北京：商務印書館，2009 年，第 28 頁。

〔註 24〕景愛：《中國長城史》，上海：上海人民出版社，2006 年，第 61 頁。

中上游可以稱道的森林也不少。〔註 25〕據此，景愛認爲南仲當時只需要修建城堡於險要處便可，這種「據險而建的城堡，自然是很分散的，毫無次序可言」。〔註 26〕綜合學者的觀點，筆者認爲周初陝北地區很難形成列城，更不可能修建長城。基於此，以南仲「城彼朔方」作爲長城產生的時間是不妥當的。

二、楚國「方城以爲城」

楚國在春秋戰國時期曾經修建長城已經通過大量考古數據與史料記載的相互印證，成爲不爭的事實。但是，齊、楚兩國到底哪國最早修建長城仍是學界關於長城產生時間爭論的焦點，其中，兩國是否在春秋時期修建過長城成爲學者討論的要點。以楚長城而言，最需要辨析的問題是「方城以爲城」裏所提「方城」是否屬於長城。

「方城以爲城」出自《左傳》。根據記載，魯僖公四年（前 656），齊桓公伐楚。楚國使者屈完游說齊國退兵時說：「君若以德綏諸侯，誰敢不服？君若以力，楚國方城以爲城，漢水以爲池，雖眾，無所用之。」〔註 27〕由於歷史上楚長城多稱爲「楚方城」，加上這則材料是目前所見最早關於楚國方城的記載，學者對這則材料的辨析較多。蔣波、朱戰威以《三十年來楚方城研究述要》中總結了學術界對楚長城修建時間的不同認識，將楚長城修建時間歸納爲春秋、戰國和各段修築時間不一等幾類。〔註 28〕仔細分析各家觀點可以發現，學者對楚長城的修建時間分析，主要是對楚方城是否屬於楚長城的辨析。「方城以爲城」一語中的「方城」到底是否是長城呢？筆者認爲以下幾則信息值得留意。

（一）屈完的辭令

較早從語法方面對屈完辭令提出質疑的是張維華。他在《楚方城》中提到：「屈完答齊桓語謂：『楚國方城以爲城，漢水以爲池』，以方城與漢水對舉，知方城必非近於長城之邊防，不然，方城既爲邊城矣，又何必謂『以爲城』

〔註 25〕史念海：《論歷史時期我國植被的分佈及其變遷》，《中國歷史地理論叢》1991年第 3 期，第 43～73 頁；史念海：《歷史時期森林變遷的研究》，《中國歷史地理論叢》1988 年第 1 期，第 1～17 頁。

〔註 26〕景愛：《中國長城史》，上海：上海人民出版社，2006 年，第 62～63 頁。

〔註 27〕楊伯峻：《春秋左傳注》僖公四年，北京：中華書局，1990 年，第 292～293頁。

〔註 28〕蔣波、朱戰威：《三十年來楚方城研究述要》，《高校社科動態》2010 年第 1期，第 26～29 頁。

乎？由是知僖公四年即楚成王十六年以前，楚人無築此邊城之事。」〔註 29〕
左丘明爲《春秋》作傳時，使用的主要書寫工具仍是竹簡和木板，惜墨如金，
應不會爲了辭令排比順暢而故意選用對比的手法，更應不會爲了文采而罔顧產
生歧義的可能性。因此，屈完辭令中以山爲城、以水爲池的語法是值得留意。

　　根據辭令提供的信息，彭曦指出：辭令中屈完所提及的方城與漢水的關
係也不符合城池的構築形式。一般來說，城居內而池居外。但是，方城在漢
水的北面，與漢水相距 200 千米，屬於城居外而池居內的布局，明顯與城池
關係相悖。〔註 30〕

　　結合張維華和彭曦對屈完辭令信息的分析，將「方城以爲城」中的「方
城」視爲長城似有不妥。

（二）修建的必要性

　　楚武王（前 740～前 690 在位）統治時期，楚國以鐵腕手段滅諸侯國，
設置縣一級行政單位。公元前 704 年，楚武王以諸侯稱王，開諸侯僭號稱王
之先河。到楚成王（前 671～前 626 在位）時，楚國已有了爭霸中原的雄心。
楚國於「周衰代興，併吞諸夏小國與蠻、夷部落，地廣於齊、晉，勢雄於秦、
狄，其疆域約包今湖北全省，北抵河南南部，西至陝西東南境，與四川東境，
東及江西、安徽，兼涉江蘇西南一小部，南則不越洞庭湖，地兼跨於七省」
〔註 31〕，在春秋時期，強大的楚國是否有修建長城的必要？張維華也曾質
疑：「楚自成王十六年之後，國勢日強，駸駸北與中原爭雄。其開國局勢，
在在呈露其侵略之野心，未嘗一存劃界自守之意念。」〔註 32〕因此，楚成王
時在楚國北境（如城父等地）修建大城「以通北方」〔註 33〕是可能的，在葉
南方城一帶修建關塞是可能的，但公元前 656 年時修建長城，從修建的必要
性來看存在牽強之處。

（三）修建的可能性

　　在春秋時期，諸侯國相互吞滅成爲重要的趨勢。陳漢章曾作表來補充《史

〔註 29〕　張維華：《中國長城建置考（上編）》，北京：中華書局，1979 年，第 38 頁。
〔註 30〕　彭曦：《春秋有長城嗎？》，《隴東學院學報（哲學社會科學版）》2003 年第 1
　　　　　期，第 76 頁。
〔註 31〕　顧頡剛、史念海：《中國疆域沿革史》，北京：商務印書館，2009 年，第 42 頁。
〔註 32〕　張維華：《中國長城建置考（上編）》，北京：中華書局，1979 年，第 38 頁。
〔註 33〕　楊伯峻：《春秋左傳注》昭公十九年，北京：中華書局，1990 年，第 1402 頁。

記》十二諸侯表的不足，從中可見春秋時 58 個諸侯國滅於楚的史實。〔註34〕
綜合楊伯峻《春秋左傳注》、許倬雲《西周史》、方詩銘《中國歷史紀年表》、
王貴民《春秋會要》、楊寬《戰國史》等書籍的資料，我們可以進一步看到楚
國攻滅各國諸侯及周邊民族的具體情況（見《楚國攻滅諸侯國及周邊民族簡
表》）。通過表格來看，公元前 656 年之前，被楚國所滅的諸侯國數量並不是
太多。此時，楚國正處於積蓄力量並逐漸強大的階段，位於河南和湖北楚長
城一帶的諸侯國中，不少仍能較好地維繫自身的統治。

楚國攻滅諸侯國及周邊民族簡表

諸侯國及夷狄	滅亡時間	主要活動區域及滅亡情況的補充說明	諸侯國及夷狄	滅亡時間	主要活動區域及滅亡情況的補充說明
谷國	前 8 世紀	湖北省穀城縣西北	邾國（鄒國、邾婁國）	前 281 年	山東省鄒城市
權國	前 7 世紀	湖北省當陽市東南	魯國	前 256 年	山東省曲阜市
羅國	前 690 年	湖北省宜城市	聃國	西周晚期	湖北省荊門市，另說在河南省阜陽市
申國	前 688 年～前 680 年	河南省南陽市	應國	春秋中期	河南省平頂山市
息國（鄎國）	前 680 年	河南省息縣	邳國	未知	江蘇邳州
鄧國	前 678 年	湖北省襄樊市北（另說河南省鄧州市）	費國	未知	山東省費縣
弦國	前 655 年	河南省光山、潢川縣界	呂國	未知	河南省南陽市
黃國	前 648 年	河南省潢川縣	東不羹國	未知	河南省舞陽縣北
英國	前 646 年	安徽省六安市	西不羹國	未知	河南省襄城縣東南
夔國（隗國、歸國）	前 634 年	湖北省秭歸縣	蓼國（鄝國、廖國、飂國）	未知	河南省唐河縣

〔註34〕顧頡剛、史念海：《中國疆域沿革史》，北京：商務印書館，2009 年，第 44 頁。

江國	前 623 年	河南省正陽縣、息縣一帶	道國	未知	河南省確山縣或息縣
蓼國（繆國）	前 622 年	河南省固始縣東北蓼城岡	柏國	未知	河南省舞陽縣、西平縣界
六國（錄國）	前 622 年	安徽省六安市北	鄀國	未知	河南省內鄉縣，後遷湖北省宜城市東南
蔣國	前 617 年	河南省固始縣蔣集鎮	軫國	未知	湖北省應城市西
麇國	前 611 年	湖北省鄖縣	鄂國	未知	湖北省隨州市安居鎮
庸國（墉國）	前 611 年	湖北省竹山縣上庸胡城，楚國、秦國、巴國共滅	隨國	未知	湖北省隨州市
舒蓼國（蓼國）	前 601 年	河南省固始縣、安徽省霍邱縣一帶	鄖國	未知	湖北省安陸縣
賴國（厲國）	前 581 年	湖北省隨州市東北，另說河南省鹿邑縣或商城縣	絞國	未知	湖北省鄖縣西北
蕭國	前 579 年	安徽省蕭縣西北	鄢國	未知	湖北省襄樊市襄陽區東北
舒庸國	前 574 年	安徽省舒城縣	廩國	未知	未知具體位置
舒鳩國	前 548 年	安徽省舒城縣	貳國	未知	湖北省廣水市
房國	前 529 年	河南省遂平縣，後遷至楚國境內	州國（西州國）	未知	湖北省監利縣東州陵城
養國	前 528 年	安徽省臨泉縣楊橋鎮	盧國	未知	湖北省襄樊市
唐國	前 505 年	湖北省隨縣、棗陽市一帶	鍾離國	未知	安徽省鳳陽縣
潘國（番國）	前 504 年	河南省滎陽市	舒龍國	未知	未知具體位置
南胡國	前 496 年	安徽省阜陽市	舒龔國	未知	未知具體位置
頓國	前 496 年	河南省項城、商水界	舒鮑國	未知	未知具體位置
戎蠻（蠻氏、曼氏）	前 491 年	河南省汝陽縣東南、臨汝縣西南	桐國	未知	安徽省桐城市

許國	前 481 年	河南省許昌市，被楚國遷到葉縣	宗國	未知	安徽省舒城縣、廬江縣一帶
陳國	前 478 年	河南省淮陽縣	皖國	未知	安徽省潛山縣
蔡國	前 447 年	河南省新蔡縣、上蔡縣一帶	廬國	未知	安徽省合肥市
杞國	前 445 年	河南省杞縣，後遷山東省昌樂縣，又遷山東省安丘市	都國	未知	未知具體位置
莒國	前 431 年	山東省平陰縣	西黃國	未知	未知具體位置
郯國	前 414 年	另說是越國	魷國（魚國）	未知	未知具體位置
郕國（成國、成國）	前 408 年	另說是齊國、魯國共滅	戶戎國	未知	未知具體位置
邾國（小邾國、小邾婁國）	前 325 年	山東省滕州市東	滇國	未知	雲南省滇池一帶
越國	前 306 年	以浙江省爲中心，曾達到山東省南部和福建省北部	淮夷	未知	未知具體位置
宋國	前 286 年	田氏齊國、魏國、楚國共滅			

　　彭曦對新中國成立以來出土於漢水以北、方城山以南的青銅器進行研究認爲，春秋時期楚國並未征服這一區域的姬姓諸侯國。比如曾國一直到戰國初年才滅亡。彭曦由此質疑：楚國如何得以在其它諸侯國的領地上修建長城？〔註35〕若堅持認爲公元前 656 年楚國已經在漢水以北、方城山一帶修建長城，則需要對分佈在這一地段的諸侯國及其與楚國的關係找到更多令人信服的證據。

（四）兵種、戰術的變革

　　春秋時期和戰國前期的戰爭主要是車戰。甲車的特點是適宜平原作戰而不適宜於山地戰爭。因此，當時各諸侯國只需要阻塞山間的孔道，甲車難以前行便能較好地實現防禦。因此，公元前 656 年時，楚國即使在方城地區已經修築城池，也只需在山隘的通道處築城，無需進行大規模的長城修建。

〔註35〕彭曦：《春秋有長城嗎？》，《隴東學院學報（哲學社會科學版）》2003 年第 1期，第 76 頁。

〔註 36〕顧棟高在梳理春秋大事時發現：「春秋列國用兵相鬥爭，天下騷然。然是時禁防疏闊，凡一切關隘阨塞之處，多不遣兵戍守，敵國之兵平行往來，如入空虛之境。」〔註 37〕春秋時各國的防守並不嚴密也從一個側面說明在兵種和戰術變革之前，各諸侯之間並無修長城進行嚴密防守的必要。彭曦認為，長城的出現與軍事上兵種、戰術的變革存在一定的聯繫。他主張騎射野戰的出現和使用，可以作為長城出現的重要原因。〔註 38〕這與顧炎武的觀點是一致的。顧炎武在分析長城的起源時曾說：「春秋之世，田有封洫，故隨地可以設關。而阡陌之間，一縱一橫，亦非戎車之利也。觀國佐之封晉人則可知矣。至於戰國，井田始廢，而車變為騎，於是寇抄易而防守難，不得已而有長城之築。」〔註 39〕分析長城的出現時間時，戰爭形式和兵種的變化確實應該作為重點充分考慮。

劉慶曾指出，春秋時期車兵是戰爭的絕對主力，防禦者只需要防止車輛通過較易通行的河谷和兩山之間的埡口通道，並守住扼制這些通道的城邑堡寨便可。在戰爭頻發、戰爭性質逐漸發生變化的情況下，考慮到車戰地形條件要求高、部隊作戰範圍狹隘等具體問題，春秋戰國時期也開始恢復步兵（徒兵）作戰的模式，但「這一復興是相當漫長的歷史過程」。劉慶認為，這些單獨遂行戰鬥任務的步兵的崛起，是迫使人們在城邑堡寨兩側修非閉合軍事防禦線的主要原因。〔註 40〕劉慶的分析提醒我們，在考慮諸侯國內部長城的產生時，除了充分考慮以趙國胡服騎射為重要標誌的諸侯國騎兵野戰力量的興起外，還要適當考慮徒兵作戰崛起所產生的影響。然而，春秋時期徒兵單獨遂行戰鬥任務的事例並不多見，從現在能找到的資料來看，春秋徒兵戰鬥的規模不大、獲得的勝利也有限。我們不否認從長遠來看，徒兵作戰可能對長城的修建起到了重要的推動作用。但若認為楚國在公元前 656 年以前會花大力氣修建長城來防備尚不強大的徒兵，恐有不妥之處。

〔註 36〕　尚景熙：《楚方城及其與楚國的軍事關係》，《中原文物》1992 年第 2 期，第 12 頁。
〔註 37〕　（清）顧棟高：《春秋大事表》卷 9《春秋戰國不守關塞論》，北京：中華書局，2013 年，第 995 頁。
〔註 38〕　彭曦：《春秋有長城嗎？》，《隴東學院學報（哲學社會科學版）》2003 年第 1 期，第 75～76 頁。
〔註 39〕　（清）顧炎武：《日知錄集釋》卷 31《長城》，（清）黃汝成集釋，欒保群、呂宗力校點，上海：上海古籍出版社，2006 年，第 1800 頁。
〔註 40〕　劉慶：《楚長城（方城段）軍事價值探源（上）》，《中國社會科學報》2011 年 12 月 8 日。

（五）文獻記載的差異

支持「方城以爲城」中的「方城」是楚長城的學者，多從《左傳》對「方城」的名物進行辨析，也常從《國語》《管子》《春秋穀梁傳》《春秋公羊傳》等著作中找尋佐證。

關於「方城」的名物辨析，是學者首先爭論的焦點。自《左傳》中的「方城」被認爲是楚長城的觀點引起大量爭議後，王振中、潘民中針對楊伯峻《春秋左傳注》關於方城的解釋提出了質疑，通過辨析方城作爲山名、城邑名和長城三者的差別，結合《左傳》的記載，明確指出《左傳》所提 14 處〔註41〕「方城」所指均爲今方城縣東北的方城山。〔註42〕

成大林具體比對各種古籍對齊率聯軍攻伐楚國這一事件的記載發現，《管子》《國語》都未記載召陵之盟和屈完，卻有攻入方城的記載。《左傳》《公羊傳》和《穀梁傳》均記載了齊楚召陵之盟，都出現了屈完這個人物，但只有《左傳》記載了「方城以爲城，漢水以爲池」這一豪言壯語。從這些文獻的記載來看，《管子》《國語》和《春秋》三傳對方城的作用存在明顯不同的地方。〔註43〕到底「方城以爲城」的楚國是否被齊率聯軍攻入？「方城以爲城，漢水以爲池」這一豪言壯語是否能取信並作爲楚國有強大防禦工事的依據？

學者研究楚長城多提「楚方城」，容易形成楚長城僅以「方城」相稱的印象。事實上，至少在戰國時期，楚長城便已經被稱爲「長城」。「清華簡」〔註44〕是目前所見最早以「長城」來稱呼楚長城的文獻。已經整理出版的《繫年》中，第 21 章所提「長城」便指楚長城，陳民鎮在其碩士論文中對此進行了較好的辨析。〔註45〕

〔註41〕 賀金峰等學者統計爲 13 處。（賀金峰：《「方城」是中國歷史上最早修築的長城》，《開封大學學報》2002 年第 3 期，第 1～7 頁。）兩種統計均有道理，差別在於是否包括了注釋所引《齊語》中的「方城」。

〔註42〕 王振中、潘民中：《對〈春秋左傳注〉有關方城釋解的質疑》，《鄭州大學學報（哲學社會科學版）》1996 年第 5 期，第 108～110 頁。

〔註43〕 成大林：《「楚長城」仍有許多未解之謎》，《中國社會科學報》2012 年 2 月 20 日。

〔註44〕 清華大學 2008 年 7 月收藏了一批竹簡，經碳 14 測定爲戰國中晚期文物，共約 2500 枚，從文字風格判斷主要是楚國的竹簡，簡稱「清華簡」。

〔註45〕 陳民鎮：《清華簡〈繫年〉研究》，煙臺大學碩士學位論文，2013 年，第 134～135 頁。

　　楚長城已經存在是肯定的，但楚長城到底是什麼時候開始修建的，至今仍是一個爭論不止的話題。平頂山舞鋼平嶺段已結合文獻記載初步認定爲楚長城。根據這段搶救性發掘的情況，牆體內的遺物多爲春秋時期，少量爲戰國早期。〔註46〕現在多數專家認爲楚長城的始建只能定在春秋末期到戰國初期，這也是筆者支持的觀點。若要確定具體的時間，需要更多考古資料和文獻資料的支持。

三、從《管子》到《繫年》

　　最有可能在春秋時期便已經修建長城的諸侯國主要是齊國和楚國。齊國和楚國一樣，屬於春秋戰國時期的諸侯大國。對楚長城的存在，學者尚有過質疑〔註47〕，但齊長城的存在從未受到學者的懷疑，這與先秦文獻直接使用「長城」來記載齊長城有關。儘管如此，齊長城的始建年代仍是學者爭相討論的話題。對楚長城始建年代的辨析更多針對「方城」之名，而對齊長城始建年代的辨析更多針對文獻本身的時間確定。

　　壽鵬飛根據《管子》的記載，將齊長城的始建定於齊桓公之時〔註48〕，這可能是齊桓公時已經存在長城一說的肇端。直至現在，不少學者仍舊主張這一觀點。國光紅認爲齊桓公時已經修築長城，這段長城是齊國西段長城，始建於齊桓公元年（前685），止於齊靈公二十七年（前555）。〔註49〕甚至有學者總結齊長城前期研究時認爲：「據眾多專家學者考證，這條長城修築時間始於春秋齊桓公時期，完成於戰國齊宣王時期。」〔註50〕事實上，對於齊桓公時已存在長城的觀點，從20世紀30年代起便有學者提出了質疑，這些質疑多與書籍本身有關。

〔註46〕河南省長城資源調查隊：《河南省長城資源調查綜述》，《長城資源調查工作文集》，北京：文物出版社，2013年，第97頁。

〔註47〕成大林曾明確表示，對於「楚方城」是否是長城，他經歷了從懷疑到否定，再到肯定的過程。這個過程從1981年初步認爲楚長城不存在，到2007年找到與《水經注》記載相符的楚長城，這一破、立的過程共經歷了27年時間。（成大林：《「楚長城」仍有許多未解之謎》，《中國社會科學報》2012年2月20日。）

〔註48〕壽鵬飛：《歷代長城考》，《得天廬存稿》，民國三十年（1941）鉛印本，第1頁。

〔註49〕國光紅：《齊長城肇建原因再探》，《歷史研究》2000年第1期，第182～185頁。

〔註50〕何德亮：《中國歷史上最古老的長城——齊長城》，《中原文物》2009年第2期，第65頁。

（一）《管子》並非管仲的作品

張維華在辨駁齊國管仲時已經修長城的觀點時認為：「然《管子》一書，駁難不純，其中所論，或為異時所追述，或為後人所假託，非盡屬管子之言。至於《輕重篇》之為偽作，尤為後人所常稱說。」〔註51〕張維華著重提及《輕重》篇，是因為直指管子與長城關係的主要來自《輕重》丁篇中的兩句話：「陰雍長城之地。」「長城之陽，魯也。長城之陰，齊也。」〔註52〕確實，從漢代開始，對於《管子》尤其是《輕重》篇的成文年代已經有了較多的辨析，《管子》非一人一世之作已屬定論。

梁啟超在《管子傳》中將《輕重》篇視為春秋前期的作品，王國維則將《輕重》篇視為漢武帝、漢昭帝時期才完成的作品，馬非百在《管子輕重篇新詮》中將其視為王莽時期的作品，馮友蘭、胡適、郭沫若等將其視為戰國中期的作品。從整體趨勢來看，學者對《輕重》篇的成書年代，從春秋戰國一直往後推，呈現出明顯往後推延成書時間的情況。胡寄窗辨析了新莽說的一些問題，說明了《輕重》篇成於戰國時期的理由，如成書的背景不可能在全國大一統之後；從思想意識的活躍和戰國爭強的需要角度來看成於戰國的可能性較大等。〔註53〕孫開泰在綜合各家認識之後認為，《管子‧輕重》的成書年代應該在戰國時期，有些則是在戰國末期，並從時代背景、地方設置、政治形勢、田齊貨幣、量具使用、租金形式這六個方面證明了《管子‧輕重》的成文年代。〔註54〕雖然現在仍有學者利用詞彙學等方面的知識在補充《輕重》篇成書於漢代的證據〔註55〕，到目前為止，學者較為普遍地認為《管子》一書應是成書於戰國，《輕重》篇可能是田齊威、宣王或稍後的戰國時代完成的作品。

其實，無論是辨析《管子》並非管仲的作品，並非記載管仲一人的言行，或者辨析《輕重》篇成書晚至戰國，均不能說明「長城之陽」並非出自管仲之口。因此，僅以《管子》的成書來否定長城的成書年代顯然是不夠的。

〔註51〕 張維華：《中國長城建置考（上編）》，北京：中華書局，1979年，第15頁。

〔註52〕 黎翔鳳：《管子校注》卷24《輕重丁》，梁運華整理，北京：中華書局，2004年，第1500頁。

〔註53〕 胡寄窗：《試論〈管子‧輕重篇〉的成書年代問題》，《中國經濟問題》1981年第4期，第61～64頁。胡寄窗：《試論〈管子‧輕重篇〉的成書年代問題（續）》，《中國經濟問題》1981年第5期，第58～62、57頁。

〔註54〕 孫開泰：《〈管子‧輕重〉成書當在戰國時代》，《管子學刊》2007年第2期，第5～8頁。

〔註55〕 王東：《〈管子‧輕重篇〉成書時代考辨》，《鄭州大學學報（哲學社會科學版）》2010年第4期，第78～81頁。

（二）《春秋》及三傳的記載

以《春秋》的記載來看齊長城的修建也可能始自張維華。這裡所提《春秋》確切地來說應是《春秋》及《左傳》《公羊》《穀梁》三傳而言。《春秋》是孔子刪定的作品，《左傳》《公羊》《穀梁》成書於春秋末年至西漢初年，所涉及的歷史時段根據《春秋》略有延展，但所記均為春秋 300 餘年的歷史。

平王東遷之後，諸侯爭霸成為此後 300 餘年的重要特點。在新的政治形勢下，各諸侯國均比較重視城池的修建，「以便在爭霸中取得統治地位」，由此出現了中國古代歷史上第一次築城高潮，根據《左傳》等資料的粗略統計，春秋時「見於古史記載的築城凡五十餘次，其中魯國佔了三分之二」。這些新建的城池主要有三種功能：加強邊境防禦、加強國都附近的防禦和為向他國進攻做準備。〔註 56〕《春秋》及三傳中既然對黃河中下游及淮河上中游的十餘個國家的築城情況均有記載，齊國若修建與魯國分界的長城而未受到重視，確實是難以理解的事情。張維華指出：「齊魯二國之事，左氏言之甚詳，其於地利形勢，未嘗略置不論，何獨無長城之說？」〔註 57〕《春秋》及三傳大量記載築城之事卻未提齊長城的修建，確實是主張齊長城修建於獲麟之前的學者需要著意辨析的問題。

（三）《驫羌鍾銘》的年代

《驫羌鍾銘》上出現了目前所見金石文獻上最早的「長城」記載。〔註 58〕在驫羌鍾出土之後，中外學者均對此進行過較多辨析。在鍾體表面刻寫的銘文中出現了「長城」二字，學者普遍認同所指即齊長城。因此，齊長城至少在驫羌鍾鑄造之前已經修建並使用。驫羌鍾的鑄造年代成為長城研究者的研究重點。張維華在簡略介紹了驫羌鍾鑄造年代的各家說法後認為，「其言在戰國初年者，固覺證據尚未充滿，而言在春秋之中葉者，亦有問題可疑，尚未能據此以斷齊城起築之年代也。」〔註 59〕經過上百年的辨析後，溫廷敬主張的周

〔註 56〕施元龍、徐飛、鄔建華：《中國築城史》，北京：國防大學出版社，2012 年，第 26 頁。

〔註 57〕張維華：《中國長城建置考（上編）》，北京：中華書局，1979 年，第 16 頁。

〔註 58〕《驫羌鍾銘》上的文字為：「唯廿有再祀，驫羌作伐，厥辟韓宗擊。率征秦迮齊，入長城，先會於平陰。武任是力，襲敚楚京。賞於韓宗，令於晉公，昭於天子，用明則之於銘。武文□烈，永世毋忘。」該鍾銘發現時便得到學者的廣泛關注，在 20 世紀 30 年代便已經初步確定了文字內容及年代。

〔註 59〕張維華：《中國長城建置考（上編）》，北京：中華書局，1979 年，第 18 頁。

威烈王二十二年（前 404）成為學界公認的觀點。〔註60〕基於此，齊長城至遲在戰國初年已經修築應當無疑。

（四）「清華簡」《繫年》的真偽

「清華簡」為齊長城增加了目前所知最早簡帛文獻記載。在《繫年》中，第 20 章和第 22 章均談到了齊長城。陳民鎮對《繫年》與其它文獻中的相關記載進行比較後發現，第 20 章共記載了晉景公十五年（前 585）至晉幽公四年（前 430）三晉之師攻破齊國句瀆之門、宋國和越國大敗齊軍於襄平的歷史。〔註 61〕「清華簡」《繫年》發表後，羅恭、陳民鎮撰文對齊長城提出了新的認識〔註 62〕。

從「清華簡」入藏清華大學開始，對「清華簡」的真實性便有學者質疑。但由於「清華簡」經過碳十四等專業技術檢測，又得到李學勤等學者的肯定，因此，這批竹簡屬於戰國時期的可能性極大。從長城研究的角度，我們可略補其對「清華簡」真實性的一則佐證。《繫年》中連續三章記載了長城，分別涉及齊長城和楚長城。記載齊長城的為第 20 章和第 22 章；記載楚長城的為第 21 章。其中，第 22 章記載了楚聲王時晉國攻伐齊國的歷史事件。在記載中提到晉齊盟約的主要內容：「毋修長城，毋伐廩丘。」〔註63〕這是先秦唯一提到長城對諸侯國之間交往重要性的文獻。如果「清華簡」為後來偽造，造偽者為製造史實花費的心血是否過大？結合長城的記載和學者的研究，筆者認為「清華簡」的真實性是值得信任的。

在「清華簡」對長城的記載中最值得長城研究者留意的是第 20 章。此章記載：「晉敬公立十又一年（前 441），趙桓子會諸侯之大夫，以與越令尹宋盟

〔註60〕 溫廷敬主張䮬羌鍾所記載的是周威烈王二十二年之事。（溫廷敬：《䮬羌鍾銘釋》，《中山大學史學學刊》1935 年第 1 卷第 1 期。）唐蘭一開始認為該鍾屬於周靈王二十二年（前 550）的齊晉之戰，但在後期改持周威烈王二十二年說並對溫廷敬的論說進行了補充論證。（唐蘭：《智君子鑒考》，《輔仁學誌》1938 年第 7 卷第 1～2 期合刊。）此後，䮬羌鍾所記史實為公元前 404 年之事成為學界公認的觀點。

〔註61〕 陳民鎮：《清華簡〈繫年〉研究》，煙臺大學碩士學位論文，2013 年，第 131～132 頁。

〔註62〕 羅恭：《從清華簡〈繫年〉看齊長城的修建》，《文史知識》2012 年第 7 期，第 104～107 頁。陳民鎮：《齊長城新研——從清華簡〈繫年〉看齊長城的若干問題》，《中國史研究》2013 年第 3 期，第 5～19 頁。

〔註63〕 清華大學出土文獻研究與保護中心：《清華大學藏戰國竹簡（二）》，上海：中西書局，2011 年，第 192 頁。

於邢，遂以伐齊，齊人焉始爲長城於濟，自南山屬之北海。」〔註64〕文字言之鑿鑿，認爲齊國在濟水修長城是在齊宣公十五年（前441）。《繫年》屬於戰國中後期的作品，因此，齊長城的始建時間爲公元前 441 年是具有一定可信度的。當然，由於齊長城的修建不是一時完成的，也不止一段，《繫年》所提始建之年或僅指濟水段而言。基於此，將公元前 441 年作爲齊長城始建年代的下限是比較妥當的。

除了對記載齊長城的文獻進行辨析外，學者在研究的過程中還提出了不少質疑，如《戰國策》和《史記》中所提「長城鉅防」中的「鉅防」是否屬於長城〔註65〕；春秋初年齊國與魯國的疆域並非以齊長城爲界〔註66〕；齊長城的修建並非完全爲防楚、魯兩國〔註67〕等。各種質疑爲今天我們正確認識齊長城留下了大量有益的探索資料。

受文獻資料缺乏的影響，關於長城最早出現在何時的爭論仍將繼續。結合學者的大量研究成果，考慮到春秋前期諸侯國的戰爭受禮法約束多「結日定地，各居一面，鳴鼓而戰，不相詐也」〔註68〕的情況，考慮到春秋時期的戰爭多數爲車戰的事實，結合學者看到工具、技術、組織力量等多方面的因素，筆者認爲將長城的產生時間推定爲公元前 5 世紀（春秋末年至戰國初年）較爲合理。彭曦說：「研究長城，必須有嚴謹的時空觀念，切不可以爲把長城說得愈早愈好愈有價值。這是十分錯誤的。若違背正確的年代，則適得其反。」〔註69〕這是有道理的。至於中國長城最早出現在何時，有待更多考古發現和更多的史料分析。

第二節　長城的發展

長城從大約公元前 5 世紀產生之後，在幾千年的發展過程中，隨著技術的進步、武器的發展、戰爭形式的變化、社會關係的變化等不斷變化著、發

〔註64〕清華大學出土文獻研究與保護中心：《清華大學藏戰國竹簡（二）》，上海：中西書局，2011 年，第 186 頁。

〔註65〕景愛：《中國長城史》，上海：上海人民出版社，2006 年，第 66～68 頁。

〔註66〕張維華：《中國長城建置考（上編）》，北京：中華書局，1979 年，第 15～16 頁。

〔註67〕陳民鎮：《清華簡〈繫年〉研究》，煙臺大學碩士學位論文，2013 年，第 246～262 頁。

〔註68〕《十三經注疏》之《春秋公羊傳注疏》卷 5，上海：上海古籍出版社，1997 年，第 2219 頁。見《公羊傳》桓公十年注。

〔註69〕彭曦：《長城七問》，《中國長城博物館》2012 年第 4 期，第 5 頁。

展著。在留存至今的文獻中，常能見到關於長城的簡要記載。學者根據這些文獻的記載，結合長城當時修建的具體歷史背景，逐漸梳理出長城修建的基本情況，形成了《中國長城沿革考》《中國長城建置考》《中國長城史》等大批專著，並有學者嘗試著對長城的發展歷史進行了初步的分期〔註70〕。

但是，目前關於長城的固化現象比較明顯。不僅老百姓常誤將秦朝以後的長城當作秦始皇所修長城來對待，就連一些學者在研究的過程中也常將所有的長城視同秦長城或明長城來進行分析和研究的情況。林霨曾指出：「對於大多數人來說，是記憶中的一處關隘固化了他們的『長城』形象。」〔註71〕其實，已經有不少學者在提醒研究長城時的固化問題。成大林曾提醒：「我們現代人在討論什麼是『長城』的時候，應該先回顧一下長城起源的歷史，瞭解古人心目中的長城。」〔註72〕彭曦曾指出：「在許多有關長城的論著中，往往只著眼於城牆，認為只有高出地面的城牆才是長城，這種（偏）〔片〕面的唯牆是城觀念，極大地妨礙著對長城的考察和研究。」〔註73〕在擁有了較多研究成果的今天，我們有必要在前人研究的基礎上，尊重古人的長城觀，進行一些長城發展脈絡的梳理，並嘗試著找出長城發展的一些規律來。

一、從關塞、河防到長城

多數人常以明長城來衡量中國歷代長城，真正研究長城的學者則需要仔細辨析古人心目中的長城。有關長城的術語自古以來極不確定，以至於在研究的過程中常容易出現誤將長城排除在研究之外及將非長城的內容納入長城的情況。長城起源的多樣性、長城內涵與外延的變化、文獻中對長城名稱記載的不一致、學者對文獻進行判斷時的理解不一致等均可能造成誤置情況。上文在辨析長城的產生時已對術語的不確定性略有涉及，不少學者在具體研究中也多留意文獻對長城的指代語詞，並進行過一些總結和梳理〔註74〕。這

〔註70〕 李文龍：《中國古代長城的四個歷史發展階段》，《文物春秋》2001年第2期，第37～39、43頁。
〔註71〕 〔美〕林霨（阿瑟·沃爾德隆）：《長城：從歷史到神話》，石雲龍、金鑫榮譯，南京：江蘇教育出版社，2008年，第184頁。
〔註72〕 成大林：《慎說金界壕不是長城》，《中國長城博物館》2006年第4期，第93頁。
〔註73〕 彭曦：《長城七問》，《中國長城博物館》2012年第4期，第2頁。
〔註74〕 馮永謙在比較金長城與考古發現的歷代長城時，曾結合李文信等學者的研究成果對金代長城各種稱謂的總結，說明金代及此後的文獻曾經使用「壕塹」「濠塹」「壕壘」「界壕」「垣壘」「界牆」「塞」「烏爾科」「邊牆」「夫爾穆」「長城」等來稱呼金界壕。（馮永謙：《燕秦漢長城與金長城有區別嗎？——從考古發

些指代過長城的語詞並非全指長城而言，這是學者的共識。對長城遺跡的調查能彌補一些文獻記載的不足並糾正一些學者根據文獻產生的誤判，但考古調查只能解決書面記載的局限的極小部分。在尚未實現對中國各地長城深入研究的今天，要梳理長城發展的基本脈絡，需要分清塞、防與長城的關係。

　　長城與關塞的關係較為密切，從明長城沿線分佈的大量關塞可以略見。先秦時期，重要的關塞處逐漸開始修建城邑堡寨等帶有明顯軍事功能的設施以加強防禦。劉慶曾對楚長城的產生進行過一番假設：「單獨遂行戰鬥任務的步兵的崛起，迫使當時的作戰樣式發生改變。守軍無法再僅僅通過當路修築城邑堡寨來控制相對平坦的谷地和海拔較低的山間埡口來阻遏對方行動。步兵可以繞過扼路的城邑堡寨，迂迴攀登旁邊較為險要之地，從城邑堡寨的側後發起攻擊。正是在這種形勢下，楚國著手對原先由扼守南北向谷地、埡口的城堡和沿線烽燧組合而成的國防線加以改造，沿城邑堡寨兩側向山嶺險要地帶延伸築牆，並與略加修整的山險牆結合起來，形成一道非閉合的軍事防禦線——楚長城。」〔註75〕劉慶這一假說中較為明確地指出，在長城形成之前已經出現了關隘、城堡、烽燧等防禦建築，但這些並不能視為長城。學者對此其實早有認識，「先有穆陵關，後有齊長城」〔註76〕的總結便是證明。張維華研究漢代長城建置時說：「漢之邊塞，有時稱之曰長城，有時稱之曰障，有時稱之曰障塞，亦有時簡稱之曰塞。大抵塞為通稱，長城為綿亙相接之邊垣，障為一地之防禦工事，或指城堡而言。」〔註77〕他將長城置於漢邊塞中進行整體分析，可能是認識到長城與邊塞其它建置難以通過辨析文獻明確區分的問題。

　　山川溪谷之險可以用於防禦，也可以作為戰爭的前沿陣地。在古人大量挖壕溝、修建城牆的同時，也會依河流堤壩修建防禦設施。「梁惠王二十年（前350），齊閔王築防以為長城」〔註78〕便是利用河流之險築防的事例，而且說

　　　　現的歷代長城進行比較研究》，《金長城研究論集（下冊）》，長春：吉林文史
　　　　出版社，2009年，第308～309頁。）董耀會在介紹長城的作品中也曾梳理歷
　　　　史上的長城稱謂。（董耀會：《長城萬里行》，鄭州：河南科學技術出版社，1994
　　　　年，第25～28頁。）
〔註75〕劉慶：《楚長城（方城段）軍事價值探源（上）》，《中國社會科學報》2011年
　　　　12月8日。
〔註76〕張建東、黃平：《金戈古韻齊長城》，泰安：齊魯電子音像出版社，2011年，
　　　　第164頁。
〔註77〕張維華：《中國長城建置考（上編）》，北京：中華書局，1979年，第138頁。
〔註78〕《史記》卷69《蘇秦列傳》，北京：中華書局，2008年縮印本，第2268頁。
　　　　見《史記正義》引《竹書紀年》。

明沿河築防可以成為長城修建的一種形式。但是，直接將「防門」視為長城並不妥當。史念海在通過實地考察認識塹洛長城時也指出，塹洛「並不等於說就沒有在洛河岸旁另外建築過城牆」〔註79〕。《左傳》襄公十八年（前555）記載：「齊侯禦諸平陰，塹防門而守之，廣里。」〔註80〕。一些學者直接認為「塹防門」為齊築長城之始，便是這一觀念。他們認為，「防有門，於門外作塹防，橫行廣一里」，這種塹防便屬於作長城防禦工事的開始。他們依據清朝方志中記載的「故長城首起平陰縣二十九里」而認定這便是齊國當時的塹防門長城工程。〔註81〕張維華根據文獻認為防門應是齊國的重要關塞，且明言：「古代防之形勢，今日不得其詳，其起止之地亦不可考，然必因軍事上之重要，繼續修築而延之使長，增之使固，當可想見。如此為之，積久而成為城之形式，再後又因國勢之推移，齊魯之界，悉為起築而與之相接，由此而齊之長城成矣。」〔註82〕成大林根據「塹防門」至「長城」一詞最早見諸文獻之間相距151年〔註83〕認為：「我們可以想見150多年間，齊國長城由障水的堤壩演變成為一道規模巨大的長城。」〔註84〕總之，從關塞和築防到形成長城，是在較長時間裏由量變而逐漸形成質變的過程。長城修建不是一朝一夕的事情，最初的長城未必是一開始便已經有了宏偉的規劃，只是後來根據形勢的變化而逐步形成的。

在關隘、河防處逐漸形成城邑堡寨，進而根據形勢需要形成長城，這是長城產生形制上較為合理的推論。從關隘與河防演變為長城，是中國早期長城形成的兩種重要途徑。我們不能將長城形成之前的關隘與河防建設視為長城修建之始，也不能認為所有的關隘、河防因為有軍事防禦作用便必然會最終形成長城。當然，我們也不能因為關注這兩種長城形成的途徑而忽略其它

〔註79〕史念海：《論西北地區諸長城的分佈及其歷史軍事地理》，《河山集（七集）》，西安：陝西師範大學出版社，1999年，第252頁。

〔註80〕楊伯峻：《春秋左傳注》襄公十八年，北京：中華書局，1990年，第1037頁。

〔註81〕（清）秦蕙田、錢大昕、方觀承、宋宗元：《五禮通考》卷208《體國經野》，江蘇書局光緒六年（1880）刻本，第10頁。

〔註82〕張維華：《中國長城建置考（上編）》，北京：中華書局，1979年，第21～23頁。

〔註83〕根據最新史料「清華簡」，可以將齊長城的形成時間下限確定為公元前441年。因此，相距151年的說法也相應可以縮減為114年。但這並不妨礙作者關於結論的推測。

〔註84〕成大林：《慎說金界壕不是長城》，《中國長城博物館》2006年第4期，第94頁。

形成長城的可能性。我們提從關、防到長城，只是希望借關、防與長城的關係簡要說明長城產生的基本脈絡，澄清一些觀念上的模糊處，以便進一步觀察並闡述長城的發展而已。

二、長城建築本體的發展

　　長城聞名於世，建築體量的巨大是其因素之一，在西方文化視野中長城逐漸成為中國文明的象徵，一定程度上與長城的建築奇跡有關。〔註 85〕實際上，大多數人對長城建築本體的認識是建立在明長城的基礎上的。林霨認為研究長城應該採用「中國歷代皆修建邊界防禦工事但未形成統一建築」的觀點〔註 86〕雖然不完全準確，但他確實指出了中國學者普遍覺得不必要明確交代的長城基本情況：中國歷代長城修建雖然在有些段落出現了在舊長城基礎上進行補築增修的情況，但歷史上多數長城是重新選址並修建的。歷代長城常見重新選址並修建與多種因素有關，生態環境的變化、民族關係的互動、政治形勢的調整、地形地貌的變遷等均對長城位置走向的調整及長城的興廢產生影響。僅從長城的本體建築來看，材料、形制等幾千年中也呈現出較為明顯的時代特徵。

（一）長城的修建方式和建築材料

　　從總體上來看，中國古人在修建長城時充分利用了當地的物質條件，因地制宜、就地取材的情況較為明顯。根據長城經由區域不同的地質、土壤甚至植被情況，各地長城在修建時的材料選擇略有不同。從歷史文獻的記載中來看，即使同一時代、同一條長城，在不同地域的修建方式也存在明顯不同。從總體上來看，長城牆體及其附屬設施主要有土築、石壘和磚砌三種修建方式，使用得較多的材料為土、石、磚、木材和石灰，多見不同材料的混築。

〔註85〕 周寧在討論卡夫卡作品中的長城印象時，大量借助了西方文獻中的長城印象。（周寧：《「萬里長城建造時」：卡夫卡的中國神話》，《廈門大學學報（哲學社會科學版）》2002 年第 6 期，第 89～97 頁。）林霨在分析中國長城的過程中認為：「長城神話顯然只有在 16 世紀後期到達歐洲後才開始呈現出如今所具有的形態。」所列舉的歐洲印象中，也有大量信息顯示：長城在今人心目中的形象多少與建築本體的高大有關。（〔美〕林霨（阿瑟‧沃爾德隆）：《長城：從歷史到神話》，石雲龍、金鑫榮譯，南京：江蘇教育出版社，2008 年，第 250～295 頁。）

〔註86〕 〔美〕林霨（阿瑟‧沃爾德隆）：《長城：從歷史到神話》，石雲龍、金鑫榮譯，南京：江蘇教育出版社，2008 年，第 11 頁。

以明長城為例，「燕山山地的長城主要是石、磚砌築；黃土高原地區的長城多為黃土夯築，間有磚石牆；河西走廊則基本以夯土牆為主」。〔註87〕各地在考古調查中，對長城的構築形式多有介紹。以寧夏長城為例，「修築方式多樣，因地制宜，採用黃土夯築、砂石混築、石塊壘砌、劈山就險、自然山險、深溝高壘等多種形式，還有品字形窯、壕塹、苟拉壕等頗具區域特色的構築方式。」〔註88〕修建方式和建築材料的不同除了地區條件的因素外，也有綜合考慮防禦需要的情況。戚繼光主持修建的明薊鎮長城在自然條件基本一致的情況下，根據戰略防禦的重要程度大致分為三個等級，所選材料各有不同。根據各地的實際情況選擇材料既充分利用了資源，也能切實降低施工成本，因地制宜、就地取材可視為歷代長城修建共同遵循的原則。具體來看歷代長城時，我們可以略見各代在修建方式和使用建築材料方面的變化過程。

　　春秋戰國時期，長城的修建材料主要是土和毛石，砌築方式較為簡單。根據考古調查，齊長城的建築的類型主要有山險、土牆、石牆、土石混築等，其中土牆分層夯築而成，石牆多為石頭壘砌，分單面和雙面壘砌兩種情況，牆體頂部為平砌，山東章丘錦陽關附近的石牆外側有垛口，應屬清朝再利用時所增。〔註89〕河南初步認定為楚長城的段落主要有山險、夯土牆（「土龍」）、石砌牆體內填充其它物品再堆築紅土層及黃土層等形式。〔註90〕陝西魏長城的牆體主要為夯土結構，坍塌嚴重。〔註91〕戰國秦簡公「塹洛」時已「用重達數十千克、二三百千克巨石砌築成長達百多米、數百米的石城道」。〔註92〕而陝西秦昭王長城根據地質地貌特點，在岩石山區主要為石牆和土牆，在沙漠平坦地區則為夯土牆，石牆多為片石壘築或土石混築的方

〔註87〕王雪農、〔英〕威廉・林賽：《萬里長城百題問答》，北京：五洲傳播出版社，2010年，第58頁。

〔註88〕馬建軍、周佩妮：《寧夏境內現存古長城的構築方式探述》，《中國長城博物館》2012年第2期，第2頁。

〔註89〕山東省長城資源調查隊：《山東省齊長城資源調查工作總結報告》，《長城資源調查工作文集》，北京：文物出版社，2013年，第90頁。

〔註90〕河南省長城資源調查隊：《河南省長城資源調查綜述》，《長城資源調查工作文集》，北京：文物出版社，2013年，第96～97頁。

〔註91〕陝西長城資源調查隊：《陝西長城資源概況》，《長城資源調查工作文集》，北京：文物出版社，2013年，第105～106頁。

〔註92〕彭曦：《長城七問》，《中國長城博物館》2012年第4期，第3頁。

式。〔註 93〕秦昭王長城還採用了三道塹〔註 94〕構築方法,「在山坡處,自上而下依次鏟削處幾道坡度較大的塹面和平臺,並且在最上層的臺面上,或者臺面的外沿加築夯土牆」。〔註95〕總的來看,春秋戰國時期的長城較多使用材料的原始狀態,借助當時較爲先進的夯築和壘砌技術進行施工,雖然已經出現了使用鐵器採石和選用較大的石塊進行砌築的方式,但整體上以未加工的毛石爲主。

秦漢時期長城的建築材料仍主要是土和石塊,仍以夯築和壘砌爲主。漢長城在西北方的兩種修築情況值得留意。第一,與濕潤地區修長城時特別忌諱土壤中包含腐殖質和植物種子不同的是,在西北方沙漠地區往往借助植物等加強沙土的附著力。如甘肅省玉門市地處沙丘荒漠地帶,漢長城的牆體構築形式主要有紅柳根和梭梭木壘築與植物根莖夾沙土分層疊築兩種。〔註 96〕第二,至遲從漢代,在修建長城前已經開始按照一定的規格「預製」泥磚、土坯等材料。玉門附近的一些烽火臺採用「土坯一橫一縱的方式由下而上收分砌築」,北石河 1 號烽火臺還在外圍「包裹了一層紅柳加沙分層疊築的臺體」,「應爲後期加固維修所築」。〔註97〕

魏晉南北朝至隋唐時,長城的修建仍多數以土、石、木爲材料,但使用土、石、木的技術水平逐漸提高。北齊長城的牆體現在整體呈現亂石堆積的狀態。但「從個別保存較好的段落可知,牆體系用片石或塊石壘砌兩側壁面,中間填充亂石,壁面有較爲規整的椽孔,壁面較爲陡直」〔註 98〕。由土、石、木發展到使用青磚加固,應是這一階段的最大變化。陝西隋長城沿線「單體建築都坍塌嚴重」,「夯土築成」,神木縣西圪村、墩梁村發現兩處烽火臺「周圍散落有隋唐特徵的磚」〔註 99〕,這或許是長城附屬建築較早使用磚的實例。

〔註93〕 陝西長城資源調查隊:《陝西長城資源概況》,《長城資源調查工作文集》,北京:文物出版社,2013 年,第 107 頁。

〔註94〕 這種構築方式的塹數隨地形地貌而變動,多爲三道,統稱爲三道塹。

〔註95〕 張海報:《陝北地區秦昭王長城構築方式及防禦設施》,《文博》2010 年第 1 期,第 44 頁。

〔註96〕 張斌:《甘肅省玉門市境內漢長城調查與研究》,《長城資源調查工作文集》,北京:文物出版社,2013 年,第 173 頁。

〔註97〕 張斌:《甘肅省玉門市境內漢長城調查與研究》,《長城資源調查工作文集》,北京:文物出版社,2013 年,第 174 頁。

〔註98〕 山西省長城資源調查隊:《山西省長城資源調查綜述》,《長城資源調查工作文集》,北京:文物出版社,2013 年,第 55 頁。

〔註99〕 陝西長城資源調查隊:《陝西長城資源概況》,《長城資源調查工作文集》,北京:文物出版社,2013 年,第 109 頁。

　　宋遼夏金元時期，修建長城的主要材料仍舊是土、石、木。山西沁水縣和長子縣交界處的五代長城由於保存情況較差，現在「多爲亂石，略成壟狀」，但在「極個別地段可見片石壘砌遺跡」。〔註 100〕金代延邊邊牆的牆體「多土石混築，亦有毛石乾壘而成，部分段落利用自然山險、河險等天然屏障」。〔註 101〕金界壕以「土石混合堆築」爲牆體的主要修建方式，「有的段落牆體外挖有壕塹」。〔註 102〕

　　明朝長城也多數使用土、石、木結構，但在重要位置使用青磚的情況較多。山西明長城的外長城「大多爲黃土夯築，結構密實，夯層清晰」，在重要關隘及險要處「牆體多外包磚」；內長城的牆體「多爲外包磚石壘砌，磚石和土牆之間用碎石和黏土充填」，烽火臺「大多爲黃土夯築」，極少數爲「石片壘砌」。〔註 103〕明遼東鎮長城在山地主要利用山險和木柞兩種形式，在遼河平原地區牆體「多爲夯土築成」，「只在極個別地區有石牆和堆土牆」。而在丘陵地區則爲「石牆、山險牆和山險的組合，只在極個別的地區爲土牆」。〔註 104〕陝西明長城的土牆「以黃土爲主，夾雜有黃盧土、紅色膠土、砂石」，石牆「大部分是全部片石壘砌，有一段牆體是用片石壘砌兩側，內部用石塊或片石堆砌填充」。〔註 105〕在長城牆體上大量使用磚「應是明朝中期以後的事情」。〔註 106〕從用文字磚「天津秋班右部造」「天津秋班中部造」〔註 107〕來看，修長城的磚石估計主要是派駐當地進行春防和秋防的官兵燒製的。

〔註 100〕山西省長城資源調查隊：《山西省長城資源調查綜述》，《長城資源調查工作文集》，北京：文物出版社，2013 年，第 56 頁。

〔註 101〕吉林省長城資源調查隊：《發現與探索——吉林省長城資源調查總攬》，《長城資源調查工作文集》，北京：文物出版社，2013 年，第 75 頁。

〔註 102〕黑龍江省長城資源調查隊：《黑龍江省長城資源調查工作收穫體會》，《長城資源調查工作文集》，北京：文物出版社，2013 年，第 85～86 頁。

〔註 103〕山西省長城資源調查隊：《山西省長城資源調查綜述》，《長城資源調查工作文集》，北京：文物出版社，2013 年，第 56～57 頁。

〔註 104〕遼寧省長城資源調查隊：《遼寧明遼東鎮長城資源調查的特點及主要收穫》，《長城資源調查工作文集》，北京：文物出版社，2013 年，第 69 頁。

〔註 105〕陝西省長城資源調查隊：《陝西長城資源概況》，《長城資源調查工作文集》，《長城資源調查工作文集》，北京：文物出版社，2013 年，第 101 頁。

〔註 106〕王雪農、〔英〕威廉·林賽：《萬里長城百題問答》，北京：五洲傳播出版社，2010 年，第 60～63 頁。

〔註 107〕顧鐵山：《淺析遷西境內明代薊鎮包磚長城的修造情況》，《文物春秋》1998 年第 2 期，第 72 頁。

　　石灰在中國古代作為建築材料始自先秦時期。在河南安陽的半坡遺址中便曾發現鮑家堂一座房基的防潮層塗有一層白色光滑而堅硬的石灰質面料。〔註108〕關於石灰在長城上的使用，民間傳說將其追溯到了秦始皇修長城時。但在長城上使用石灰勾縫，目前所見最早的是北齊長城。山西北齊長城的南線除依照坡面用塊石疊砌壁面外，局部地區採用白灰勾縫。〔註109〕石灰在長城上的大量使用，應該是明朝以後的事。「明中期以後，石灰在修築長城上的使用更加廣泛，除外牆的勾縫之外，還和黏土混合做砌牆材料。」〔註110〕

　　三合土在長城上的使用，一些學者將其作為明朝以後的事：「在明代，隨著石灰在建材中的普遍應用，築牆時還應用了一種新的材料配伍，這就是『三合土』。」〔註111〕實際上，近似近代三合土的材料作為建材，也在仰韶文化時期已經出現。甘肅秦安大地灣發現的房子居住面是一層用黏土摻和石灰、沙子共同形成的材料。〔註112〕「十六國時期出現了三合土夯築城牆的情況」〔註113〕，雖然筆者尚未看到明以前長城修建中使用三合土的例證，但也難以排除曾使用的可能性。

　　由於木材容易毀朽，長城建築上使用木材的情況往往容易被忽視。一些學者認為：「長城建築上用木材，主要是用於關口和城樓部位的建築。」〔註114〕其實，木材在長城上的使用遠不止這些，很多牆體直接樹柞為牆「虎落」「僵落」等均屬於在長城土、石、磚牆以外利用樹枝等製造的障礙。

　　需要指出的是，並不是所有的長城都會隨著時代的進展隨時採用最新技術。長城對建築技術的使用情況與當時的實際情況有關。隋朝修長城常「二

〔註108〕傅憲國：《安陽鮑家堂仰韶文化遺址》，《考古學報》1988 年第 2 期，第 169
　　　　～188，261～264 頁。
〔註109〕山西省長城資源調查隊：《山西省長城資源調查綜述》，《長城資源調查工作文
　　　　集》，北京：文物出版社，2013 年，第 55 頁。
〔註110〕王雪農、〔英〕威廉·林賽：《萬里長城百題問答》，北京：五洲傳播出版社，
　　　　2010 年，第 63 頁。
〔註111〕王雪農、〔英〕威廉·林賽：《萬里長城百題問答》，北京：五洲傳播出版社，
　　　　2010 年，第 63 頁。
〔註112〕張朋川、郎樹德：《甘肅秦安大地灣遺址 1978 至 1982 年發掘的主要收穫》，《文
　　　　物》1983 年第 11 期，第 21～30 頁。
〔註113〕施元龍、徐飛、鄒建華：《中國築城史》，北京：國防大學出版社，2012 年，
　　　　第 81～82 頁。
〔註114〕王雪農、〔英〕威廉·林賽：《萬里長城百題問答》，北京：五洲傳播出版社，
　　　　2010 年，第 63 頁。

旬而罷」〔註 115〕，當時修築的匆促可以略見。匆促修建的長城往往難以選用複雜的修築技術，現在的調查情況也說明隋朝當時的修築較爲簡單，比如在陝西神木等縣發現的隋長城「牆體大多沒有清晰的夯層，以堆土築成爲主」〔註 116〕。這種「堆土築城」應也有部分夯實的過程，只是夯層並不那麼清晰罷了。根據材料的變化和技術表現的變化來判斷長城的修建年代時，我們只能初步確定其不晚於何時，不能因此判定長城的具體修建時間。

（二）長城牆體與附屬建築的變化

在長城修建方式和修建材料隨著技術的進步不斷發展的同時，長城牆體及其附屬建築的配套也隨著時代的需要呈現出一定的變化趨勢。

楚長城依山據險，利用懸崖峭壁和深谷大塹等自然條件稍作人工處理，補以木柵欄、堡寨等形成防線。「象河關長城遺址」可能是楚長城線上較爲重要的關堡之一。根據對象河關的發掘來看，關城「集古道、關牆、堆築或夯築的土臺、天然護城河和生活區於一體」。〔註 117〕齊長城沿線發現了塹壕 1 條、高臺式和深坑式烽燧共 8 處，石砌堡寨 27 處，確定關隘 8 處，其中「長清防門、沂水穆陵關、萊蕪青石關應爲東周修建」。〔註118〕燕北部長城沿線及其南側修建了不少臺、障、城址，臺址一般爲圓形土臺，建在長城線上或長城南側，地形較高，數量較少；障址一般多建在長城南側，多爲方形土城；城址多爲規模較大的土城和居住址，建在長城南側，估計是屯駐之所。〔註119〕到現在尚「未見烽燧址」。〔註120〕秦昭王長城是以城垣爲主體，墩臺、烽燧和障城的構築都具有較爲明顯的特徵。烽燧基本上建築在長城沿線內側較高的

〔註115〕《隋書》記載，隋文帝開皇元年（581）四月「發稽胡修築長城，二旬而罷」；開皇六年（586）二月「發丁男十一萬修築長城，二旬而罷」；開皇七年（587）二月「發丁男十萬餘修築長城，二旬而罷」。（《隋書》卷 1《高祖紀》，北京：中華書局，2008 年縮印本，第 15、23、25 頁。）

〔註116〕陝西長城資源調查隊：《陝西長城資源概況》，《長城資源調查工作文集》，北京：文物出版社，2013 年，第 109 頁。

〔註117〕河南省長城資源調查隊：《河南省長城資源調查綜述》，《長城資源調查工作文集》，北京：文物出版社，2013 年，第 96～97 頁。

〔註118〕山東省長城資源調查隊：《山東省齊長城資源調查工作總結報告》，《長城資源調查工作文集》，北京：文物出版社，2013 年，第 90～92 頁。

〔註119〕項春松：《昭烏達盟燕秦長城遺跡調查報告》，《中國長城遺跡調查報告集》，北京：文物出版社，1981 年，第 12 頁。

〔註120〕內蒙古自治區長城資源調查隊：《內蒙古自治區長城概況及保護工作報告》，《長城資源調查工作文集》，北京：文物出版社，2013 年，第 59～60 頁。

山梁上；障城多選在長城內側的山梁及河谷較高的臺地上；墩臺位於牆體上，分佈規律，在平原、沙地及地勢開闊平坦的地方間距較大，在河流兩岸的緩坡及河漫灘處間距較小。〔註121〕彭曦批駁唯牆是長城的觀點，並認為城牆、烽燧和障塞「這三者是動態反饋的有機整體，缺一不可謂長城」〔註122〕。張海報也認為，城牆、墩臺、障城「構成了一個立體式的警戒、防禦系統，一旦墩臺上戍卒發現敵（臺）〔人〕，就傳遞給烽燧，各烽燧見相互通報，直至傳給障城內守軍。」〔註123〕幾乎所有的早期長城考察中都找到了城牆、烽燧和障塞的遺存也初步印證了這種觀點。長城在整個古代的發展，基本上保持在春秋戰國時所建立的基本框架下。

在長城牆體上修建戍守用的屋構建築可能出現在春秋戰國。在秦昭王長城牆體的墩臺上發現了筒瓦、板瓦瓦礫，這說明秦昭王長城可能在牆體上使用過木構建築。彭曦認為墩臺上的建築「大約類似《居延漢簡》中的『侯樓』，以供戍守將士們瞭望守備之用。」〔註124〕這可能是明長城敵樓的「濫觴」。〔註125〕事實上，春秋戰國時期的「城池體系中出現了馬面、甕城和角樓等設施的雛形」，「城池築城體系已經形成，其整體形態是：城市外圍有一至二道夯土城牆，牆內建有環城路和登城道，牆外側有護城壕與其它人工障礙，凡遠射兵器射程內的地區，平毀一切地物，以掃清射界；距城 5000 米處，有一道環形警戒工事。城外，要地築有據點（亭），特別重要位置，甚至構築由三個支撐點組成的大據點，以一部兵力防守，以迫使敵軍過早展開隊形，遲滯其行動，為守城部隊爭取更多的準備時間。另在通往國都或其它主要城池的道路上，每隔一定距離建驛站，用以保持通信聯繫。」〔註126〕中國古代城池築城的基本框架在春秋戰國時已經形成，此後只是進行一些補充和改進而已。在古代城池築城基本成形之時，長城也以牆、壕、城塞、烽火等逐漸形成點線結合的防禦工程。

〔註121〕張海報：《陝北地區秦昭王長城構築方式及防禦設施》，《文博》2010 年第 1 期，第 47 頁。

〔註122〕彭曦：《長城七問》，《中國長城博物館》2012 年第 4 期，第 2～3 頁。

〔註123〕張海報：《陝北地區秦昭王長城構築方式及防禦設施》，《文博》2010 年第 1 期，第 48 頁。

〔註124〕彭曦：《戰國秦長城考察與研究》，西安：西北大學出版社，1990 年，第 239 頁。

〔註125〕彭曦：《長城七問》，《中國長城博物館》2012 年第 4 期，第 3 頁。

〔註126〕施元龍、徐飛、鄔建華：《中國築城史》，北京：國防大學出版社，2012 年，第 1 頁。

　　在長城的發展過程中，內涵與外延略有變化。在這些變化中，長城沿線所設的城堡等具有相對獨立特點的部分與城池的發展幾乎同步。在魏晉南北朝時甕城、馬面等工事逐漸普遍，出現了可以進行側射和反射的城外獨立弩臺、春秋戰國時的「馮垣」發展成爲一道防禦工事——羊馬城。到明朝時，隨著火器的發展，城池修建在射擊、防護、屯兵等工事及保障設施上有了相對較大的完善。長城牆體的變化與發展與城池的發展並不完全同步。

　　從總體上來看，宋以前的長城城牆的主要功能可能爲隔離和瞭望。在甘肅戰國秦長城沿線發現了 29 道短牆，其中 27 道與牆體垂直，這可能是「用來擋風和供士兵休息的」〔註127〕。段清波認爲，這一類遺存是隨著長城防禦系統的不斷完善而出現的，是漢代修建而成的。〔註128〕唐曉峰考察內蒙古漢長城時，根據長城「殘跡的底部約有 2 米厚，高約 1 米」的情況推斷認爲：「它原來的牆身不會是十分高大的，上面的寬度也容不得兵士們做劇烈的戰鬥。」〔註129〕北宋末年范致虛曾在潼關附近修築長城，「起潼關迄龍門，所築僅及肩」〔註130〕。從這一規模來看，宋朝所修長城的主牆體上估計也不會作爲戰場。

　　金界壕「不單單是壕而且有牆，長度達萬里以上，牆上有各種戰鬥設施，敵臺（馬面、）牆，還有報警的烽火臺，也有屯兵的城堡」〔註131〕。金長城的壕是主體建築工程，由外壕、外牆、內壕、內牆四部分組成，外牆的寬度一般達 12～15 米，高度估計不低於 6 米，從外壕的最外沿到內牆的牆基處，總寬度一般達到 45～50 米。因此，金界壕「本身就是一道極好的防禦線」。〔註132〕從牆體的構成和主要功能來看，金界壕是長城史上承前啓後的標誌。在金界壕之前，長城的牆體並不作爲作戰時陣地，構築相對簡單；金界壕出現之後，大部分長城的牆體也作爲軍事陣地。金長城以後，此前僅用於城池城牆的各

〔註127〕梁建宏：《甘肅省長城資源調查重要發現二題》，《長城資源調查工作文集》，北京：文物出版社，2013 年，第 178～179 頁。

〔註128〕轉引自陳探戈、劉肖睿：《甘肅環縣戰國秦長城調查》，《長城資源調查工作文集》，北京：文物出版社，2013 年，第 436 頁。

〔註129〕唐曉峰：《內蒙古西北部秦漢長城調查記》，《內蒙古大學學報（哲學社會科學版）》1977 年第 3 期，第 42 頁。

〔註130〕《宋史》卷 362《范致虛傳》，北京：中華書局，2008 年縮印本，第 11328 頁。

〔註131〕吉人：《是不同認識還是「走入誤區」？——兼談金界壕是不是長城》，《金長城研究論集（上冊）》，長春：吉林文史出版社，2009 年，第 546 頁。

〔註132〕項春松：《巴林左旗金代臨潢路邊堡界壕踏查記》，《金長城研究論集（上冊）》，長春：吉林文史出版社，2009 年，第 72 頁。

種戰鬥設施也逐漸配備在長城牆體上，長城牆體的修建也逐漸高大、堅固，如山西明外長城每隔 100～200 米便會建設敵臺和馬面，內長城的敵臺「平面多爲方形，多數敵臺高約 20 米，牆體多爲條石築基，青磚砌牆」。〔註133〕

　　經過較長時間的辨析後，現代學者初步形成共識，認爲長城是「綜合性的軍事防禦體系」，「以牆垣爲主，同時包括其它設施，主要分爲壕塹類（含牆垣外的壕溝。一些沒有修牆的地方，壕塹是另外一種形式的牆體）、烽燧類（含墩臺、敵臺和馬面等）、城堡類（含城、障、關和堡等）和其它類（如天田、虎落和品字窖等）。」〔註134〕在這些元素中，牆體、烽火和城堡是長城的基本元素，其它各種元素隨著地域和戰略形勢的不同而略有差別，也隨著時代的發展、技術的進步等不斷變化。金長城以前，戰爭多發生在長城區域的關隘要地；金長城以後，長城牆體上也可能遂行戰鬥。

三、長城防禦布局的變化

　　「長城的建築特點是因地形用險制塞，它是用人工築城的辦法對既有戰場進行改造和加強。」「大抵是以口設關，著眼於控制敵人的主要進攻走廊，同時依託關城，伸出兩翼，扼守制高點，瞰制一定的防禦地幅，形成點線結合、互爲依傍的築城體系。」〔註135〕這種築城體系特別重視防禦布局，在長城牆體及其附屬建築的發展中，其實已經有一部分變化與防禦布局有關。這裡所提防禦布局的變化，更多針對防禦的縱深而言。

　　春秋戰國在關隘和重要地段的城堡建築不足以滿足防禦需要時，一些諸侯國在具有威脅的方向上用牆體連接位於邊境地區的城塞等形成長城。此時諸侯國隨著防禦方向的變化、國土面積的調整等，修建的長城往往會出現主線和複線，或者前後修多條長城的情況。齊長城的主線外側（南側）有三條（段）與主線相呼應的複線（或支線）：「一條由長清三岔溝至肥城的連環山；一條由博山區望魯山北 729 高地南行，至梯子山後東南，經朱家峪東山，過穆陵關，向東至三楞山，與北側由安丘方向延伸而來的主線

〔註133〕山西省長城資源調查隊：《山西省長城資源調查綜述》，《長城資源調查工作文集》，北京：文物出版社，2013 年，第 56～57 頁。

〔註134〕梁建宏、潘玉靈：《試論我國長城的基本特徵》，《長城資源調查工作文集》，北京：文物出版社，2013 年，第 367 頁。

〔註135〕孔令銅：《長城的歷史作用及其辯證評說》，《長城國際學術研討會論文集》，長春：吉林人民出版社，1995 年，第 46 頁。

相交接。」〔註136〕秦昭王長城「三道塹」的構築方式，雖然未形成較寬的防禦縱深，但在遲滯敵兵翻越方面具有較爲明顯的縱深意識。

目前學界關於秦長城的走向和對秦、趙、燕舊長城的利用上存在較多的爭議。〔註137〕但學界較爲普遍地認爲秦在修建長城時已經逐漸形成了南北基本平行的防禦地帶：蒙恬所修長城「作爲第一防禦地帶，原秦昭王長城成爲第二防禦地帶」，「西段和北段長城作了縱深配置，使國都咸陽得到可靠的掩護」。〔註138〕漢朝初年劉邦等修復部分舊長城用作防禦；漢武帝北逐匈奴並進行了大規模的長城修建；東漢初年，光武帝在西漢長城以南修建了一些較爲低薄的邊牆，增加了漢朝長城的防禦縱深。

北齊時，重城的修建成爲長城的一個明顯特點。天保八年（557），文宣帝下令「於長城內築重城，自庫洛拔而東至於塢紇戍，凡四百餘里」〔註139〕。庫洛拔在今山西朔州市朔城區西南，塢紇戍在今山西繁峙縣平型關東北，這段長城是利用了恒山北麓的有利地形進行修築的。結合文獻和歷史地圖可以看出，這條重城是相對於「天保六年（555）修建的幽州北夏口至恒州間的長城」〔註140〕而言的。這一重城屬於北齊內線長城，與北齊所修其它長城一起，共同構成了北齊守護邊疆、拱衛都城的縱深防線。

在金界壕之前，長城的牆體尚未作爲作戰的陣地，因此，金界壕以前的長城雖然具備一定的戰略縱深，但其縱深只需保證防禦具有堅韌性便可。到金界壕時，長城的戰略縱深明顯增強。金界壕「爲增強防禦功能，很多地段在主牆外還築有副牆，最多處是三牆三壕。」〔註141〕「從考古調查發現看，

〔註136〕山東省長城資源調查隊：《山東省齊長城資源調查工作總結報告》，《長城資源調查工作文集》，北京：文物出版社，2013年，第92頁。

〔註137〕辛德勇通過對高闕一地的辨析，重新分析了秦始皇萬里長城西段的走向問題。（辛德勇：《陰山高闕與陽山高闕辨析——並論秦始皇萬里長城西段走向以及長城之起源諸問題》，《文史》2005年第3輯，第5～64頁。）鶴間和幸從質疑《史記》的記載出發，也提出了自己對秦長城建設時對此前長城利用的情況分析。（〔日〕鶴間和幸：《秦長城建設とその歷史的背景》，《秦帝國の形成と地域》，東京：汲古書院，2013年，第45～70頁。）

〔註138〕施元龍、徐飛、鄔建華：《中國築城史》，北京：國防大學出版社，2012年，第130～131頁。

〔註139〕《北齊書》卷4《文宣帝紀》，北京：中華書局，2008年縮印本，第64頁。

〔註140〕尚珩：《北齊長城考》，《文物春秋》2012年第1期，第49頁。

〔註141〕黑龍江省長城資源調查隊：《黑龍江省長城資源調查工作收穫體會》，《長城資源調查工作文集》，北京：文物出版社，2013年，第86頁。

金代長城修築的最多，線路複雜，多道存在，從北到南，分佈地域廣闊，這是中國歷代長城修築上，找不出有哪一個王朝會像金代這樣修築了這麼多道長城。」〔註142〕不考慮複線、支線等情況，這些長城可以大致分爲兩道防線：一道位於內蒙古東北部的呼倫貝爾盟，並進入了今俄羅斯和蒙古國境內；一道位於大興安嶺南麓，分爲明昌界壕、臨潢路界壕、西北路界壕、西南路界壕等段。金界壕的構築有效地利用壕牆並列，沿牆就近駐防，以其防禦縱深不僅保障著邊境，也較好地拱衛了上京和中都的安全。

　　明長城在充分學習金長城修築理念的基礎上，大量採用重疊設防的方式，以多道防線來增大防禦縱深。這種防禦縱深的設置，在重點守備區域表現得極爲明顯。偏頭關位於山西、陝西、內蒙古的交界處，四周均有山環繞，西邊有黃河經過，地理形勢險要。明朝在洪武年間在這裡設置關城之後，考慮到「關城四面皆山，形若覆蓋，設敵登高下瞰城中，歷歷可數」和「山谷錯雜，瞭望難周，防維不易」〔註143〕的問題，在偏頭關向北120里的範圍內由北向南共構築了四道城牆來增強防禦縱深。

　　居庸關一帶是拱衛北京的重要地段，從岔道城到八達嶺，再到居庸關、南口等地層層設立關卡，形成縱深防禦。「其中以岔道城爲前哨，八達嶺爲主要防禦陣地，居庸關爲核心陣地，南口堡爲機動部隊駐地，以策應各方戰鬥。」〔註144〕孔令銅認爲，明朝「京師核心防禦的組織，充分體現了環形防禦的思想。主要防禦方向居庸關的外鎮在八達嶺，再往北有岔道城，而南口堡則既是接應前出的據點，亦是防敵側背包抄的對外正面。京東方向，則針對通州北塞籬村至懷柔蘇家口間地形平漫的不利情況，密築敵臺，界之以牆，使京師有重關之險」。〔註145〕實際上強調了北京城附近長城防禦的戰略縱深。

　　縱深防禦的最大作用是增強了長城防線的堅韌性。每一道長城防線均具有獨立的防禦體系，可以單獨完成作戰任務；而位於同一防禦縱深的各條防線也可以相互配合，對進攻之敵實行包抄、倒打等。「安全防衛——這個人

〔註142〕馮永謙：《金長城修築年代辨》，《金長城研究論集（上冊）》，長春：吉林文史出版社，2009年，第501頁。

〔註143〕（清）顧祖禹：《讀史方輿紀要》卷40《山西二》，賀次君、施和金點校，北京：中華書局，2005年，第1837頁。

〔註144〕施元龍、徐飛、鄔建華：《中國築城史》，北京：國防大學出版社，2012年，第163頁。

〔註145〕孔令銅：《長城的歷史作用及其辯證評說》，《長城國際學術研討會論文集》，長春：吉林人民出版社，1995年，第47頁。

類共同的需求，就是長城誕生在亞洲和分娩在歐洲的普遍必然的歷史因素。」〔註146〕但將亞、歐萬里長城進行比較可知，羅馬帝國邊牆「雖設有瞭望塔，附近有城堡，但缺乏縱深配係」〔註147〕。根據哈德良長城「牆體的主要地段」和「長城內外古羅馬人城堡要塞逐一發掘、整理」，哈德良長城的平面布局已經恢復，「部分地段的塹壕、古道路和古聚落遺址也得到復原」。〔註148〕根據哈德良長城的復原情況來看，羅馬帝國邊牆確實沒有布置防禦縱深。在哈德良長城以北有安東尼長城，雖然比較短，但因爲更爲危險，需要更多人員和城堡去守護，只用了14年便放棄了。從學者的觀點來看，哈德良長城與安東尼長城兩者並未形成相互呼應的縱深關係。〔註149〕羅馬帝國邊牆的修建和使用大約在中國的東漢至魏晉時期，5世紀以後便不再修建。事實上，5世紀前中國境內所修長城的縱深配係也不強。與長城的牆體發展相應，長城的縱深防禦也是在金朝時出現較大的變化。

　　一些學者認爲，長城築城體系的發展共經歷了三個階段：「春秋戰國時期是長城築城體系出現階段；秦漢時期是長城築城體系形成階段；金明時期是長城築城體系發展完善階段。」〔註150〕這種判斷是較爲合理的。長城關隘、城堡等的修建各種元素的變化基本上與中國古代城池的修建同步，從金朝開始，由於長城牆體的作用發生了較大改變，不少學者關注到：以前便已經出現的各種建築技術和建材元素大量「突然」使用在長城的牆體上，如「牆臺用於城郭的城牆時間很早，但見於長城牆體則是十二三世紀的事。最早普遍設立牆臺的長城是金代長城。考古調查得知，被稱爲『界壕』的金長城主牆，每隔80～120米就修築一個牆臺（這恰恰是用弓箭從兩個牆臺交叉對射的有

〔註146〕吉人：《萬里長城——古代人類防衛設施的傑出代表》，《長城國際學術研討會論文集》，長春：吉林人民出版社，1995年，第21頁。

〔註147〕施元龍、徐飛、鄔建華：《中國築城史》，北京：國防大學出版社，2012年，第165頁。

〔註148〕李孝聰：《英國境內的古羅馬哈德里安長城遺跡及其維護》，《長城國際學術研討會論文集》，長春：吉林人民出版社，1995年，第330頁。

〔註149〕〔英〕Jane Shuter（舒特）：《哈德良長城》，北京：外語教學與研究出版社，2005年，第13頁。原英文爲：It was shorter but more dangerous territory than Hadrian's Wall, so it needed more forts and more men. The Antonine Wall was abandoned after only fourteen years. Hadrian's wall was once again the front line. 其長城與堡壘的關係可參見第15頁的示意圖。

〔註150〕施元龍、徐飛、鄔建華：《中國築城史》，北京：國防大學出版社，2012年，第121頁。

效角度）」〔註151〕。金明時期長城牆體發生的較大變化使得長城戰略發生了重大調整，或者說長城內涵與外延在金明時期發生了重大改變。

需要補充說明的是，長城牆體上發生的變化並不是金朝突然出現的，也有其漸變的過程。唐代牡丹江邊牆的牆體常「利用自然地勢修築朝北或東北防禦方向凸出的弧形土牆，具有馬面的功能」，在跨越溝谷時在其兩側設有多個「內向的直角折轉」，在平緩的山坳處築「內向八字形的牆體」，在牆體自身變化較小的區段，在牆體上共修築了「朝向北或東北的 38 個馬面」。〔註152〕這說明在金修界壕前，古人或許已經有了在牆體上作戰的初步需要。成一農在考察中國城池的發展變化時發現，「至少在中國王朝後期的宋、元兩朝和明代的前中期這長達五百年的時間內，中國很多地方城市長期處於城垣頹圮，甚至無城牆的狀態。」「直至南宋末年，即使面臨金元的不斷進攻，南宋仍然堅守著內地不修城的政策，直至滅亡。」成一農將這一現象視為「朝廷的『強幹弱枝』政策」的產物〔註153〕，與宗法一體化在中國古代封建社會不斷強化的觀念不謀而合。或許正是在宗法一體化強化的過程中，為了削弱內部大一統的阻礙力量大量削減城池修建的過程中，朝廷只能相應地加強邊疆地區長城的防禦作用，長城牆體的構築增加了戰鬥功能，長城的防禦縱深也明顯增大。

〔註151〕王雪農、〔英〕威廉·林賽：《萬里長城百題問答》，北京：五洲傳播出版社，2010 年，第 106 頁。
〔註152〕黑龍江省長城資源調查隊：《黑龍江省長城資源調查工作收穫體會》，《長城資源調查工作文集》，北京：文物出版社，2013 年，第 84 頁。
〔註153〕成一農：《宋、元以及明代前中期城市城牆政策的演變及其原因》，〔日〕中村圭爾、辛德勇編：《中日古代城市研究》，北京：中國社會科學出版社，2004 年，第 145，154，160 頁。

第三章　長城的歷史作用

　　春秋戰國以來，長城在中國古代不斷修建、不斷發展本身說明，長城在軍事防禦方面具有一定的作用。但是，長城的修建需要耗費大量的人力、物力，因此引起了長城功過是非的大量評論。長城到底有什麼用？中國古代先人為此付出的巨大代價是不是值得？幾十年來，學者已經逐漸突破了僅僅著眼於物質形態的長城來看長城，不斷挖掘長城的歷史文化內涵，從不同的角度對其歷史作用進行了闡釋。誠如侯仁之先生所說的那樣：「長城存在有它殊途同歸的內在依據，那是一種歷史文化積澱的結果。」〔註1〕筆者從長城主要由統治中原的封建王朝修建這一現象出發，初步認為長城在中國的不斷修建與宗法一體化的強控性有關，又考慮到周邊一些民族也曾修建長城且並不一定為封建宗法統治模式的情況，初步認為這些長城與中原文化的影響有關。

　　中國的發展有兩大特點：中原地區是其發展的穩定核心，農牧關係的互動與農耕、游牧民族的逐漸融合是其發展中極為醒目的特徵。林霨在質疑世人神話了長城作用的同時，也傾向於同意約瑟夫・F.弗萊契（小）的觀點：「它的數千年存在比什麼都重要，因為它似乎向世人展示著，中國的農耕社會與大草原的游牧民族從根本上具有無可比擬性。」〔註2〕確實，在世界歷史上，經過游牧世界對農耕世界的幾次衝擊，只有古代中國保持了宗法一體化的封

〔註1〕侯仁之：《在長城國際學術研討會上的總結發言》，《長城國際學術研討會論文集》，長春：吉林人民出版社，1995年，第337頁。

〔註2〕〔美〕林霨（阿瑟・沃爾德隆）：《長城：從歷史到神話》，石雲龍、金鑫榮譯，南京：江蘇教育出版社，2008年，第4頁。

建管理模式，並逐漸實現了塞外民族對中原的認同〔註3〕，初步展現了中國農耕社會的優勢。長城主要修建在農牧交錯地帶並伴隨了中國封建社會的發展進程，中原地區的穩定核心地位是否有它的一份功勞？面對長城長期存在的事實，我們無需去假設中國古代如果沒有長城會怎樣，只需要帶著問題來觀察中國古代社會的演進歷史，並從歷史的發展脈絡中找尋長城的作用及其在古代中國長期存在的意義。

由於中國古代長城大部分修建於農牧交錯地帶，多與中原王朝解決北部邊疆地區民族矛盾有關，因此，本文在闡述長城的作用時也會重點分析農耕民族與游牧民族的互動。我們擬從軍事、經濟、民族這三個方面展開，兼顧多種類型的長城，透過歷史時空進行更爲具體的分析。

第一節　長城的軍事作用

長城是中國古代規模宏大的軍事防禦設施，在冷兵器時代，它在保護長城之內的人不受襲擾方面曾起到過一定的作用，這是沒有疑問的。「從戰役戰術的角度來看，可利用長城的城牆、亭障烽堡等工程設施，做到預有準備、以逸待勞，獲得作戰的主動權，以達到消滅敵人、保存自己的戰爭目的。」〔註4〕圍繞長城展開的攻防戰是中國古代軍事史的重要組成部分。一些學者結合實例，將長城在戰爭中的作用歸納爲四個方面：第一，扼守關隘，阻止敵人突入；第二，掩護部隊實施戰役機動；第三，作爲反擊部隊逐次推進的出發地域；第四，利用長城關隘作爲部隊反攻出發地域。〔註5〕

當然，修建長城的重要目的是防禦。高閭曾綜合眾人的意見給皇帝上表：「昔周命南仲，城彼朔方；趙靈、秦始，長城是築；漢之孝武，踵其前事。此四代之君，皆帝王之雄傑，所以同此役者，非智術之不長，兵眾之不足，乃防狄之要事，其理宜然故也。」〔註6〕可見，中國古代封建王朝修建長城的

〔註3〕曾祥鐸認爲「塞外民族進入長城即認同中原」，塞外民族進入長城之後，「認同中原文化，以中國人自居，不但不毀掉長城，反而加強建築，阻止其它尚未入關的異族入關。」（曾祥鐸：《萬里長城的歷史作用與價值》，《長城國際學術研討會論文集》，長春：吉林人民出版社，1995年，第28頁。）

〔註4〕施元龍、徐飛、鄔建華：《中國築城史》，北京：國防大學出版社，2012年，第165頁。

〔註5〕施元龍、徐飛、鄔建華：《中國築城史》，北京：國防大學出版社，2012年，第165～166頁。

〔註6〕《魏書》卷42《高閭傳》，北京：中華書局，2008年縮印本，第1201頁。

主要目的不是爲了戰，而是爲了「防」。孔令銅認爲「評說長城功罪應該站到國防意識的高度」〔註7〕，這種判斷較爲符合中國古代封建王朝修建長城的初衷。長城在軍事方面的作用更多體現在非戰時期保衛國家安全上，用現在的話來說便是國防，是保衛國家安全，尤其是保衛國家在非戰時期的安全。

一、藩籬屏障作用

　　長城不是邊界，長城也並不是全部位於中國古代封建王朝的邊疆地區。但是，在中國古代封建王朝面對和解決邊疆問題時常大修長城，以長城作爲鞏固自身統治、守護既得利益的工具。「王公設險以守其國」〔註8〕，在傳說和神話中便大量出現甄度地形和控制範圍四至的記載，史書中也有選擇地記載了「軒轅乃修德振兵，治五氣，藝五種，度四方」〔註9〕，其中「度四方」便有瞭解所控制地域的意思。至遲到分封制度產生時，古人已經採用封、樹來確定國家、諸侯及以下各級爵位的控制區域。西周井田制「經土地而井牧其田野」〔註10〕「凡治野，夫間有遂，遂上有徑；十夫有溝，溝上有畛；百夫有洫，洫上有塗；千夫有澮，澮上有道；萬夫有川，川上有路，以達於畿。」〔註11〕井田制所言農田水利的分配，同時可作爲確定各自範圍的標準。《周禮》中規定，大司徒的職務有「制其畿疆而溝封之」「各以其野之所宜木，遂以名其社與野」〔註12〕，小司徒的職務包括「凡民訟，以地比正之；地訟，以圖正之」〔註13〕。至少在井田制實行之後，從一人、一家到整個國家，古代中國使用地圖和實物進行了分界，並確定了明確的判定標準。長城與劃分疆界的封樹有較爲相似的特點，但長城主要由管理國家政事、統帥國家軍隊的部門來組織建設，而封樹則主要由管理土地萬物、教育百姓的職能部門來處理，因此，長城的建設可能受封樹觀念的影響，但其主要目的不是分界，而是藩籬、屏障。

〔註7〕孔令銅：《長城的歷史作用及其辯證評說》，《長城國際學術研討會論文集》，長春：吉林人民出版社，1995 年，第 50 頁。

〔註8〕《十三經注疏》之《周易正義》卷 3《坎》，上海：上海古籍出版社，1997 年，第 42 頁。

〔註9〕《史記》卷 1《五帝本紀》，北京：中華書局，2008 年縮印本，第 3 頁。

〔註10〕《周禮正義》卷 20《地官・小司徒》，北京：中華書局，2013 年，第 786 頁。

〔註11〕《周禮正義》卷 29《地官・遂人》，北京：中華書局，2013 年，第 1132 頁。

〔註12〕《周禮正義》卷 18《地官・大司徒》，北京：中華書局，2013 年，第 692 頁。

〔註13〕《周禮正義》卷 20《地官・小司徒》，北京：中華書局，2013 年，第 814 頁。

　　在世界上，不同族群之間因利益而發生衝突是屢見不鮮的情況，即使兄弟也有鬩於牆的時候。在矛盾雙方之間採取隔離措施是初步解決衝突的有效手段之一。狄宇宙指出：「人類似乎具有共同的經驗，那就是，在文明的起源階段，在屬於這一文明的人群中尚為柔弱模糊的東西，一旦面對於他們有差異且屬於不同範圍內的人群的威脅時，這些東西就會逐漸凝聚得堅強而清晰有力。籬笆、城牆和田壘都會成為分界線，一個共同體可以憑此將一片區域圈定，作為自己的領土。一旦外來勢力侵入，就有可能引發衝突威脅本地區的穩定，在極端的情況下，還會導致統治的崩潰。」〔註14〕中國古代尚未出現農耕與游牧的分離和直接對抗前，各族群之間便存在大量戰爭，逐漸形成了華夏族。此後不久，長城作為諸侯國互防的措施大量修建在農耕區域，以農立國的諸侯國在防衛北方勢力的長城幾乎同時出現。

　　在長城出現初期，以農立國的諸侯國所防衛的北方勢力可能包括兩類：尚不完全屬於游牧民族的「非周民族」戎、狄等和游牧民族。根據狄宇宙的觀點，到公元前 5 世紀末，「非周民族」戎、狄基本被消滅了，「政治吸收和文化融合的過程將華夏國北方地區帶入了與另一種類型的人種和政治現實的接觸中，這就是北方游牧民族。」〔註15〕姑且不論《史記》中所提到的匈奴是否屬於另一種類型的人種，至少從經濟模式上來看，諸侯國與北方游牧族群的主體經濟模式是不一致的。

　　隨著南北各自實力的增強，北方游牧勢力與南方農耕族群之間的聯繫日益緊密，雙方因對農牧交錯帶的佔有和使用等問題產生的矛盾逐漸凸顯出來。為了保護自己的既得利益，戰國初年開始，秦、趙、燕三個諸侯國根據不斷變化的形式修建長城防禦游牧勢力的南下；為了與以農立國的秦、趙、燕三個諸侯國爭土地和資產，游牧勢力也會根據自己的需要南下擄掠牛、羊、人口、穀物等諸侯國的財物。經過秦、趙、燕等諸侯國的修長城實踐，到秦、漢兩朝正式採用宗法一體化管理國家之後，長城對保證國家的安全和穩定的作用較為明顯地展示出來。為此，秦、漢兩朝大量利用舊有長城並新修部分

〔註14〕〔美〕狄宇宙（Nicola Di Cosmo）：《古代中國與其強鄰——東亞歷史上游牧力量的興起》，賀嚴、高書文譯，北京：中國社會科學出版社，2010 年，第 1 頁。

〔註15〕〔美〕狄宇宙（Nicola Di Cosmo）：《古代中國與其強鄰——東亞歷史上游牧力量的興起》，賀嚴、高書文譯，北京：中國社會科學出版社，2010 年，第 147 頁。

段落，用作國家的藩籬和屏障。秦漢時期，這種藩籬和屏障主要修建在北部邊疆地區用於解決與游牧勢力的衝突。

顧炎武說：「春秋之世，田有封洫，故隨地可以設關。而阡陌之間，一縱一橫，亦非戎車之利也。觀國佐之封晉人則可知矣。至於戰國，井田始廢，而車變爲騎，於是寇抄易而防守難，不得已而有長城之築。」〔註16〕現代學者因這段分析較爲粗疏而略有駁論。實際上，這段分析已經指出，從戰爭的角度來看，騎兵的大量使用是長城修建的重要原因。確實，從車戰變爲步兵、騎兵均能單獨遂行戰鬥時，長城牆體的屏障和藩籬作用便初步顯現其功能。在仍舊以車戰爲主的春秋乃至戰國初期，長城牆體直接阻止了戰車的隨意突入，長城關隘成爲重要戰場；同時，長城牆體也較有效地給步兵和騎兵的側翼進擊造成了障礙。秦漢以後，長城牆體對騎兵的寇抄起到了明顯的遲滯作用。到金明時期，長城牆體更突出了戰鬥的功能，對軍隊的偷襲和寇抄造成了更大的困難。因此，僅從長城牆體來看，長城在不同歷史階段均起到了一定的藩籬和屏障作用，對遲滯敵方行動起到了較爲明顯的作用。曾祥鐸說：「游牧民族擅長野戰而不擅長攻城之戰，所以長城發揮了極大的禦敵作用，即使不能全面防阻游牧民族的進攻，起碼也可發揮極大的牽制作用，使胡族不敢深入。」〔註17〕「牽制」固然是說其明顯的作用，而「不敢深入」則說明長城藩籬具有一定的戰略威脅。爲什麼不敢深入？除了牆體本身的障礙之外，對牆體以內的情況的不熟悉也是重要影響因素。孔令銅認爲：「長城作爲一種勢力範圍的標誌，顯示著某種戰略優勢，構成了一種對敵人的潛在威懾。」〔註18〕確實，長城的藩籬屏障的戰略威脅雖然不明顯，但「一個嚴密設防的長城築城體系，使得任何想進攻它的敵人都不會不考慮要想強行攻克長城會帶來的後果。」〔註19〕這或許是游牧民族儘管經常能南下突入長城進行擾掠卻往往迅速撤離的重要原因之一。

〔註16〕 （清）顧炎武：《日知錄集釋》卷31《長城》，（清）黃汝成集釋，欒保群、呂宗力校點，上海：上海古籍出版社，2006年，第1800頁。

〔註17〕 曾祥鐸：《萬里長城的歷史作用與價值》，《長城國際學術研討會論文集》，長春：吉林人民出版社，1995年，第27頁。

〔註18〕 孔令銅：《長城的歷史作用及其辯證評說》，《長城國際學術研討會論文集》，長春：吉林人民出版社，1995年，第48頁。

〔註19〕 施元龍、徐飛、鄔建華：《中國築城史》，北京：國防大學出版社，2012年，第166頁。

由於長城的藩籬、屏障作用，游牧地區民眾單獨騎馬劫掠村莊的情況在古代中國難以見到，游牧勢力小規模的掠奪逐漸減少，取而代之的是游牧勢力組建起自己強大的政治實體，組織軍事戰爭來戰鬥，運用政治階層來管理戰利品等。需要略作說明的是，狄宇宙根據一些學者的研究認爲這屬於純理論上的假設，因爲游牧勢力「帶走的是牲畜和人口，而不是農產品」。〔註20〕事實上，以農立國的政權並非全部土地用於農業耕作，其北部邊疆不僅大量進行放牧，不少朝代還接納了大量游牧族群內遷。因此，當我們立足不同政治勢力之間的博弈來分析判斷長城的作用時，便已經跳出了純理論的假設。不難看出，以農立國的政權，其北部邊疆不僅有屯田和農民耕作的農產品，也有牲畜，還有大量從中原地區輸送至邊疆的茶葉、絲帛、鹽鐵等農副產品，這些都可能成爲游牧勢力在掠奪時帶走的物資。

在古代，中原王朝爲了最大限度地保證自己的有效統治，往往會選擇與北方游牧勢力以和平的交往模式進行交往。大量文獻中記載了中原輸往北方的物資，這些物資的輸出有中原王朝主動輸出的部分，也有中原王朝被強大的游牧勢力劫掠的部分。因此，當游牧勢力強大時，中原王朝便會增加應對措施來加強對自身財物的保護。可以說，游牧勢力的強大也促使中國古代封建王朝採取更爲嚴密的防禦措施來應對其威脅，長城的不斷發展和完善便是眾多防禦措施之一。趙充國奉命考察漢朝長城後，「竊見北邊自敦煌至遼東萬一千五百餘里，乘塞列隧有吏卒數千人，虜數大眾攻之而不能害」〔註21〕。明朝完善長城防禦體系後，努爾哈赤損兵折將，至死未能攻克山海關。皇太極即位後感慨：「（但駐兵屯守，民不得耕耨，無以爲生，朕心惻焉；且彼）山海關、錦州防守甚堅，徒勞我師，攻之何益！惟當深入內地，攻其無備城邑可也。」〔註22〕雖然他多次迂迴攻入明朝統治區域，但入主中原最終還是得力於吳三桂獻關投降。從總體上來看，古代中國南方農耕區域逐漸趨向統一，北方游牧區域逐漸趨向統一，並最終形成了中國統一的多民族國家，這雖然是多種因素共同促進的結果，游牧勢力與中原農耕政權雙方攻防的相互

〔註20〕〔美〕狄宇宙（Nicola Di Cosmo）：《古代中國與其強鄰——東亞歷史上游牧力量的興起》，賀嚴、高書文譯，北京：中國社會科學出版社，2010 年，第202 頁。
〔註21〕《漢書》卷 69《趙充國傳》，北京：中華書局，2008 年縮印本，第 2989 頁。
〔註22〕《清太宗實錄》卷 6 天聰四年二月甲寅，北京：中華書局，1986 年，第 91頁。

促進可能是其原因之一。再往深層次的原因追溯，長城的藩籬、屏障作用或許是重要的促進因素之一。

　　從遊牧與農耕的關係互動來看，長城的屏障、藩籬作用是較為明顯的。雖然構築長城的直接目的和功能因時、因地各有不同，在中國古代王朝構築長城工事解決內部民族之間矛盾、拱衛京城等目的下修建的長城，在攻城缺乏有效手段的情況下，其藩籬、屏障作用都是較為明顯的。

二、情報保障作用

　　關於長城的作用，古代在修建之前便曾經有過不少分析，學者經常引用的分析是高閭所總結的「長城五利」：「罷遊防之苦，其利一也；北部放牧，無抄掠之患，其利二也；登城觀敵，以逸待勞，其利三也；省境防之虞，息無時之備，其利四也；歲常遊運，永得不匱，其利五也。」〔註23〕這些作用的分析雖側重從軍事的角度展開，實則從整個國家的戰略形勢來考慮問題。除第二條有較為明確地針對北方游牧民族而言，其餘均適用於各種目的所修建的長城。從軍事角度來看，第一、二條側重長城藩籬、屏障作用的發揮，而後幾條更側重長城的情報保障作用。一些學者主張使用「體系」來描述長城，實際上是通過回歸歷史、活化了長城。而這種活化主要通過洞察長城的「軟件」實現的。長城的藩籬、屏障作用主要通過長城各種建築的配置這些「硬件」來實現，長城的情報保障作用則主要是各種「軟件」起作用。

　　侯仁之在使用描述的方式給長城下定義時提到：「鑒於長城首先是中國古代巨大的軍事防禦設施，不妨從軍事工程體系的角度來定義。長城是針對固定的作戰對象，按照統一的戰略，以人工築城方式加強與改造既定戰場，而形成的一種綿亙萬里，點陣結合，縱深梯次的巨型堅固設防體系。它包括以下子系統：（1）城牆，含跨越而立的敵樓、戰臺，這是直接接敵的工程設施，它隨山屈曲攀援騰翹，其走向與當時的軍事鬥爭形勢和生存空間有關，旨在藉重『地利』並守護控馭『地利』。（2）障塞，即關城堡寨，是城牆的主要依託，又是軍事指揮樞紐、行政管理治所、官府手工業及屯墾農業基地，一般選擇在延邊要害及東西適中之處，配置機動兵力，扼危襟要，後發制人，是其支撐作用的要塞式築城。（3）烽燧，這是將牆、塞與後方指揮中心、將末端與決策層相聯結的情報信息傳輸工程。（4）道路，包括城上道路、傍城道

─────────────

〔註23〕《魏書》卷42《高閭傳》，北京：中華書局，2008年縮印本，第1202頁。

路、出塞道路、交通內地道路及北邊新經濟區的微循環道路，主要用於維持整個防禦體系中邊關要塞之間的聯繫，運動集結兵力，轉輸物資，增強防務，同時也是塞內塞外經濟交流的渠道。（5）後方補給設施，據漢簡資料，漢代西北長城的後期系統有倉、庫、閣三種機構，『倉』是儲備管理糧秣的機構，『庫』是存放錢物和軍械的機構，而『閣』是供戍卒暫存物什給養的所在，長期維持世界上最漫長的軍事防線，沒有後方工程設施是不可想像的。有了這五個子系統，長城的功能就大大超越了一般的軍事設防，實現了和與戰、屯墾與戍守、行政管轄與軍事控制、設卡堵口與有序交往的結合，交織成動態反饋的有機整體，構成一個系統工程。總之，從時空分佈、結構功能上去發現長城迥異於其它建築物的特質，不失爲廓清長城概念的一個思路。」〔註24〕侯仁之用固體的形態概括長城的五個子系統，並嚴格強調了「微循環」「末端」等概念，說明他注意到了長城防禦自身系統與宗法一體化國家大系統的配合與對接。更爲可貴的是，他在分析各種子系統時，透過長城的「硬件」看到了「軟件」的運作。當然，這一概念中的長城體系僅限於中原王朝所建相對成熟、完善的長城體系，而且，從長城的發展來看，各種設施中道路和後方補給設施等也不是同步完善的。饒是如此，侯仁之的闡述和分析，已讓長城的各大「軟件」初步展現在了人們面前。

首先，長城在修建時建設了烽燧、驛站和道路的內部微循環系統。在這個內部微循環系統中，控制制高點的敵臺作爲固定的敵情觀望點，加上天田、虎落等臨時觀望、防禦設施的配合，再加上四出的偵察兵等，共同組成了長城防線的偵察力量。這些偵察獲取的情報隨時通過烽燧、驛站和道路等內部微循環系統傳輸至軍事指揮中心，又通過連接整個國家的烽燧、驛站、道路等信息傳輸系統與決策層連接。「有了這套設施，信息流的輸入輸出成爲可能，上層對末端的控馭，決策層對邊境情況的掌握以及奪取先機的處置等，即所謂『運籌於帷幄之中，決勝於千里之外』，才有了基本的物質手段和前提。」〔註25〕僅從農耕政權防禦游牧勢力的「奪取先機」舉例，雖然游牧騎兵以速度快著稱，但由於騎兵日行千里已達極限，而農耕政權利用烽堠

〔註24〕 侯仁之：《在長城國際學術研討會上的總結發言》，《長城國際學術研討會論文集》，長春：吉林人民出版社，1995年，第334頁。

〔註25〕 孔令銅：《長城的歷史作用及其辯證評說》，《長城國際學術研討會論文集》，長春：吉林人民出版社，1995年，第46頁。

間的可通視性，以可見光和聲音爲載體傳遞信息，軍隊可借助這些信息可以迅速完成集結，從容應戰。從這一點來看，中原地區的政權利用信息戰，以快制快，實現了應對游牧騎兵時的化弱爲強。既然農耕政權已然防備，游牧騎兵的寇抄便已經失去先機，往往只能選擇迅速撤退。

其次，從後方補給設施來看，中國古代封建王朝在長城修建之後，經過不斷揣摩、不斷調整，最終形成了較爲完備的後方補給系統。侯仁之已經提及後勤系統的各種材料存儲等問題，再舉軍屯爲例說明。軍屯雖然不是一開始便存在，但它的産生「把防區內的平時備戰和戰時用兵、屯墾生産與戍守防衛有機地結合起來，使一兵多用，勞武兼作，生産、生活、戰鬥三位一體。」〔註26〕這是中國古代各種防衛設置中的創舉。從秦漢兩朝屯田守邊方略初步形成，到明朝朱元璋「敕天下衛所屯田」〔註27〕，經過近 2000 年的發展，軍屯日漸成熟，基本上採用「十之七屯種，十之三城守」〔註28〕，盡量保證軍隊糧食的自給。這種後方補給設施減少了向長城防線的轉輸壓力，也有效地減少了用於軍事防禦的國力。而且，由於軍隊不間斷地進行重點戍守，這種戍守通過各子系統的配合，以點帶面，也較好地保證了防禦的長期有效。學者已經發現，哈德良長城的有效時段主要存在於軍隊戍守期間，當軍隊去執行其它任務時，哈德良長城便難以起到作用。〔註29〕由於中國古代寓兵於農，戍守長城的軍隊調離長城戍防區的情況基本上是見不到的。

爲了較好地保證長城的修建和長城各子系統的配合，在長城「硬件」修建修繕和「軟件」管理配合方面均實行了嚴格的規章制度。以明朝長城的修建來看，基本採用考察地形地勢、設計創修、修建、後期檢查驗收等步驟來保證長城的修建。遼寧境內的孤山堡在明朝時曾經移動修建的位置，清河守備王惟屏在接受「築堡移兵」任務後，因未按規定的地點築堡「有違原議」

〔註26〕　吉人：《萬里長城——古代人類防衛設施的傑出代表》，《長城國際學術研討會論文集》，長春：吉林人民出版社，1995 年，第 22 頁。
〔註27〕　（清）龍文彬：《明會要》卷 59《兵二·屯田卒》，北京：中華書局，1956 年，第 1132 頁。
〔註28〕　《明太祖實錄》卷 216 洪武二十五年二月己卯，臺北：「中央研究院」歷史語言研究所，1962 年影印本，第 3184 頁。
〔註29〕　〔英〕Jane Shuter（舒特）：《哈德良長城》，北京：外語教學與研究出版社，2005 年，第 12 頁。原英文爲：The attacks that were made on the Wall were often made when soldiers had left the Wall to deal with trouble in other parts of the Empire.

獲罪。〔註30〕戚繼光在隆慶二年（1568）五月「以都督同知」身份「總理薊州、昌平、保定三鎮練兵事」〔註31〕之後，從隆慶三年（1569）起正式督修長城，制定了嚴格的城牆等級制度，有效地保障了長城的質量。從長城的「軟件」來看，居延漢簡中發現的《塞上烽火品約》嚴格規定了烽火傳訊的方式及制度。對烽、表、煙、苣火、積薪等烽火信號的內容及使用方法進行了明確的規定，並明確區分了常規情況和特殊情況。〔註32〕各朝根據需要對烽火制度有所調整。至明朝，烽火傳訊的信號增加了炮等內容，「因旗以識路，用炮以分協」〔註33〕，對烽燧傳訊進行嚴格管理。從長城的修建到長城的使用的各個環節，中國古代均有明確的制度約束和管理，這些制度在一定程度上保障了長城作用的持續有效發揮。

三、戰略威懾作用

長城據險制塞，比沒有設防的天然陣地更有利於防守，這是長城防禦的基本作用。是不是沒有發生過戰爭的區域，長城的修建就沒有作用呢？孔令銅很明確解答了這個問題：「至於說千百年來，某些段落的長城基本沒有派上用場，恰恰說明那些方向使來犯者視為畏途。」〔註34〕可以說，長城修建本身便增加了一些區域的險峻程度，已經具備了一定的戰略威懾作用。在中國古代，長城往往修建在矛盾衝突較多的地區，隔離矛盾雙方。但是，這種隔離並不是完全的隔絕，而是在利用長城隔離之後，矛盾雙方通過達成一定的協議或以一定的默契進行交流。要使矛盾雙方在未能相互理解的情況下有序交流，起隔離作用的長城必須具有一定的威懾力。從中國古代的歷史來看，長城修建之後，矛盾雙方確實逐漸形成了較為有序的政治、經濟、文化交流，為矛盾雙方的相互理解和走向融合奠定了堅實的基礎。金應熙等學者早就發現，中國古代長城不僅是軍事防禦線，而且是文化會聚線。〔註35〕李鳳山從

〔註30〕遼寧省文物局：《遼寧省明長城資源調查報告》第 2 章《遼寧明長城資源調查的主要成果》，北京：文物出版社，2011 年，第 277～278 頁。

〔註31〕《明史》卷 212《戚繼光傳》，北京：中華書局，2008 年縮印本，第 5613 頁。

〔註32〕薛英群：《居延〈塞上烽火品約〉冊》，《考古》1979 年第 4 期，第 361～364 頁。

〔註33〕高揚文、陶琦：《戚少保年譜耆編》卷 9，北京：中華書局，2003 年，第 320 頁。

〔註34〕孔令銅：《長城的歷史作用及其辯證評說》，《長城國際學術研討會論文集》，長春：吉林人民出版社，1995 年，第 49 頁。

〔註35〕金應熙：《作為軍事防禦線和文化會聚線的中國古代長城》，《金應熙史學論文集（古代史卷）》，廣州：廣東人民出版社，2006 年，第 197～215 頁。

長城與民族的關係角度認為防禦游牧民族的「長城既將兩種經濟、文化隔開，又將兩種經濟、文化緊密聯結在一起。整個中國大陸作為一個政治經濟整體始於修建長城」。〔註36〕儘管這種分析可能過高評價了長城的作用，但學者肯定長城在不同族群、不同文化、不同利益團體之間的隔離產生了較為明顯的作用也說明，長城在解決矛盾時具有一定的戰略威懾力。

研究軍事的學者認為：「要使長城構成戰略威懾，需具備以下四個要素：一是要有完善的長城築城體系；二是要有一支足夠數量、訓練有素的常駐守備隊戍守；三是要有通曉長城守禦戰術的指揮人才；四是要有良好的後勤保障。這四個要素相互滲透，相互影響，形成一個整體。」〔註37〕從古代長城的修建和使用來看，長城的戰略威懾作用在多數時間內是存在的，只是威懾作用的大小因時、因地、因人而有所不同。

長城以威懾作用「不戰而屈人之兵」最為有名的事例是戚繼光的「湯泉大閱兵」。在戚繼光到薊鎮後，不僅加固了薊鎮的長城，而且大練兵卒。經過5年努力，戚繼光在隆慶六年（1572）上奏朝廷，指揮10餘萬大軍，利用長城進行了20餘天的戰術對壘和拼殺。這次演習中，戚繼光邀請了蒙古朵顏部前往朝廷進貢的使者觀看了大閱兵的過程。《明史》比較了戚繼光隆慶年間到薊鎮前後薊鎮的變化：「自嘉靖庚戌俺答犯京師，邊防獨重薊。……十七年間，易大將十人，率已罪去。繼光在鎮十六年，邊備修飭，薊門宴然。繼之者踵其成法，數十年得無事。」〔註38〕

歷史文獻中記載軍事演習的情況不多，長城的威懾作用主要通過雙方在長城區域的戰爭來體現。秦朝時，蒙恬率將「北築長城而守藩籬，卻匈奴七百餘里，胡人不敢南下而牧馬」〔註39〕。漢武帝時出師征伐匈奴，「攘之於幕北。建塞徼，起亭隧，設屯戍，以守之，然後邊境得用少安」〔註40〕。戚繼光坐鎮時薊州全境能宴然安寧，除了長城閱兵的威懾力外，也與戚繼光依託長城對朵顏部進行積極軍事防禦取得的勝利有關，學者從《明史》和地方志

〔註36〕 李鳳山：《長城與民族》，北京：中央民族大學出版社，2006年，第3頁。

〔註37〕 施元龍、徐飛、鄔建華：《中國築城史》，北京：國防大學出版社，2012年，第166頁。

〔註38〕 《明史》卷212《戚繼光傳》，北京：中華書局，2008年縮印本，第5616頁。

〔註39〕 （漢）賈誼：《新書》之《過秦上・事勢》，吳雲、李春臺校注：《賈誼集校注（增訂版）》，天津：天津古籍出版社，2010年，第4頁。

〔註40〕 《漢書》卷94下《匈奴傳下》，北京：中華書局，2008年縮印本，第3803頁。

中找到了不少萬曆年間的戰事〔註41〕。

值得留意的是，長城的戰略威懾作用應用得最多、也最有成效的，是平時護衛關口貿易、絲綢之路等的正常進行，保障古代中國封建王朝與邊疆民族朝貢、和親的有序進行，保證古代中國封建王朝宗法一體化管理體制在一些地區的有序推進等方面。這些多發生在非戰時期，眞正發生在長城牆體上的戰爭並不多見，長城在戰爭中被敵方從薄弱環節攻破較爲常見。修長城需要耗費巨大的人力和財力，若超出國家的承受範圍，很容易因爲輕民力而引起內部的動亂。長城修建之後也需要調用大量物資加以維護和駐守，同樣容易引起統治內部的動亂。古人在權衡長城的作用與修、守長城可能帶來的內部統治問題後，也有不少反對修建長城的聲音。

林霨在分析明朝的長城時指出：「一點也不誇張地說，我們看到，同樣的政治爭執對無效的城牆建築工程起到了促進作用，在 17 世紀導致了外敵征服的災難性後果，這與要防止敵人侵入的城牆設計主旨背道而馳。」〔註42〕首先應該指出，明朝修邊牆的主旨並不是林霨所認爲的「防止敵人侵入」那麼簡單。這裡提林霨，是因爲他在探討明長城的過程中，留意到了宗法一體化結構強控性弊端的表象，可惜他過分注重這種表象及明長城最終未「守住」明朝的結果，雖然看到了「在眞正危險時刻，明朝政府總是在政治上處於癱瘓狀態」〔註43〕這種宗法一體化強控效果遞減的現象，卻因此否定了長城在明朝 200 餘年間對長城內外長期有序交流中所起的軍事威懾等作用，殊爲可惜。最終能不能守住一個王朝，並不是由長城的軍事作用來決定的。張居正在《重築松滋縣城記》中說：「盛世之守在人，季世之守在險。」〔註44〕作爲政治家，張居正很清楚：王朝的衰落階段是無法借助人事這種「無形之險」來守衛的，倒是長城這種「有形之險」能對王朝的衰亡起到一些減緩作用。這是張居正根據此前歷史得出的結論，這或許也是張居正積極支持戚繼光大修長城的重要原因。

〔註41〕 紫西：《戚繼光與薊鎮長城防務》，《文物春秋》1998 年第 2 期，第 67 頁。

〔註42〕 〔美〕林霨（阿瑟・沃爾德隆）：《長城：從歷史到神話》，石雲龍、金鑫榮譯，南京：江蘇教育出版社，2008 年，第 217 頁。

〔註43〕 〔美〕林霨（阿瑟・沃爾德隆）：《長城：從歷史到神話》，石雲龍、金鑫榮譯，南京：江蘇教育出版社，2008 年，第 181 頁。

〔註44〕 （明）張居正：《張文忠公全集》第 7 冊《文集》卷 9，上海：商務印書館，1935 年，第 654 頁。

中國古代封建王朝大量修建長城，並不是簡單的軍事行爲，而是從整個國家戰略進行充分分析和判斷的結果。在決定是否修長城、如何修長城等具體問題上，朝廷內部出現人事紛爭甚至牽扯到其它政治事件中的情況不可避免，這些確實會影響到長城作用的發揮程度。而這些正是宗法一體化強控性中難以控制的因素，也是控制遞減原則的具體體現，是需要我們正確認識並對待的問題。僅從長城的大量修建和使用來看，無論是其「硬件」的布局，還是「軟件」的配合，亦或是「硬件」與「軟件」綜合形成的戰略威懾在非戰時期的重要作用，都較好地體現了古人的智慧。長城的智慧不止是搬搬磚而已，其中蘊含了「關乎封疆形勢和社稷安危的大手筆」〔註45〕。

需要補充的是，由於古代邊疆民族不一定採用宗法一體化的管理模式，他們受中原文化影響而修建的長城或許只是用於戰爭防禦。這些長城到底發揮了多少作用，尚需要根據更多的史料進行分析才能確定。

第二節　長城對經濟的影響

中國古人對長城的評價褒貶不一。在批評的聲音中，質疑長城作用的尚屬少數，批評最多的是長城對經濟的影響。在褒揚的聲音中，也多有從經濟角度對長城的肯定。各種觀點均有其合理的地方，因此，在分析長城與經濟的關繫時，我們不妨客觀冷靜地面對批評和褒揚、質疑和肯定，還給長城對經濟影響較爲客觀、公正的評價。

事實上，長城對經濟的影響主要表現爲兩個方面：一是長城的修建和維護需要耗費大量人力和物力對國家經濟的影響；二是長城在發揮其軍事威懾力的過程中對物質交流、耕地開發等方面的影響。因此，要給長城較爲客觀而公正的評價，就有必要從長城的修建和長城的使用兩方面來進行具體的分析，進而得出相對合理的判斷。

一、長城的修建與維護易現經濟問題

長城的修建和戍守所需要的經費支出是巨大的，所需要的人力支出也是巨大的，尤其是秦、漢、明等在國內大量修建防禦北方的萬里防線，所耗費的人力、物力更是不容忽視的國庫開支。因此，在國家修建長城之前，一般

〔註45〕孔令銅：《長城的歷史作用及其辯證評說》，《長城國際學術研討會論文集》，長春：吉林人民出版社，1995年，第47頁。

會對所需經費進行分析和評估；在長城修建之後，也會根據維護費用和修建長城對國家的影響進行總結，對一些不妥當的措置方式進行批評，並盡可能提出改善的措施。因此，在中國古代文獻中可以看到大量對長城修建和維護的分析和評論，從中可以看出，長城的修建和維護均容易引發經濟壓力，造成內部統治秩序的混亂。

第一，修建長城的耗費巨大。秦始皇為了解決匈奴問題，「因發卒五十萬，使蒙公、楊翁子將，築修城，西屬流沙，北擊遼水，東結朝鮮，中國內郡輓車而餉之」〔註46〕。直接用於修建長城的人員已經達到 50 萬，向這些修築長城的地區運輸糧餉的人員估計也不在少數。這尚只是以動用的修建人員而言。若加上修築長城的材料費用、人員的飲食費用等，長城的修建必然對秦朝的統治造成不小的壓力。

漢朝時，長城由「卒徒築治，功費久遠，不可勝計」〔註47〕。以保護河西走廊的長城修建來看，當時修建在鹽澤、居延及陰山以北高原戈壁中的漢長城多以沙土夯築。受氣候乾旱、築城所需水源缺乏等客觀因素影響，在這些地區修建長城所需要的費用必然不少。誠如白音查幹所言：「從鹽澤和居延段的土坯蘆葦而建造的烽火臺中可以看出，由於水的限制，事先在有水之處加工好土坯，然後再運來壘砌而成。所以，在缺水或無水的荒漠上修築長城，其工程量要比一般夯築長城更為巨大。從漢長城的地理位置和總長度，可以聯想到它所耗費的人力財力。」〔註48〕

第二，保持長城戍守的費用巨大。在秦始皇北逐匈奴、「卻地千里，以河為境」後，由於「地固澤鹵，不生五穀」，因此，要保證「守北河」的「天下丁男」長期戍守，必須從內地大量運輸糧食及生活物資過去。於是，秦始皇「又使天下飛芻挽粟，起於黃、腄、琅邪負海之郡，轉輸北河，率三十鍾而致一石」。〔註49〕由於中國古代各朝使用的名詞不完全一致，換算方式也不完

〔註46〕何寧：《淮南子集釋》卷 18《人間訓》，北京：中華書局，1998 年，第 1288 ～1289 頁。

〔註47〕《漢書》卷 94 下《匈奴傳下》，北京：中華書局，2008 年縮印本，第 3804 頁。

〔註48〕白音查幹：《長城與漢匈關係》，《內蒙古師大學報（哲學社會科學版）》1998 年第 6 期，第 66 頁。

〔註49〕《漢書》卷 64 上《主父偃傳上》，北京：中華書局，2008 年縮印本，第 2800 頁。

全一致，以鍾的換算而言，有以一鍾為六斛四斗的〔註50〕，有以一鍾為八斛的〔註51〕，也有以一鍾為十斛的〔註52〕。因此，現在仍很難確定鍾與石之間的具體換算標準。以初步的分析判斷，石在當時應該是比鍾大一些的計量標準，古人以「一石幾鍾」來說明運輸軍糧沿途損耗和侵吞的驚人情況可略見兩種計量單位之間的關係。向北方邊地轉輸的耗羨極大，因此秦朝僅保證長城戍守所需的費用便已經是民眾較難承受的。

　　因長城的修建和維護需要鉅額費用，加上秦始皇還同時修建馳道、運河、陵墓、宮殿等大型土木工程，致使「男子疾耕不足於糧餉，女子紡績不足於帷幕。百姓靡敝，孤寡老弱不能相養，道死者相望」〔註53〕，這成為秦朝短命而亡的重要原因。司馬遷借蒙恬被誅殺一事批評秦修長城一事：「吾適北邊，自直道歸，行觀蒙恬所為秦築長城亭障，塹山堙谷，通直道，固輕百姓力矣。夫秦之初滅諸侯，天下之心未定，痍傷者未瘳，而恬為名將，不以此時強諫，振百姓之急，養老存孤，務修眾庶之和，而阿意興功，此其兄弟遇誅，不亦宜乎！」〔註54〕司馬遷還認為秦始皇修長城忽略了當時的實際，因為春秋戰國「諸侯力政，強侵弱，眾暴寡，兵革不休，士民罷敝」〔註55〕，百姓需要休養生息。總之，秦始皇修建和維護長城有兩大失誤：一是過急，未能與民休息；二是過於輕百姓力。因此，司馬遷感慨：「向使秦緩其刑罰，薄賦斂，省徭役，貴仁義，賤權利，上篤厚，下智巧，變風易俗，化於海內，則世世必安矣。」〔註56〕

　　修築長城和屯邊戍守給朝廷帶來的壓力，不僅出現在秦朝。漢武帝時，為了解決北部問題屢次興兵，並大修長城，到其晚年不得不下詔承認自己的

〔註50〕　顏師古注曰：「六斛四斗為鍾，計其道路所費，凡用百九十二斛，乃得一石至。」（《漢書》卷64上《主父偃傳上》，北京：中華書局，2008年縮印本，第2800頁。）

〔註51〕　《小爾雅》記載：「二缶謂之鍾。」其注釋曰：「八斛也。」

〔註52〕　《淮南子・要略篇》記載：「一朝用三千鍾贛。」其注釋曰：「鍾，十斛。」（何寧：《淮南子集釋》卷21《要略》，北京：中華書局，1998年，第1461頁。）

〔註53〕　《漢書》卷64上《主父偃傳上》，北京：中華書局，2008年縮印本，第2800頁。

〔註54〕　《史記》卷88《蒙恬列傳》，北京：中華書局，2008年縮印本，第2570頁。

〔註55〕　《史記》卷6《秦始皇本紀》，北京：中華書局，2008年縮印本，第283頁。

〔註56〕　《史記》卷112《平津侯主父偃列傳》，北京：中華書局，2008年縮印本，第2958頁。

過失。詔書中明言：「前有司奏，欲益民賦三十助邊用，是重困老弱孤獨也。」
〔註 57〕在充分權衡遠戍輪臺帶來的經濟壓力之後，漢武帝認爲「今請遠田輪
臺，欲起亭隧，是擾勞天下，非所以憂民也」〔註 58〕，中止了超出漢朝負荷
的邊防行動。雖然漢武帝下「輪臺詔」反省並中止了超負荷的國家行爲，免
除了漢朝在他統治期間覆亡的厄運，但北擊匈奴和修建長城、長城戍防等費
用確實給當時漢朝的統治帶來了極大的衝擊。

在明朝中後期，修建和戍守長城的費用也較大地超出了朝廷的承受能
力，因此，朝廷往往需要採用增加田賦、賣官鬻爵、以錢贖罪等方式來解決
當時的燃眉之急。但這些做法往往是飲鴆止渴的行爲。正德三年（1508）爲
解決邊關修築墩堡所需的 50 萬兩白銀，選擇開武職的方式，「令在京及北直
隸、山東、山西、河南、陝西、遼東、宣府、大同、延綏，有願納銀授軍職
的聽實授，百戶一百五十兩，副千戶二百兩，正千戶二百五十兩，指揮僉事
四百兩，指揮同知四百五十兩，指揮使五百兩，都指揮僉事六百兩」〔註 59〕。
以錢買官的做法干擾了武官的正常選授，嚴重影響了軍隊實戰能力，更不用
提這些官員任職後難以保證清廉帶來的更多社會問題。

總的來看，修建長城的直接費用和後期維護長城區域戍守帶來的經濟壓
力是中國古代封建王朝需要面對和解決的問題。中國古代封建王朝修建長城
是爲了避免外來衝擊影響朝廷內部子系統的平衡，但從歷史文獻記載來看，
修建長城和戍守長城的鉅額支出常常會影響到朝廷內部統治的穩定性。這兩
者之間似乎存在悖論。事實上，如果仔細閱讀和分辨中國歷朝歷代修建長城
和戍守長城的歷史，並將其置於歷史大脈絡中去看時，我們便能發現：中國
古代封建王朝修建長城引起社會問題之時，往往是王朝內部各種問題並發的
階段。此時，宗法一體化制度中那些無組織力量壯大，宗法一體化的調節功
能逐漸減弱。土地兼併、官僚、惡霸橫行等成爲各個王朝後期無組織力量逐
漸匯流的重要表現，這些嚴重影響到整個封建社會內部的穩定。從現象來看，
此時長城修建和維護所需經費巨大，確實會成爲激化內部矛盾的因素之一，
實際上這只是宗法一體化調節、控制能力削弱的表現。我們不能否認修建和

〔註 57〕《漢書》卷 96 下《西域傳下》，北京：中華書局，2008 年縮印本，第 3912～
3913 頁。
〔註 58〕《漢書》卷 96 下《西域傳下》，北京：中華書局，2008 年縮印本，第 3913
頁。
〔註 59〕《明史》卷 16《武宗本紀》，北京：中華書局，2008 年縮印本，第 201 頁。

利用長城容易帶來封建王朝統治內部的經濟壓力，但我們不能因此完全歸罪於長城。在社會上廣為傳唱的孟姜女哭長城等民間傳說故事，若放到歷史背景下去觀察時便會發現，在故事大盛之時，正是民眾藉故事諷時事「反對繁重徭役的暴政」〔註60〕，並不是簡單地將問題歸於長城的修建和使用。

二、長城區域的土地開發與經濟交流

在大量興建長城之時，朝廷往往會對如何解決修建長城和戍守長城的經費問題進行討論。《鹽鐵論》中記載了大量治國經緯之士的辯論並切實提出了不少戍邊經費的解決方案。歷史上，中國古代封建王朝也多在長城修建之後，借助長城的威懾力來實現長城區域的開發。

戰國時，一些諸侯國已經在邊疆地區開始實行郡縣制。秦始皇北逐匈奴、「築亭障以逐戎人」之後，也遷徙了一些人到邊疆，「實之初縣」。〔註61〕當時「胡人不敢南下而牧馬」〔註62〕，因此，這些謫戍新縣城的民眾得以在相對安全的地域進行一定程度的邊地開發。

漢朝建立後，劉邦與匈奴達成協議，以長城劃界管理。漢文帝在給匈奴的書中提到：「先帝制：長城以北，引弓之國，受命單于；長城之內，冠帶之室，朕亦制之。」〔註63〕此後，漢朝多次募民遷徙至北部邊疆地區，如漢文帝十一年（前149）「募民相徙以實塞下」〔註64〕、漢武帝元朔二年（前127）「募民徙朔方十萬口」〔註65〕等。為了保證募民實邊的效果，漢朝在邊疆地區採取「繕鄉亭、濬溝渠」等措施，邊疆斥鹵之地得到了一定的改善。〔註66〕在長城的屏障下，加上朝廷「教民相與庸挽犁」〔註67〕，大力普及趙過的代田法等耕作技術，逐漸改善的土地狀況得到民眾的初步認可，收到了「益墾溉田」的實際效果。〔註68〕因此漢武帝時「瀕塞之郡」已經是「馬牛放縱，

〔註60〕　孫志升：《孟姜女故事再研究》，《中國（香港）長城歷史文化研討會論文集》，香港：長城（香港）文化出版公司，2002年，第150頁。
〔註61〕　《史記》卷6《秦始皇本紀》，北京：中華書局，2008年縮印本，第253頁。
〔註62〕　（漢）賈誼：《新書》之《過秦上·事勢》，吳雲、李春臺校注：《賈誼集校注（增訂版）》，天津：天津古籍出版社，2010年，第4頁。
〔註63〕　《史記》卷110《匈奴列傳》，北京：中華書局，2008年縮印本，第2902頁。
〔註64〕　《漢書》卷49《晁錯傳》，北京：中華書局，2008年縮印本，第2288頁。
〔註65〕　《漢書》卷6《武帝紀》，北京：中華書局，2008年縮印本，第170頁。
〔註66〕　《漢書》卷69《趙充國傳》，北京：中華書局，2008年縮印本，第2986頁。
〔註67〕　《漢書》卷24上《食貨志上》，北京：中華書局，2008年縮印本，第1139頁。
〔註68〕　《漢書》卷96下《西域傳下》，北京：中華書局，2008年縮印本，第3912頁。

畜積布野」〔註69〕。曹大爲根據《漢書‧地理志》的記載進行統計發現，「西漢北邊涼、并、幽三州及朔方二十八郡，中央政府所控制的編戶即達1776229戶，7916507口」，這尚不包括「軍隊、少數民族及隱漏人口」〔註70〕。這種情況說明漢朝時北方原來被認爲是斥鹵之地的不少地方已經使用灌溉農業並得到了較好的開發。漢朝以後，歷代王朝傚仿漢朝在邊疆屯田的方略，對長城區域內控制區域進行民屯和軍屯，「緣邊城守之地，堪墾食者皆營屯田」〔註71〕。

「構築、護衛長城防線刺激了邊地經濟的發展」，「屯田實邊、辟置郡縣基本上以長城爲軸心或以之爲後盾向外輻射擴展」。〔註72〕以朝廷實力爲後盾，長城的威懾力發揮的程度成爲中原王朝在邊疆地區開發興廢的重要指針。在中原王朝實力衰弱之時，隨著邊防的撤廢，原來的長城區域很容易在短時間內出現「北邊虛空，野有暴骨」〔註73〕的情形。從中國古代封建王朝的情況來看，長城的威懾力有助於王朝北部地區的開發，而邊陲地區「障塞破壞，亭（隊）〔燧〕絕滅」〔註74〕也容易帶來王朝北部地區民眾的內徙和耕地的廢棄。值得留意的是，中國古代封建王朝所控制的範圍往往不僅僅局限於長城的南邊，往往位於長城北邊的一些地域也屬於王朝的管轄範圍。在長城南北的開發中，中國古代封建王朝除大量進行屯田耕種外，也大量養殖牛羊等。因此，邊塞地區的富裕者得以「致馬千匹，牛倍之，羊萬頭，粟以萬鍾計」〔註75〕。

長城修建之後，北方少數民族在貿易需求增加和發生天災人禍等情況下，仍存在以戰爭的形式向中國古代封建王朝掠取物資的情況。但是，雙方的交流模式更多的時候趨於平和，多由軍隊護衛，以和平的方式在長城關塞進行物資交流。漢朝文獻中記載「樂關市，嗜漢財物」，往往「驅牛馬萬餘頭

〔註69〕 （漢）桓寬：《鹽鐵論校注》卷8《西域》，王利器校注，北京：中華書局，1992年，第499頁。

〔註70〕 曹大爲：《凝聚中華民族的歷史豐碑——評長城的歷史作用》，《長城國際學術研討會論文集》，長春：吉林人民出版社，1995年，第37頁。

〔註71〕 《隋書》卷24《食貨志》，北京：中華書局，2008年縮印本，第678頁。

〔註72〕 曹大爲：《凝聚中華民族的歷史豐碑——評長城的歷史作用》，《長城國際學術研討會論文集》，長春：吉林人民出版社，1995年，第37頁。

〔註73〕 《漢書》卷94下《匈奴傳下》，北京：中華書局，2008年縮印本，第3826頁。

〔註74〕 《後漢書志》卷23《郡國志五》，北京：中華書局，2008年縮印本，第3533頁。注引應劭《漢官儀》。

〔註75〕 《史記》卷129《貨殖列傳》，北京：中華書局，2008年縮印本，第3280頁。

來與漢賈客交易」。〔註76〕此後直至明清，關市、榷場、絹馬貿易、茶馬互市等成爲長城區域經濟交流的主要形式，在中國古代常見「商胡販客，日款於塞下」〔註77〕的情形。中國古代封建王朝在某些特殊的階段會採取關閉南北互市的「閉關」政策來處理與周邊民族的關係。而「閉關」常帶來的是北方少數民族以戰爭的形式要求重新開市。隆慶和議之前俺答汗的多次叩邊，便與開啓雙方的互市有關。這從一個側面說明，北方民族在多數情況下是希望與農耕民族和平互市的。雙方在物資交流的同時，長城南北在耕作、畜牧、建築等技術上也相互學習，大大地促進了雙方的經濟發展。

　　漢代長城對絲綢之路的保護在長城保護經濟的功勞中比較明顯。爲了保護前往漢朝的使者免受北方匈奴的襲擾，漢朝在「使者相望於道」〔註78〕的西域通道上沿線設置城障和關塞。雖然這些城障和關塞之間多數沒有城牆相連，但城障與關塞之間的烽燧相互配合，較好地組織軍隊保證了絲綢之路的暢通。「由於長城的用途主要是爲了防禦和守望，因此它的布局和構造都是爲了這一目的而安排的。」〔註79〕只要能實現防禦和守望的目的，長城的修建往往不拘泥於城牆這種形式。守護絲綢之路的長城，在多數段落上與以色列的巴列夫防線在設置上有著異曲同工之妙。

　　從中國古代封建王朝所修防禦北方民族的長城來看，這些長城是中國古代封建王朝爲了鞏固統治、保護自身利益而完成的。「長城防線有效地保衛著屯田、交通和馬市貿易的順利進行，爲邊疆地區經濟開發提供了和平安定的環境。而爲鞏固長城邊防所實施的屯墾實邊方略，所修築的交通網道，所開設的馬市貿易則是直接刺激北疆經濟開發繁榮的契因。」〔註80〕但從實際發揮的經濟效用來看，這些長城不僅大力開發了中國古代封建王朝的邊疆地區，也促進了長城南北經濟的交流與雙方生產力的提高。

　　在長城產生之前，更嚴格地來說，在漢朝與匈奴建立起有序交流之前，中國古代農耕民族與北方游牧民族之間是存在交流的，這種交流通過大量考古發現可以初步得到驗證。狄宇宙用大量的文獻資料與考古資料進行綜合分

〔註76〕　《後漢書》卷89《南匈奴列傳》，北京：中華書局，2008年縮印本，第2950頁。
〔註77〕　《後漢書》卷88《西域列傳》，北京：中華書局，2008年縮印本，第2931頁。
〔註78〕　《漢書》卷61《張騫傳》，北京：中華書局，2008年縮印本，第2694頁。
〔註79〕　羅哲文：《長城》，北京：清華大學出版社，2008年，第78頁。
〔註80〕　曹大爲：《凝聚中華民族的歷史豐碑──評長城的歷史作用》，《長城國際學術研討會論文集》，長春：吉林人民出版社，1995年，第38頁。

析後認爲，在這些尚處於自然狀態的經濟交流中，主要的貿易內容是馬匹、皮毛、貴金屬品、絲綢等〔註81〕。在農耕經濟向北發展，將幾乎所有能用於耕作的土地據爲己有之時，北方游牧勢力也經過不斷發展正式與以農立國的政權大量接觸。在直接接觸和碰撞中，以農耕經濟爲主體的華夏民族政權脩建長城來保護向北拓展的既得利益，北方游牧勢力也在實力的增強中不斷南下，希望獲取農牧交錯地帶的利益。從戰國後期到漢朝，雙方經過一番較量之後終於達成妥協。這種妥協的主要表現便是在長城的護衛下進行經濟的有序交流。從漢朝開始的幾千年中，這種有序交流雖然受多種因素影響有過不少次的中斷，但從整體上來看，這種以長城關口爲媒介的有序交流一直是古代中國不同經濟類型民族的主要交流模式。

除了修建於中原農耕民族與北方民族之間的萬里長城外，中國古代還有不少出於防禦目的而修建的長城。這些長城中，有一些發揮的作用較多地局限於戰爭本身，有一些在經濟上發揮了與萬里長城相同的作用，不能將所有的長城同等看待。但是，從總體上來看，長城的隔離並不是眞正的隔離，而是在「長城及其戍守軍人的監護」〔註82〕下，各種經濟類型的人們進行有序的物質和技術交流，共同爲中國古代經濟的發展作出了巨大的貢獻。

爲了修建長城，尤其是爲了修建防禦北方游牧勢力南下的長城，中國古代中原地區民眾作出了大量的犧牲。我們也很清楚，雖然中國古代封建王朝有大一統的意識，所修建的長城中有不少位於封建王朝與羈縻地之間，甚至位於封建王朝統治中心與安置少數民族的地域之間，但並不代表封建王朝當時便具有統一南北的遠見卓識。但我們不能否認中國古代封建王朝修建長城來實現和平交往的智慧，畢竟「沒有萬里長城作北方的屏障，北方可能有更多的戰亂」〔註83〕，甚至可能導致整個農耕區域陷於游牧騎兵的鐵蹄之下；我們也不能否認，正是中國古代封建王朝爲鞏固自身統治而修建的長城，較好地實現了中國古代南北雙方的有序交流和各自生產力的提升。站在歷史的

〔註81〕〔美〕狄宇宙（Nicola Di Cosmo）：《古代中國與其強鄰——東亞歷史上游牧力量的興起》，賀嚴、高書文譯，北京：中國社會科學出版社，2010 年，第161～162 頁。

〔註82〕孔令銅：《長城的歷史作用及其辯證評說》，《長城國際學術研討會論文集》，長春：吉林人民出版社，1995 年，第 48 頁。

〔註83〕曾祥鐸：《萬里長城的歷史作用與價值》，《長城國際學術研討會論文集》，長春：吉林人民出版社，1995 年，第 29 頁。

高度來看長城修建對於中國古代經濟的影響時，我們不難看到，長城對於經濟的促進作用遠大於修建和戍守長城帶給當時封建社會的較大經濟損失。

第三節　長城對民族融合的推動

中國古代封建王朝不僅借助長城防禦扭轉了自身在與游牧勢力對抗中的不利局勢，通過長城威懾作用的發揮實現了南北雙方在經濟和文化方面的有序交流，更在大一統思想的指導下，外示羈縻，內修戰守，較爲有效地促進了中國古代各民族的交流。在中國古代封建王朝的管理和維護下，多數「長城成爲巨大民族融合紐帶上的一塊強力磁石，吸引著南北各地的各民族絡繹不絕地一次次湧向長城民族融合紐帶，溶進長城帶民族融合的洪流」〔註84〕；其它王朝所修的長城也以各自通過對抗、交流等形式，融入古代中國民族融合的大潮。正是各民族的融合，才逐漸造就了中國的大一統局面。陳寅恪在分析唐朝時說：「李唐一族之所以崛興，蓋取塞外野蠻精悍之血，注入中原文化頹廢之軀，舊染既除，新機重啓，擴大恢張，遂能別創空前之世局。」〔註85〕雖是從李唐一朝而論，從整個中國古代歷史來看，以其說中國歷史發展的大脈絡亦無不可。

各民族的融合首先體現在民族之間的經濟聯繫與交流上。在長城的拱衛下，中國古代經濟差異最明顯的農耕族群與游牧族群實現了經濟上的有序交流。這些經濟交流「是多方位的，規模是宏大的，對各民族影響極爲深刻，成爲中華民族一體格局長期發展的動力」〔註86〕。在經濟交流的影響下，中國古代各民族在文化多個層次上實現了相互理解和相互接受，並在民族政權的矛盾衝突中逐漸實現了中華民族走向多元一體。

一、黏合劑的產生：文化理解與認同是融合的基礎

在世界上，「文化」一詞的使用頻率極高，幾乎我們生活中所見、所聞、所感的物質的和非物質的內容，均可以冠以文化進行解讀。龐樸將文化分爲三個層面：「第一個層面是物質的層面，第三個最深的層面是心理層面或者

〔註84〕李鳳山：《長城帶民族融合史略》，《中央民族學院學報》1993 年第 1 期，第 55 頁。

〔註85〕陳寅恪：《李唐氏族推測之後記》，《金明館叢稿二編》，上海：上海古籍出版社，1982 年，第 303 頁。

〔註86〕李鳳山：《長城與民族》，北京：中央民族大學出版社，2006 年，第 10 頁。

說是意識的層面；中間一個第二層，是表層和裏層的結合和統一，就是物質化了的意識，或者是物質裏面所包含的意識，如理論、制度、行爲等」〔註87〕。幾乎相同的經濟條件，往往能因爲文化的影響而形成不同的社會發展方向；幾乎完全不同的經濟條件，也能在一定的文化理解與認同下進入一個統一的系統中有序發展。這是「令學者們害怕」的文化作用：它「具有的內在價值觀能引導民眾」，並「帶有種族和繼承的刺鼻氣味，帶有免疫力的味道」。〔註88〕文化的交流、理解甚至認同，是不可能在短時間裏通過知識的左右和指導來實現的。各種層面的文化都具有一定的潛力，有些文化因素可能在當時是當地發生的一個暫時性的小事，但經過一段時間之後可能會固定下來，並成爲一個社會走向重要的文化選擇的契機。中國古代各民族、各族群之間的文化交流，也正是在民眾之間的有序經濟交流中逐漸實現，並爲中國社會最終形成統一多民族國家奠定了良好的基礎。

在所有的文化交流中，物質文化的交流和相互影響是中國古代各民族之間最容易達成的。在中國古代，各民族、各族群之間的物質交流極爲頻繁，到東周時隨著社會生產力的發展，「獨立經營的手工業者已非常普遍，」「各地逐漸形成了許多著名的商業都會」。〔註89〕諸侯國之間相互交流變得頻繁的同時，農耕民族與北方民族（游牧民族形成後則更突出地體現爲與游牧民族之間的互動）之間的物質文化交流也日漸頻繁。在長城產生之前南北各民族進行無序交流時，這種物質交流便已經存在。狄宇宙根據學者的研究認爲「中國的製造馬車技術是通過中亞從西方傳播而來的，時間大約在公元前 13 世紀前後」。這種馬車一開始作爲身份的象徵而成爲隨葬品，後來成爲「周朝和外族軍隊的核心力量」。〔註90〕一些學者也認識到，「西亞很可能是人工冶鐵技術的最早發明地域」，我國的冶鐵技術「可能源於西亞、中亞，並經古絲綢之

〔註87〕龐樸：《文化的民族性與時代性》，北京：中國和平出版社，1988 年，第 37～38 頁。

〔註88〕〔美〕戴維・蘭德斯（David S.Landes）：《文化使局面幾乎完全不一樣》，〔美〕塞繆爾・亨廷頓、勞倫斯・哈里森主編：《文化的重要作用——價值觀如何影響人類進步》，程克雄譯，北京：新華出版社，2002 年，第 1 頁。

〔註89〕嚴文明、李零：《中華文明史（第一卷）》，北京：北京大學出版社，2006 年，第 283 頁。

〔註90〕〔美〕狄宇宙（Nicola Di Cosmo）：《古代中國與其強鄰——東亞歷史上游牧力量的興起》，賀嚴、高書文譯，北京：中國社會科學出版社，2010 年，第 32～33 頁。

路通道傳入中原內地」。〔註91〕在中原地區誕生並成長起來的青銅藝術「至遲在夏代晚期就已經初露端倪，」「隨著商文化的擴張和先進技術的傳播」而廣泛傳佈，位於「中原地區以北即長城一帶」的青銅冶鑄技術和工藝發生地是在「中原係青銅器影響下產生和發展起來」的〔註92〕。「中國的『北方地帶』與外界有著廣泛的文化交流，而且有可能成為新技術輸入和輸出的樞紐。」〔註93〕

　　在中國古代，各民族、各族群間不同文化的相互學習、相互理解、相互影響，以農耕民族與游牧族群之間文化的交流與融合最為顯眼。在長城出現之前，農、牧兩種不同經濟類型的民族之間所進行的文化交流較多地體現在物質文化層面；長城出現之後，見諸歷史記載的各民族、族群的交流中常能見到制度文化甚至意識文化等層面的相互學習。戰國時，趙武靈王為實現強兵目標，實行「胡服騎射」，成為長城出現初期古代中國中原地區民族較早向北方民族學習騎射文化、調整內部軍事制度的典型代表。

　　秦漢以後，在相互的接受和認同中，中原地區向周邊民族和族群的主動學習佔有一定的比例。「上襦下褲的主流搭配傳至魏晉，漸為當時盛行的『褲褶』所代替。『褲褶』最初源於北方游牧民族，其樣式本來是左衽、小袖，褲腿較瘦。」〔註94〕這成為當時南北服飾文化相互融合的代表。「東漢時，每年正月接受朝臣和蠻、貊、胡、羌朝貢，舉行朝賀之禮，都要在德陽殿前作『九賓散樂』，演出各種雜技、幻術等節目。」〔註95〕這些節目中大量融入了周邊族群傳入內地的藝術。到隋唐時，都城長安成為各種文化展示的大舞臺，不同地區、不同民族的包括宗教信仰在內的各種文化在這裡呈現和睦共處的態勢，並實現了部分文化的融合，「胡客留長安久者，或四十餘年，皆有妻子，

〔註91〕嚴文明、李零：《中華文明史（第一卷）》，北京：北京大學出版社，2006年，第227頁。
〔註92〕嚴文明、李零：《中華文明史（第一卷）》，北京：北京大學出版社，2006年，第196～198頁。
〔註93〕〔美〕狄宇宙（Nicola Di Cosmo）：《古代中國與其強鄰——東亞歷史上游牧力量的興起》，賀嚴、高書文譯，北京：中國社會科學出版社，2010年，第35頁。
〔註94〕張傳璽、王邦維：《中華文明史（第二卷）》，北京：北京大學出版社，2006年，第364頁。
〔註95〕張傳璽、王邦維：《中華文明史（第二卷）》，北京：北京大學出版社，2006年，第396頁。

買田宅，舉質取利，安居不欲歸」〔註96〕。頡利可汗進入長安太僕寺，「常設穹廬廷中」〔註97〕，引起了當時學習突厥的風潮，太子李承乾也「好效突厥語及其服飾」〔註98〕。在寬鬆的環境下，隋唐廣泛吸收各民族思想和藝術的精華，對中國的禮樂制度進行了調整。

在主動學習周邊民族的過程中，中國古代封建王朝也會有意識地將中原文化傳輸給周邊民族和族群。這種文化信息的傳遞，除借助長城關隘進行物質交流的過程中有所實現外，更多的體現在使臣往來與朝貢、和親等政策中。漢代絲綢之路沿線有長城的守護，沿線的驛站等有為使者提供食宿等任務。這些使者通過絲綢之路將蠶絲、絲織品、漆器、鐵器等輸往西方，將香料、葡萄、石榴、苜蓿、胡桃、良馬等帶入中國。與此同時，他們也將大量中國文化信息傳向其它民族。從漢初開始，漢朝實行與匈奴的和親政策時，不僅按照一定的時間給和親公主送去大量物品，還會派能言善道的儒士前去宣揚中原地區的禮儀文化。唐朝時，文成公主嫁入吐蕃後，不僅有大量養蠶、造酒、造紙等工匠隨之入藏，松贊干布還聘請唐朝文士為其掌管表疏等、派大量吐蕃貴族子弟到長安國學來學習詩書。

在中國古代封建王朝實力較弱、北方民族突破長城防線進而統治長城區域時，南北雙方在文化上的相互影響也呈現出明顯的增強趨勢。這種趨勢有時候是通過領導意志、行政命令來實現的。佛教在中國的傳播中，「最早到達中國的佛教僧人，大多不是來自古印度本土，而是來自中亞地區。」〔註99〕中原最開始所接受的佛教文化，應是經過中國西域和北方民族消化吸收並融入了民族思想文化的佛教文化。兩晉南北朝時期，統治北方的少數民族入主中原後，多採取對佛教的支持態度。在漢族大臣王度等人禁止漢人出家時，後趙皇帝石虎明確回答：「朕出自邊戎，忝君諸夏，至於饗祀，應從本俗。佛是戎神，所應兼奉，其夷趙百姓有樂事佛者，特聽之。」〔註100〕石虎從尊重

〔註96〕《資治通鑑》卷232《德宗神武聖文皇帝七》，上海：上海古籍出版社，1988年，第1597頁。

〔註97〕《新唐書》卷215《突厥傳》，北京：中華書局，2008年縮印本，第6036頁。

〔註98〕《資治通鑑》卷196《太宗文武大聖大廣孝皇帝中之中》，上海：上海古籍出版社，1988年，第1319頁。

〔註99〕張傳璽、王邦維：《中華文明史（第二卷）》，北京：北京大學出版社，2006年，第197～198頁。

〔註100〕《晉書》卷95《佛圖澄傳》，北京：中華書局，2008年縮印本，第2487～2488頁。

民族文化信仰的角度出發，大力提倡佛教，爲當時佛教在北方的較好發展提供了政治上的保證。清朝入關之後曾強制推行民族同化政策，勒令漢族居民依照滿族的風俗進行剃髮蓄辮等，也是少數民族通過武力來推動文化比較有名的事件。

在少數民族統治中原時，雖然帶有較爲明顯的特點，但對中原地區往往因俗而治，而且呈現出越來越依靠中國古代封建王朝宗法體制來管理本民族的傾向。北魏統一北方之後，孝文帝於太和十九年（495）正式遷都洛陽，命令鮮卑貴族漢化，採用中國古代封建王朝的政治制度。遼國在其統治時期，「北面治宮帳、部族、屬國之政，南面治漢人州縣、租賦、軍馬之事」，基本上實現了「官分南、北，以國制治契丹，以漢制待漢人」。〔註101〕金朝用猛安謀克來管理女眞民族的同時，在國家制度上基本上沿襲唐宋的制度。學者研究發現，金朝佔領中原後，猛安謀克組織大量南遷，與漢族雜處，「實際上猛安謀克戶都是在漢族村落之間單獨築寨，其組織並未拆散，管理也不隸州縣」〔註102〕。蒙古在建國之初「頒行了一系列具有草原放牧民族特色的國家制度」，但在統一中原後「也明顯具有漢制與本族舊制並存的二元色彩」，而且「元朝的草原舊制並未構成獨立的系統，而是被配置在漢式王朝體制的內部發揮作用」。〔註103〕清朝入主中原後，雖然曾強迫漢族接受一些頭型、服飾等的改變，但很快繼承了明朝的管理制度，在全國推行進一步加強了的宗法一體化封建統治制度。

研究長城的學者早就注意到：「以鞏固長城邊防爲後盾實現的和平互市往來，使北疆面貌煥然一新」〔註104〕，「當中原王朝忙於應付北方游牧民族的掠奪戰爭時，長城主要是軍事防禦線和障礙物；而當中原王朝和北方游牧民族雙方在相互戒備中通過長城沿線上的『關市』『馬市』進行和平貿易時，長城作爲經濟、文化會聚線上的作用就顯著了」〔註105〕。事實上，在長城

〔註101〕《遼史》卷45《百官志一》，北京：中華書局，2008年縮印本，第685頁。

〔註102〕袁行霈、鄧小南：《中華文明史（第三卷）》，北京：北京大學出版社，2006年，第264頁。

〔註103〕袁行霈、鄧小南：《中華文明史（第三卷）》，北京：北京大學出版社，2006年，第265～266頁。

〔註104〕曹大爲：《凝聚中華民族的歷史豐碑——評長城的歷史作用》，《長城國際學術研討會論文集》，長春：吉林人民出版社，1995年，第40頁。

〔註105〕金應熙：《作爲軍事防禦線和文化會聚線的中國古代長城》，《金應熙史學論文集（古代史卷）》，廣州：廣東人民出版社，2006年，第211頁。

的威懾作用下，中國古代封建王朝與北方民族之間的交流遠遠超越了長城線，從上述分析可以看出，中原王朝與北方民族爲代表的周邊民族之間的交往不僅僅發生在長城線上，而且通過使臣往來、深入內地的通商和文化交流不斷進入王朝的內部。如果說長城線上的關市、馬市貿易除了官方有序組織外，還有民眾自發形成的，可以視爲由下促上的，那麼以朝貢、和親等爲形式的一些借助長城威懾作用而實現的相互交流，則可以視爲主要是自上而下的。我們不能否認，無論是南北民眾的文化交流還是民族政權間的文化交流均有一些並沒有得到長城的保護，但在中國封建王朝的管理下，長城默默守護農耕政權進行多民族有序交流是歷史的主流。拉鐵摩爾曾指出，能夠建立同時統治草原及中國內地的「游牧人」朝代的，也許只有「鄰近亞洲內陸邊疆的混合文化民族」，因爲他們瞭解兩種社會的權力結構並能靈活運用他們的知識。〔註 106〕這些能夠瞭解兩種社會權力結構的民族政權領導者，或許正是借助了長城對民族有序交流的作用，借助了民族在有序交流中逐漸實現的民族文化相互瞭解和相互認同。

二、疊合加壓的過程：遷徙與矛盾促使融合達到穩固

不同的民族文化在相互瞭解和相互理解、認同的過程，可以視爲民族融合產生「黏合劑」的過程。但是，僅有相互瞭解和認同並不一定能實現民族的融合，中華民族多元一體格局的形成，除了在長時間裏形成了民族融合的「黏合劑」之外，還需要經歷疊合、加壓的過程。從中國多民族形成多元一體的過程來看，中國古代不斷經歷著這種疊合、加壓的過程。這個過程在全國多個地域同時發生，最突出的表現與長城的隔離作用有關。

疊合主要是由民族遷徙來實現的，這種民族遷徙包括兩種：第一種是由部分民眾自發產生的遷徙活動；另一種是由民族政權、民族勢力組織的民族大遷徙。

在這些遷徙中，有因爲天災而產生的被迫遷移，如東漢初年開始，隨著天氣轉寒，北方地區蝗、旱災害嚴重。爲了保證戍守北疆民眾的生存，建武二十六年（50）將「雲中、五原、朔方、北地、定襄、雁門、上古、代八郡民歸於本土」〔註107〕，遷往內地。位於北方的游牧民族勢力，也在發生天災

〔註106〕〔美〕拉鐵摩爾：《中國的亞洲內陸邊疆》，唐曉峰譯，南京：江蘇人民出版社，2010 年，第 370～372 頁。

〔註107〕《後漢書》卷 1 下《光武帝紀下》，北京：中華書局，2008 年縮印本，第 78 頁。

時大量遷移，除部分北遷、西遷外，多數選擇南遷。在建武二十六年時，東漢朝廷正式允許匈奴南單于「入居雲中」〔註108〕。到東漢末年，匈奴大部分已經南遷至太原、上黨、西河、平陽、新興、樂平等郡，東漢政權「聽其部落散居六郡」〔註109〕。

　　爲了逃避人禍而產生的遷移也較多地發生在長城區域，五代時期，中原地區戰亂頻繁，南方相對較好。因此，位於北方的民眾大量南遷。一些農耕民族的民眾爲了逃避苛捐雜稅或者逃避明朝政府的追捕，在北方游牧民族政權對待漢民的政策相對寬鬆時，也會大量北遷。明朝時板升在蒙古等游牧民族統治區域內大量出現，便是漢族部分民眾北遷後「招集中國亡命，頗雜漢夷居之」〔註110〕而逐漸形成的。

　　中國古代出現的民族遷徙在歷史文獻中多處可見。這些民族遷徙完成之後，很快便受到當地政權的控制。東漢末年匈奴南徙至六郡後，掌握實權的曹操「分其眾爲五部，各立其中貴者爲帥，選漢人爲司馬以監督之」〔註111〕。明朝漢人在游牧區域板升的發展，也離不開俺答汗的支持。嘉靖二十六年（1547），俺答汗「備外臣朝請，請甌脫耕具及犁樓、種子，因歸耕」〔註112〕。逃亡至北方游牧區域的漢人，由俺答汗安置在古豐州川一帶從事農耕。

　　一些區域的民族遷徙完全是在政府的控制下完成的。西漢在擊敗匈奴之後，「降渾邪、休屠王，遂空其地，始築令居以西，初置酒泉郡塞，後稍發徙民充實之，分置武威、張掖、敦煌，列四郡，據兩關焉。」〔註113〕這裡的「兩關」指陽關和玉門關。渾邪、休屠所屬民眾均遷徙之黃河以南，保持其原有風俗習慣，分別建立了五個屬國；原來渾邪、休屠游牧區域則設置了酒泉、武威、張掖、敦煌四個郡，並遷徙漢族民眾前往耕作。

〔註108〕　《後漢書》卷1下《光武帝紀下》，北京：中華書局，2008年縮印本，第78頁。
〔註109〕　《晉書》卷56《江統傳》，北京：中華書局，2008年縮印本，第1534頁。
〔註110〕　《明穆宗實錄》卷52隆慶四年十二月丁酉，臺北：「中央研究院」歷史語言研究所，1962年影印本，第2323頁。
〔註111〕　《晉書》卷97《北狄匈奴傳》，北京：中華書局，2008年縮印本，第2548頁。
〔註112〕　（明）瞿九思：《萬曆武功錄》卷7《中三邊・俺答列傳上》，《續修四庫全書》，上海：上海古籍出版社，1999年，第423頁。
〔註113〕　《漢書》卷96上《西域傳上》，北京：中華書局，2008年縮印本，第3873頁。

　　從商周時期的多次遷都到秦漢時期的移民實邊，再到西晉時期的「永嘉南渡」、明清時期的「湖廣填四川」……各種類型的民族遷移，基本上在中國古代各個民族政權的有序控制下完成或逐步實現穩定。這些民族遷移中，不少活動發生在長城區域，與長城有關，甚至有長城防禦工事的直接參與。隨著各民族在同一地域的雜居共處，中國不僅出現了民族大雜居、小聚居的現象，而且歷史上出現了多次民族重新組合的情況。「在蒙古族占統治地位的年代，不同民族的人們，因軍事上、政治上、經濟上、文化上、宗教上和婚姻上的原因，不斷有大大小小的組合。」〔註114〕遷徙之後，各民族的雜居實現了民族融合中的「疊合」過程，並在交流與互動中實現了一些小的融合。

　　雖然不能否定民族之間可以通過自身逐漸產生的「黏合劑」在日積月累中實現融合，但從歷史的實際來看，受觀念等的影響，這種可能性不大。在各民族未實現相互理解與認同的過程中，為了各自利益而進行的民族鬥爭經常出現，「對於某些人很容易滋長其民族歧視的情緒」〔註115〕，江統《徙戎論》中「非我族類，其心必異，戎狄志態，不與華同」〔註116〕字字鏗鏘，表達了當時一些人不願意接受氐、羌等文化不同族群內徙的心態。因為有民族之間的猜忌存在，僅靠行政遷徙命令和地域上的雜居顯然是較難實現民族融合達到穩固狀態的。不同地域民族陣營的矛盾、對立甚至戰爭，成為促使中國各民族融合進入穩固狀態的重要因素。

　　在中國古代，經過一段時間的兼併戰爭之後，逐漸形成了周代諸侯國與非周族群的對立。在這種對立中，周代諸侯國與非周族群之間經過戰爭、和平等多種方式，周代一些諸侯國或藉重非周族群的力量作為資源來實現自身的強大，或將非周族群作為目標聯合其它諸侯國共同戰鬥，經過春秋戰國數百年的博弈，周代諸侯國不僅通過與非周國家的外交交換和征服大量吞滅了非周國家，也實現了內部諸侯國的小區域整合。「政治吸收和民族融合的過程將華夏國北方地區帶入了與另一種類型的人種和政治現實的接觸中，這就是

〔註114〕白壽彝：《中國通史》第 1 卷《導論》，上海：上海人民出版社，1989 年，第 15 頁。

〔註115〕白壽彝：《中國通史》第 1 卷《導論》，上海：上海人民出版社，1989 年，第 18 頁。

〔註116〕《晉書》卷 56《江統傳》，北京：中華書局，2008 年縮印本，第 1531～1532 頁。

北方游牧民族。」〔註117〕秦漢開始，中國古代最受關注的民族關係便是游牧民族與農耕民族的矛盾、對立甚至戰爭。

在中國古代北方，游牧民族有的從遠方遷徙而至，一些至今仍無法確定其真正的起源；有的就在當地崛起，成爲南方農耕民族政權的巨大威脅。這些民族「以貪悍之性」〔註118〕，借助「上下山阪，出入溪澗」「險道傾仄，且馳且射」嫻熟和「風雨罷勞，饑渴不困」的體質特徵〔註119〕，給農耕民族帶來了極大的威脅。在共同面對游牧民族威脅的情境下，從事農耕的各種民族在中國古代封建王朝的統一管理下日趨緊密地融合在一起，採取修建長城障塞等措施來應對游牧民族。中國古代封建王朝爲了實現自身利益的最大化，在積極應對來自北方的威脅同時，也會在自身實力較強的時期從遊牧民族手中奪取適宜耕作的土地，實現自身利益的最大化。在農耕民族給予游牧民族較大的軍事壓力時，游牧民族也會逐漸聯合、組織起來。中國古代封建王朝與北方游牧民族常常出現在長城南北幾乎同時強大、同時衰弱的現象，其中，同時強大的過程往往是農耕和游牧兩個經濟陣營各自內部民族凝聚的過程。

當然，歷史是複雜的。中國古代經濟類型對立、矛盾的同時，兩種經濟類型也存在經濟、文化等領域的相互需要。因此，雙方在矛盾衝突甚至戰爭之外，往往選擇和親、朝貢、互市等方式進行交流。雙方的政權爲了實現自身目的，也會採取民族分化、瓦解和羈縻、懷柔等措施來弱化對方、鞏固自身的統治。因此，在中國這個天然較爲特殊的地理環境中，不同經濟、不同文化的民族之間在相互依存間增加了大量相互滲透、相互融合的機會，也以長城區域爲中心產生了大量既熟悉南方政權管理模式，又熟悉北方政權管理模式的政治勢力。這些在南北矛盾衝突中，這些力量可能通過武力實現南北的統一，並對游牧與農耕兩大經濟區域實施有效統治。這些以武力統一的國家對兩種不同經濟類型民族的有效統治，不斷形成了農、牧兩種類型民族是兄弟民族的概念。唐太宗說：「自古皆貴中華，賤夷、狄，朕獨愛之如一，故其種落依朕如父母。」〔註120〕這可視爲各民族在融合中逐漸實現相互認同的

〔註117〕 〔美〕狄宇宙（Nicola Di Cosmo）：《古代中國與其強鄰——東亞歷史上游牧力量的興起》，賀嚴、高書文譯，北京：中國社會科學出版社，2010 年，第 147 頁。
〔註118〕 《晉書》卷 56《江統傳》，北京：中華書局，2008 年縮印本，第 1532 頁。
〔註119〕 《漢書》卷 49《晁錯傳》，北京：中華書局，2008 年縮印本，第 2281 頁。
〔註120〕 《資治通鑒》卷 198，上海：上海古籍出版社，1988 年，第 1332 頁。

典型事例。隋唐之後，又經歷了長期、複雜的民族矛盾衝突和鬥爭，「長城內外是故鄉」逐漸成為中國各民族的共同認識。清朝中後期開始，西方列強侵入中國。在中華民族面對來自西方的強大外敵時，業已從行政上實現統一併初步實現了認同的農耕民族與游牧民族更為緊密地團結在一起，共同打響了維護國家獨立和領土完整的戰爭。

在中國疆域上生活的各個民族因接觸實現民族文化的相互認識和理解產生「黏合劑」與遷徙實現疊合、外部矛盾加壓強化內部融合的過程，在中國歷史上不斷重複，發生民族融合的範圍也不斷擴大。雖然民族融合在各個時段、多個地域內均在發生，但其中影響最大的是長城南北兩大經濟類型的民族實現融合。而在這兩大民族的融合中，在中國古代封建王朝統治者的管理下，長城發揮了較為突出的作用：在多數時間裏，以建築本體和戰略部署實現了初步隔離，以戰略威懾力實現了有序交流，並有效配合了和親、朝貢等多種有利於增進民族融合的措施。因此，當我們審視中國古代歷史的發展時，我們不能忽略長城所起的作用，尤其是長城所起的隱性作用。

威廉・埃德加・蓋洛在考察長城時指出：「磚石和骨頭就像月光下的其它萬物一樣必然會化為灰燼，但創造了如同長城這般偉業的心智則決不會腐朽和崩潰。」〔註121〕蓋洛所言「心智」，或許是我們所言的「智慧」。中國古代先人通過創造長城這一軍事防禦體系，不僅有效發揮長城本身的作用，還通過長城作用與其它措施的有效配合來更好地達成目的，充分展現了中國古人的智慧。更為可貴的是，蘊含其中的精神力量和文化的影響力也在長城及其它措施的長期配合使用中發揮出了較為明顯的防範不虞的作用。孫中山說：「秦始皇雖以一世之雄，併吞六國，統一中原……為一勞永逸計，莫善於設長城以禦之。始皇雖無道，而長城之有功於後世，實與大禹之治水等。」〔註122〕中國古代先人不斷修建並借助長城來鞏固國防，加上其它各種配套措施共同發揮出了巨大的作用，中國才在各種矛盾衝突和對抗中逐漸實現了國家的統一和民族的融合。在這一進程中，隨著長城作用越來越受到人們的認可，長

〔註121〕〔美〕威廉・埃德加・蓋洛（William Edgar Geil）：《中國長城》，沈弘、惲文捷譯，濟南：山東畫報出版社，2006年，第7頁。

〔註122〕中國社會科學院近代史研究所中華民國史研究室、中山大學歷史系孫中山研究室、廣東省社會科學院歷史研究室合編：《孫中山全集》第6卷《建國方略之一・孫文學說——知難行易（心理建設）》，北京：中華書局，1985年，第188頁。

城與保衛祖國、保衛人民緊密聯繫起來，逐漸成爲愛國主義精神的重要標誌。此外，隨著長城的不斷修建和不斷使用，中華民族的智慧和優秀品質日漸附著在長城的本體及與長城密切相關的人、事、物上，長城也因此逐漸演變爲中華民族的象徵。

第四章　走向世界的長城

　　在世界上，並不是你存在便一定能進入人們的觀察視野。事實上，人類最開始的時候是各自生活，很少交流的。只是隨著時間的推移，生產的發展、物質的交流將人們越來越緊密地聯繫到一起，歷史才越來越成為全世界的歷史。長城走向世界，並最終成為全世界人民共同的長城，也有一個逐漸發展的過程。

　　在中國古代，長城是逐漸被世界各國人民認識的。中國古代擁有相對獨立的地理環境，但沒有完全隔阻古代中國與世界的交流。西亞和中亞、北亞本來就是中西交流的重要區域，中國古代很早便通過這些區域與世界多個國家和民族建立了聯繫。這種聯繫在西漢打通絲綢之路後得到加強，中國古代農耕民族與中亞、西亞甚至歐洲的直接交流，至遲到漢朝時已經實現。中國的東部、南部地區也通過陸路和海路逐漸建立了與周邊國家朝鮮、越南、日本等的聯繫。隨著科學技術的進步，中國與世界的聯繫不斷增強。中國古代多個朝代不斷修建和利用長城的信息，也在中外交流中不斷傳向世界。

　　從世界各地傳回中國的長城信息，讓我們更為深刻地認識和反思長城對於中國與世界的意義和價值，長城研究隨之逐漸走向深入。以長城研究的國際化為契機，長城的豐富內涵正在不斷挖掘出來，對長城的認識也逐漸走向客觀、全面。

第一節　長城：世界語境中不斷變化的中國符號

　　長城是中華民族的代名詞，是中國的名片，這是世界公認的事實。在世界上，與中國毗鄰的國家對長城的認識與中國民眾對長城的認識總體上較為接近，那些曾經較長時間與古代中國保持通貢關係的鄰國在這一點上表現尤為明顯。這些周邊國家在古代歷史上曾經作為中國古代封建王朝的羈縻地

區，有些國家的全部或部分領土甚至曾經由中國古代封建王朝直接統治，一些國家的疆域裏還有中國古代王朝主持修建的長城段落。這些國家的學者在認識和研究長城時，多注意長城的建築構造、修建歷史及其具體作用。20 世紀中葉以後，世界對於長城的認識逐漸趨於同步。因此，本文在分析長城在世界語境中的不斷變化時，更多地側重於與古代中國關係較遠的西方世界對長城的認識。總體上來看，長城作爲中國的符號在世界語境中處於不斷變化的狀態，共出現了三次較大的認識變化。

一、借助想像誇張神話長城的階段

主要以口耳相傳的方式傳入西方世界的長城，此時西方人接收到的長城信息往往需要人們借助自己的想像力來勾畫長城的形象。這些經過頭腦加工的長城形象，往往混雜在西方人的中國印象中，出現在西方的一些著作裏。《舊約》裏記載了秦國及其牆垣〔註1〕，《古蘭經》裏記載了鋼鐵長城〔註2〕，4 世紀時已有學者將中國描寫成「雄偉高大的城牆包圍的地方」〔註3〕，9 世紀時波斯血統的黑衣大食地理學家伊本・胡爾達茲比赫在《道里邦國志》中詳細記載了橫在雅朱者-馬朱者之間的壁壘及其高大的長城門〔註4〕，匈牙利歷史學家在十二三世紀時曾經肯定地認爲匈牙利人是匈奴人的後代〔註5〕……這些記載說明，從長城產生之後不久，有關長城的信息便通過人類的遷徙和物質的交流傳遞到了西方世界，儘管此時的各種信息傳遞並不完全準確。

〔註1〕《舊約全書》記載：「看哪，這些從遠方來，這些從北方來、從西方來，這些從秦國來」；「婦人焉能忘記她吃奶的嬰孩，不憐恤她所生的兒子？即或有忘記的，我卻不忘記你。看哪，我將你銘刻在我的掌上，你的牆垣常在我眼前。」（《舊約全書・以賽亞書》49～12、15、16，見聖經公會 1919 年出版之中文譯本《新舊約全書和合本》，1981 年印製本，第 644 頁。）。

〔註2〕書中記載，在北方盡頭、兩座高山之間鑄造起一座鋼鐵長城，用以防禦野蠻的雅朱者、馬朱者部落入侵。（《古蘭經韻譯》第 18 章《山洞》，林松譯，北京：中央民族學院出版社，1988 年，第 537 頁。）

〔註3〕轉引自〔美〕林霨（阿瑟・沃爾德隆）：《長城：從歷史到神話》，石雲龍、金鑫榮譯，南京：江蘇教育出版社，2008 年，第 263 頁。

〔註4〕〔阿拉伯〕伊本・胡爾達茲比赫：《道里邦國志》，宋峴譯注，郅溥浩校訂，北京：中華書局，1991 年，第 175～181 頁。《道里邦國志》記載了祖革尼（「雙角王」）亞歷山大修築的長城，瓦西格・比拉（哈里發九世阿爾・瓦希克）派塞拉姆・突爾久曼到過那個傳說中用銅鐵鑄成的長城下。

〔註5〕〔匈牙利〕王俊逸：《匈牙利人如何看萬里長城》，《長城國際學術研討會論文集》，長春：吉林人民出版社，1995 年，第 92 頁。

　　16 世紀開始，口耳相傳的長城信息出現在西方著述中的情況逐漸增多。16 世紀初期，葡萄牙人費爾南‧門德斯‧平托記載了中國國王將犯人送去修長城的情況。〔註6〕1570 年，阿伯拉罕‧奧特里厄斯（1527～1598）出版《世界地圖集》，描寫了中國的長城，根據 1606 年英文版的描寫：「北方有韃靼人……他們之間一部分有一道人工修築而成的城牆隔離開來，一部分由連綿數百里的天然山巒作爲屏障相隔。」〔註7〕1584 年亞伯拉罕‧奧爾特留斯繪製了一幅中國地圖，圖上用城堞清晰地展示了長城的大致走向。這幅地圖收入《寰宇全圖》中，圖上所繪應是明長城。〔註8〕1585 年，西班牙人門多薩在《大中華帝國志》中專門介紹了長 500 里格的城牆。〔註9〕17 世紀初期，在世界地圖上標出萬里長城成爲世界地圖學的基本標準。這是世界地圖上標識的唯一建築物。1665 年，意大利衛匡國在《中國新圖》中用自己的考察證明了原來聽說過的萬里長城。〔註10〕從威廉‧林賽 20 世紀 80 年代購買的地球儀上仍有長城來看，世界地圖上取消長城標識是近半個世紀裏發生的事。

　　《馬可‧波羅行記》講述了 13 世紀中國西南和東南部地區的大量見聞，激起了歐洲人對東方的嚮往。16～17 世紀的傳教士和探險者在遊歷世界的過程中抵達中國後，記述中國風貌的同時，留存下來了一些與長城有關的記載。如《旅者帕奇斯》《16 世紀的中國：馬修‧里奇旅行記：1563～1610》等書籍中，對 16 世紀的長城有所記述。這些記述裏，長城的長度多描述在 500 千米到 2000 千米之間。此時的學者已經認識到，中國有以天然的高大岩石與填補空白的石頭工事共同構成長城。〔註11〕

〔註6〕〔葡萄牙〕費爾南‧門德斯‧平托：《葡萄牙人在華見聞錄》，王鎖英譯，海口：海南出版社，1998 年，第 221～223 頁。

〔註7〕轉引自〔美〕林霨（阿瑟‧沃爾德隆）：《長城：從歷史到神話》，石雲龍、金鑫榮譯，南京：江蘇教育出版社，2008 年，第 265 頁。

〔註8〕〔英〕威廉‧林賽：《兩個威廉與長城的故事》，李竹潤譯，北京：清華大學出版社，2012 年，第 9 頁。

〔註9〕〔西班牙〕門多薩：《中華大帝國史》，何高濟譯，北京：中華書局，1998 年，第 27 頁。

〔註10〕Novus Atlas Sinensis, by Martino Martini, Amsterdam: Blaeu, 1665, pp15～16. 轉引自周寧：《「萬里長城建造時」：卡夫卡的中國神話》，《廈門大學學報（哲學社會科學版）》2002 年第 6 期，第 92 頁。

〔註11〕轉引自〔美〕林霨（阿瑟‧沃爾德隆）：《長城：從歷史到神話》，石雲龍、金鑫榮譯，南京：江蘇教育出版社，2008 年，第 264～265 頁。

在傳教士與探險者記載長城各類信息的過程中，一些或者發自內心或者有所誇大的評價也記載了下來。亞科布斯·戈里厄斯（1596～1667）通過研讀阿拉伯文獻，記載了探險者們關於中國長城的信息：「城牆圍繞著他們的土地和耕地以及所有的住房，從西到東要有 23 天的行程。」1692 年，丹麥人 E.伊斯博蘭茲·伊德斯陪同俄國使團進入北京時，記載了陪同官員告訴他們的信息：「一個人沿著長城走需要三年時間才能走完。」〔註12〕比利時傳教士南懷仁（1623～1688）見到明長城後說：「世界七大奇跡加在一起也比不上中國的長城，歐洲所有出版物中關於長城的描述，都不足以形容我所見到的長城的壯觀。」〔註13〕

16～17 世紀時，中國富有而廣闊的信息已經逐漸被西方人接受，探索神秘的中國成為西方人熱衷的事情。但是，此時西方獲得的有關中國的信息，往往是通過傳教士和探險者來傳遞的。這些傳教士和探險者傳遞的信息，多是根據所見進行初步聯想之後的，比如僅僅看到北京區域的長城，便將整個中國的長城全部想像成如同北京周邊的明長城一樣的結構和建築模式等。傳教士與探險者傳遞的信息中已經存在部分對長城不完全準確的信息，更在有意無意的想像和誇張中將明長城與秦長城進行了勾連，又在有意無意中對長城進行了誇張描述。於是，在信息還不通暢的西方曾經出現了神話長城的過程。林霨引用了威廉姆·A.阿普勒頓的分析，這些分析的對象雖然是 17～18 世紀英國人眼裏的中國形象，但也可以略見西方人眼里長城形象出現神話過程的基本原因：「17、18 世紀期間，神話中國被創造出來。它大致是一個綜合性產物——斯圖亞特王朝和奧古斯丁時代英國人想像中的中國在基督教徒的眼裏變了形，它與奇彭代爾的技巧、戈德史密斯的智慧和儒教的信神聯繫到了一起。很少有大英帝國的旅人會帶回一手資料，而真正的漢學家又更少。」〔註14〕

在 18 世紀以前，因為認識不全面而在西方人眼裏仍帶著神秘色彩的中國，以絲織品和陶瓷等精湛的物品征服了西方世界的同時，也在馬可波羅等

〔註12〕轉引自〔美〕林霨（阿瑟·沃爾德隆）：《長城：從歷史到神話》，石雲龍、金鑫榮譯，南京：江蘇教育出版社，2008 年，第 266 頁。

〔註13〕Ferdinand Verbiest，Voyages de l'empereur de la Chine dans la Tartarie, Paris: Estienne Michallet, 1685，pp38～39. 轉引自周寧：《「萬里長城建造時」：卡夫卡的中國神話》，《廈門大學學報（哲學社會科學版）》2002 年第 6 期，第 92 頁。

〔註14〕轉引自〔美〕林霨（阿瑟·沃爾德隆）：《長城：從歷史到神話》，石雲龍、金鑫榮譯，南京：江蘇教育出版社，2008 年，第 268 頁。

商旅和傳教士的渲染下形成了高大、富裕的形象。在古代中國基本形象的影響下，西方人在以想像填補中國長城的空白時，往往傾向於運用高大、雄偉等美妙的聯想。這些帶著想像和誇張成分的記載，與寫實的長城內容同時載諸文獻，爲尋繹中國長城在西方的神話過程找到了依據。

二、通過比較批判認識長城的階段

中國的長城眞的這麼高大？中國的長城眞的這麼偉大？當 17 世紀的人們不斷對中國的長城進行想像、誇張的描述時，對長城的質疑已經產生。1694年，約納斯·洛克納伊斯以《論中國萬里長城》爲題，首次梳理西方人們眼中的中國長城觀念。他在論文中「以一種理性的懷疑態度評論了有關長城幾乎不爲人知的內容」，並得出長城是世界奇跡的結論，但「他的作品展示出他在創作時長城的概念有多麼不確定，多麼動蕩多變」。〔註15〕

18 世紀啓蒙思想家掀起的新思維與此後的理性主義思潮一起，對長城的作用及其偉大形象繼續進行了質疑。他們開始進行中西比較，對此前的長城觀點進行批判和辯駁。

英國人笛福（1660～1731）在《魯濱孫歷險記》中詳細記載了穿越長城的歷險經歷。文中說：「兩天以後，我們走過了中國的長城，這是阻遏韃靼人的一種防禦建築，是一項十分偉大的工程，蜿蜒在崇山峻嶺之上，但有的地方也並非必要，因爲那裡的陡崖峭壁難以逾越，敵人不可能通過，甚至連爬上來也不可能，而有的地方如果他們爬了上來，那麼任什麼城牆也擋不住他們。」笛福雖然認爲長城是一項偉大的工程，但也認爲它「大而無當」〔註16〕。這種用小說爲口吻寫出來的長城中，已經帶有對長城軍事作用的質疑。

此後較長一段時間裏，西方學界對長城的軍事作用多持否定態度。A.歐文·阿爾德里奇在《伏爾泰和中國崇拜》一文中詳細闡述了伏爾泰對長城的認識變化過程：《風俗論》中，伏爾泰在承認長城是一項偉大的建築工程，「無論是規模還是用途都遠遠超過埃及的金字塔」。但他認爲長城在抵禦中國的敵人時其實並沒有什麼用處。《哲學詞典》中，伏爾泰將長城視爲「一項偉大的

〔註15〕　約納斯·洛克納伊斯：《論中國萬里長城》，烏普薩拉：亨里庫斯·凱瑟，1694
　　　　年。轉引自〔美〕林霨（阿瑟·沃爾德隆）：《長城：從歷史到神話》，石雲龍、
　　　　金鑫榮譯，南京：江蘇教育出版社，2008 年，第 273 頁。
〔註16〕　〔英〕丹尼爾·笛福著：《魯濱孫歷險記》，黃杲炘譯，上海：上海譯文出版
　　　　社，1998 年，第 557～558 頁。

工程」。《中國書信》中認為長城「體量巨大、毫無用處，而且不幸的是在開始時顯得很有用，它並沒有能夠保衛帝國。」謝瓦利埃・德・若古・路易（1704～1780）在為狄德羅的《百科全書》撰寫「長城」詞條時，大量引用了伏爾泰的觀點，將長城描述成「一座比埃及金字塔體量更大的豐碑，長 500 里格，建於公元前 139 年」。〔註 17〕

從 18 世紀開始，西方對長城的觀念出現了極為明顯的兩種傾向，神往誇大和懷疑諷刺幾乎同時存在。1778 年，約翰遜用戲謔的口吻勸鮑斯韋爾〔註 18〕去參觀「中國萬里長城」，給的理由是這樣做會「十分重要，使你的孩子成為名人之後。他們的頭上將會因為你的精神和好奇心而產生光環。他們將會眾生被當做以為去看過中國萬里長城的人的子孫」。〔註 19〕這種朋友間的調侃說明，在當時如果能前往中國參觀長城仍是一件讓很多人欣羨的事，此舉能讓人迅速出名並得到探索精神和勇氣等方面的肯定。不久，馬戛爾尼（1737～1806）率團謁見乾隆，經過古北口。他在這次出使之後對長城的意義進行了總結：「在〔長城〕修築的遙遠時代，中國一定不僅是一個非常強大的國家，而且是一個非常智慧、善良的民族，或者至少具有這樣為子孫後代考慮的遠見卓識，以至於建立起當時被認為是能夠幫助他們抵禦外敵的永久性安全措施，他們選擇自己負擔起包括人力和財力在內的巨大費用，而不是將危險留給後代，讓他們依賴偶然性對策。她一定還有過人的警惕性和識別能力，能夠從每一個當前的事件中獲益，抓住適當的和平時機來實施這樣範圍廣、難度大的工程。」〔註 20〕林霨認為馬戛爾尼的長城評論「全面地總結出當代歐洲人對長城意義的看法」〔註 21〕。

〔註 17〕轉引自〔美〕林霨（阿瑟・沃爾德隆）：《長城：從歷史到神話》，石雲龍、金鑫榮譯，南京：江蘇教育出版社，2008 年，第 269 頁。

〔註 18〕《威爾遜傳》的作者。

〔註 19〕轉引自〔美〕林霨（阿瑟・沃爾德隆）：《長城：從歷史到神話》，石雲龍、金鑫榮譯，南京：江蘇教育出版社，2008 年，第 271 頁。

〔註 20〕〔英〕喬治・L.斯通頓：《大英帝國皇帝特派往中國皇帝公使的權威報告》，倫敦：G. 尼科爾出版社，1797 年，第 184 頁。轉引自〔美〕林霨（阿瑟・沃爾德隆）：《長城：從歷史到神話》，石雲龍、金鑫榮譯，南京：江蘇教育出版社，2008 年，第 271～272 頁。

〔註 21〕〔美〕林霨（阿瑟・沃爾德隆）：《長城：從歷史到神話》，石雲龍、金鑫榮譯，南京：江蘇教育出版社，2008 年，第 271 頁。

　　馬戛爾尼及其使團成員爲西方人描繪並固化了人們對長城的不少印象。
比如約翰・巴羅（1764～1848）出版《中國之旅》，在其中以薊鎮長城的基本
情況測算了萬里長城使用的磚石量，以長城和英格蘭、蘇格蘭的住房進行比
較，也以磚石鋪砌赤道進行分析，給人們留下了深刻的印象。〔註22〕亨利・
威廉姆・帕里斯以立視圖和斷面圖「爲長城提供了一種科學上確定無疑的（非
眞實）感覺，而他那關於長城曲折蜿蜒於群山之上的浪漫化觀點爲隨後一個
世紀人們廣泛摹寫提供了摹本」〔註23〕。此後，西方人從老龍頭到居庸關的
大量遊記，將長城建築的宏偉用照片和描述進行了更多的記錄。這些主要以
明薊鎮長城爲實體的照片不斷成爲西方人認識中國長城的依據，並將此形象
固化遷移到認識中國歷代、各地長城上。這些認識強化了長城作爲偉大建築
的形象。西方人也逐漸開始接受類似「暴君專制統治下這個子女眾多的民族
的完成的工程，是一件多麼容易的事」〔註24〕的觀點。

　　1840 年鴉片戰爭爆發前後，大量西方人湧入中國參觀長城等此前讓他們
倍感神奇的事物。此時，西方已經基本上完成了第一次工業革命，生產力出
現了較大提升；而中國已經實現了長城南北的統一近 200 年，長城早就主要
作爲「但以雄關存舊跡」「但留形勝壯山河」〔註25〕的歷史遺跡而存在。在這
種背景下，馬戛爾尼使團經過長城時發現，「陪伴外交使團的滿族人似乎沒有
一個對它表示出任何興趣」，僅僅「以漠然的目光」來看待長城〔註26〕。西方

〔註22〕　〔英〕約翰・巴羅：《中國之旅》，費城：W.F.麥克拉福林出版社，1805 年，
　　　　　第 224 頁。轉引自〔美〕林霨（阿瑟・沃爾德隆）：《長城：從歷史到神話》，
　　　　　石雲龍、金鑫榮譯，南京：江蘇教育出版社，2008 年，第 271 頁。
〔註23〕　〔美〕林霨（阿瑟・沃爾德隆）：《長城：從歷史到神話》，石雲龍、金鑫榮譯，
　　　　　南京：江蘇教育出版社，2008 年，第 272 頁。
〔註24〕　〔法〕路德維克・赫伯特：《環球旅行記》，巴黎：普隆出版社，1872 年。轉
　　　　　引自〔美〕林霨（阿瑟・沃爾德隆）：《長城：從歷史到神話》，石雲龍、金鑫
　　　　　榮譯，南京：江蘇教育出版社，2008 年，第 273 頁。
〔註25〕　這些是康熙、乾隆等清朝皇帝與臣子前往承德圍場過程中，經過古北口時留
　　　　　下的詩句，這些詩句說明清朝當時已經有了將長城作爲歷史遺跡來保存的願
　　　　　望，羅哲文對此曾撰文說明。（羅哲文：《中華悠久歷史的豐碑，世界古代工
　　　　　程的奇跡——論長城的歷史地位、現實意義、國際影響和保護措施》，《長城
　　　　　國際學術研討會論文集》，長春：吉林人民出版社，1995 年，第 12 頁。）
〔註26〕　喬治・萊奧納德・斯通頓：《大英帝國皇帝特派往中國皇帝公使的權威報告》，
　　　　　倫敦：G. 尼科爾出版社，1797 年，第 184 頁。轉引自〔美〕林霨（阿瑟・沃
　　　　　爾德隆）：《長城：從歷史到神話》，石雲龍、金鑫榮譯，南京：江蘇教育出版
　　　　　社，2008 年，第 279 頁。

也開始有人經過研究西方世界的證據，將長城稱為「中國欺世盜名的最典型範例」〔註27〕。O.E.馮莫倫德夫在《中國長城》一文中，進一步用中國文獻指出了西方人對長城認識的一些不合理之處。不久，關於長城的存在及其價值在西方掀起了辯論的熱潮。〔註28〕

在對長城進行辯論的過程中，一些學者逐漸將長城的存在與中國幾千年的封建社會聯繫到了一起。德國學者F.史萊格爾認為長城是「中國的本質的象徵」，是「中國歷史的偉大事實，也是理解中國歷史的關鍵，實際上中國根本沒有歷史，中國的一切都是像長城那樣凝滯，千年不動。」〔註29〕此後「從赫爾德到謝林、黑格爾，都將地理文化上的東方性、政治上的專制主義、精神上的愚昧保守以及歷史的停滯當作所謂『中國的本質』」〔註30〕。這種觀念一直影響到卡爾‧馬克思的觀念，他將中國長城視為「最反動最保守的堡壘」〔註31〕。這些在中西比較中形成的觀念不僅影響著當時西方人對當時中國和長城的判斷，也在此後近300年間對中國的一些學者產生了重要影響，以《河殤》等作品為代表，中國也出現了一批批判和質疑長城歷史作用的聲音。

在一些學者質疑長城的同時，西方另外一些學者極力尋找證據來證明長城的偉大。這些學者從羅馬的衰落中找到靈感，F.J.梯加特通過比較公元前58年到107年的戰爭發現，「每一次歐洲的蠻族起義都發生在羅馬帝國東部邊界或是中國的『西域』戰爭之後，」「歐洲的40次暴亂中，有27次與漢朝的西域政策有關，或者至少與這個政策所引起的局勢變化有關。」〔註32〕林霨認為這是「潛在地告訴別人：長城的修築隔絕了到當時為止一直掠奪中國的匈

〔註27〕 〔英〕查爾斯‧威廉姆‧沃爾：《猶太人古代正字法檢查》，倫敦：威泰克公司，1841年，第335～337頁。轉引自〔美〕林霨（阿瑟‧沃爾德隆）：《長城：從歷史到神話》，石雲龍、金鑫榮譯，南京：江蘇教育出版社，2008年，第276頁。

〔註28〕 轉引自〔美〕林霨（阿瑟‧沃爾德隆）：《長城：從歷史到神話》，石雲龍、金鑫榮譯，南京：江蘇教育出版社，2008年，第276頁。

〔註29〕 轉引自周寧：《「萬里長城建造時」：卡夫卡的中國神話》，《廈門大學學報（哲學社會科學版）》2002年第6期，第94頁。

〔註30〕 周寧：《「萬里長城建造時」：卡夫卡的中國神話》，《廈門大學學報（哲學社會科學版）》2002年第6期，第94頁。

〔註31〕 〔德〕馬克思、恩格斯：《國際述評（一）》，《馬克思恩格斯全集》第7卷，北京：人民出版社，1959年，第265頁。

〔註32〕 〔美〕費雷德里克.J.梯加特：《羅馬與中國──歷史事件的關係研究》，丘進譯，鄭州：大象出版社，2009年，第7～8頁。

奴，迫使他們進入遷徙狀態，而這種狀態直到他們洗劫了偉大的西方首都後才結束」。〔註33〕客觀地來看匈奴的西遷，我們不能否認漢朝的強大，也不能否認長城及其各種配套設施的有效防衛給匈奴西遷帶來的影響。但是，無論當時西方人如何看待長城的作用，長城眞正給西方人的衝擊仍主要是因爲它的體量。長城作爲「人類唯一傑作，其宏大體量足以在人們匆匆瀏覽地球表面時引起他們的注意」〔註34〕，這種經過想像無限誇大的長城形象使長城「這些工事已不僅僅是世界奇跡，甚至不僅僅是中國人（更廣義地說是人類）會感到自豪的工程」。〔註35〕威廉・埃德加・蓋洛關於大概只有吳剛在月球上才能看長城全貌的想像〔註36〕，在人們的口說流傳中逐漸演化成了從月球上能看到長城的「事實」得以爭相傳遞，而他結合秦、明兩條萬里長城得出的「兩千多年來，長城爲保衛國家和平及消除緊張局勢作出了貢獻。了不起的長城！」〔註37〕這種結論受到的關注卻不多。

三、結合文獻考古闡釋長城的階段

　　從 19 世紀末期開始，西方學者關於長城的觀點與中國學者對長城的認識開始出現對話的情況，也是從這時候開始，中西方學者通過中國文獻和實地的考古調查相結合，在世界上掀起了對長城進行闡釋的熱潮。1900 年，喬爾諾基・葉諾（Jeno, Cholnoky）在徒步 6000 千米對中國的岩石和古生物進行系統調查，在其出版古岩石學專著中，根據他到南口、古北口、山海關等地考察的情況，展開了對羅馬帝國邊牆和中國漢長城的比較，認爲中國長城是偉

〔註33〕 〔美〕林霨（阿瑟・沃爾德隆）：《長城：從歷史到神話》，石雲龍、金鑫榮譯，南京：江蘇教育出版社，2008 年，第 277 頁。

〔註34〕 評論見 1893 年《世紀插圖月刊》，轉引自〔美〕林霨（阿瑟・沃爾德隆）：《長城：從歷史到神話》，石雲龍、金鑫榮譯，南京：江蘇教育出版社，2008 年，第 277 頁。

〔註35〕 〔美〕林霨（阿瑟・沃爾德隆）：《長城：從歷史到神話》，石雲龍、金鑫榮譯，南京：江蘇教育出版社，2008 年，第 279 頁。

〔註36〕 蓋洛在《中國長城》中多次提及月球及吳剛。比如：「曾經有人明智地指出，這個綿互不絕、被中國的文人稱做『萬里長城』的建築，也許只有神秘的月中人吳剛才能夠清楚地描述它，假如這個神話人物確實存在，並且和我們具有相同能力的話。」（〔美〕威廉・埃德加・蓋洛（William Edgar Geil）：《中國長城》，沈弘、恽文捷譯，濟南：山東畫報出版社，2006 年，第 14 頁。）

〔註37〕 〔美〕威廉・埃德加・蓋洛（William Edgar Geil）：《中國長城》，沈弘、恽文捷譯，濟南：山東畫報出版社，2006 年，第 41 頁。

大的城牆，是爲偉大的民族所建築的。〔註38〕威廉‧埃德加‧蓋洛在 1909 年
出版《中國長城》一書，眞實記載考察隊第一次徒步考察中國長城全線的情
況。幾乎同時段內，斯坦因在中國西部發現了漢長城，「我在第二第三兩次考
古時，曾蹤尋此古代長城（即漢長城）的遺跡：自疏勒河尾的沼澤起，至黑
水止，長不下 400 里。……關於奇趣橫生的發見，及尋獲物品，我曾有詳細
的報告。這種尋獲與發現，即是我沿漢代長城測量、發掘所得到的古物。長
城所經諸地的自然形勢，與其廢墟遺址保存的狀況，實與我們以地理上的興
趣（敦煌以西尤引人入勝）。」〔註39〕斯坦因不僅記錄下了一些長城烽燧，留
意到當時修築長城借助天險如湖澤來代替城牆的情況，更通過比較認爲秦始
皇長城純粹是防禦性質，而漢武帝的長城是作爲大規模進攻政策的工具。這
些比較雖然不一定完全正確，但斯坦因的努力開啓了此後近 50 年中外考古學
者對秦漢長城的考察和研究。通過大家的共同努力，秦、漢長城的情況初步
得到澄清。1918 年，張相文發表文章提醒讀者，常常能見到的長城是明長城，
不能與早期長城混淆。〔註40〕

　　幾乎與大量結合文獻資料和考古調查同步，長城在愛國志士的筆下，成
爲愛國救亡運動的旗幟。以孫中山爲代表，一些革命志士通過歷史文獻資料
深入挖掘長城保護人民生命財產安全、和平發展等方面的價值和意義，對長
城的部分價值進行了大力弘揚，「始皇雖無道，而長城之有功於後世，實與大
禹之治水等。」〔註41〕魯迅 1925 年 5 月 15 日發表文章認可長城的力量、長
城的尊嚴，也初步認識到長城與中國古代封建社會強控性之間的關係，不否
認長城給當時修建長城的人們帶來的苦難，將它視爲「令人敬畏、遭人詛咒
的長城」〔註42〕。到 20 世紀 30 年代，雖然「其破碎華離而不可究詰者，則

〔註38〕〔匈牙利〕王俊逸：《匈牙利人如何看萬里長城》，《長城國際學術研討會論文
　　　　集》，長春：吉林人民出版社，1995 年，第 94 頁。
〔註39〕〔英〕斯坦因：《亞洲腹地》，孫守先譯，魏長洪、何漢民編：《外國探險家西
　　　　域遊記》，烏魯木齊：新疆美術攝影出版社，1994 年，第 161 頁。
〔註40〕張相文：《長城考》，《地理雜誌》1914 年第 5 卷第 9 期，第 1～3 頁。
〔註41〕中國社會科學院近代史研究所中華民國史研究室、中山大學歷史系孫中山研
　　　　究室、廣東省社會科學院歷史研究室合編：《孫中山全集》第 6 卷《建國方略
　　　　之一‧孫文學說——知難行易（心理建設）》，北京：中華書局，1985 年，第
　　　　188 頁。
〔註42〕魯迅（周樹人）：《長城》，《魯迅全集（第 3 卷）》，上海：新華書店，1981 年，
　　　　第 58～59 頁。

莫不蓄疑於長城」〔註43〕，但王國良、壽鵬飛、張維華等學者感於時事，在文獻中盡力耙梳辨析，寫出了大量以長城爲主題的學術研究作品。

　　從 19 世紀末到 20 世紀中葉，多國政治勢力通過各種手段正對中國進行分化、瓦解和殖民統治，研究中國的各種學術力量中也有一些帶著政治目的。在中國國內的政治力量開始大量借助長城來影響民眾時，日本、俄國等國的一些學者用長城來做文章，試圖通過佔領長城的宣傳、認爲柳條邊是長城的報導等來影響國際視聽。這些以學術爲幌子而進行政治圖謀的做法引起了中國民眾的強烈反對，掀起了中國學者宣傳長城精神的熱潮，也引起了西方學者對中國人抵抗意志的更多關注。拉鐵摩爾以《日本佔據長城的歷史意義》爲題撰文，探討中日長城抗戰中長城的政治意義，該文後來收入在他於 1962 年出版的《邊界歷史研究：1928～1958 年論文選編》一書中。也正是這一時期，中國人民團結一致抵抗侵略勢力活動與兩次世界大戰形成有效配合，爲中國在近現代世界舞臺上贏得了初步認可。

　　雖然這一時期結合文獻和考古資料闡釋長城的過程帶有一些民族情緒，但這一時期的長城研究已經隨著文獻的深入挖掘進入了一個嶄新的階段。1915 年開始，稻葉君山（始名稻葉岩吉）的《何謂柳條邊牆》《防禦女眞的東部邊牆》《凹字形邊牆》等文章置於《滿洲發達史》中，書中將屯田、朝貢、馬市、道路等與長城有著密切關係的各種問題進行綜合分析，成爲日本學者對中國東北地區長城研究的代表作品。1922 年，那波利貞將長城的築造情況與中華民族的民族心理結合起來進行考察，這是從心理學角度認識長城的早期代表作。1934～1939 年，B·B·包諾索夫通過對「成吉思汗邊牆」遺址的考察，初步認定「成吉思汗邊牆」中的一些段落應屬於金代所修的邊牆。文中公佈了大量測量數據和歷史遺存，可視爲對中國境外長城遺存的較早實測和考古研究。1939 年，拉鐵摩爾站在邊疆史地研究的高度，對長城南北進行分析比較，突破了中國學者習慣站在農耕政權立場看待長城的局限，初步闡釋了中國農耕政權逐漸發展「硬邊界」來應對農牧差異的問題。1937 年斯文·赫定完成了《斯文·赫定博士領導的中國—瑞典考察團在中國西北各省科學考察的報告》（簡稱《西北科學考察報告》）35 卷的出版，書中公佈的大量信息中包含了秦漢古長城沿線的地質學、地磁學、氣象學、天文學、人類學、

〔註43〕　白眉初：《中國長城沿革考序》，王國良：《中國長城沿革考》，上海：商務印書館，1933 年，第 1 頁。

考古學、民俗學等內容，這些可以視爲長城區域研究的代表。1944 年植村清二出版《萬里長城》一書，以歷史脈絡梳理並分析了中國歷代長城的消長及中國古代政治、經濟、文化等多方面的問題，成爲將中國長城置於歷史大背景中進行修建沿革闡述的代表作。雖然國際上確實有些關於長城的輿論導向，但從整體上來看，此時國際學者對長城的研究是具有較高學術水準的。這些國際學者對長城的研究成果與中國學者的研究互相辯駁，互相補充，形成了長城研究的重要階段。

　　從 19 世紀末期到 20 世紀中葉，世界給中國人民帶來了苦難和壓力。但是，中國人民逐漸以長城爲旗幟，凝聚在一起進行愛國救亡行動。在這個過程中，中國學者研究長城的熱情被充分調動起來，他們的研究成果與世界研究成果一起，得到了世人的共同關注。林霨在浩如煙海的西方文獻中梳理中國長城在西方印象的基本脈絡後認爲，歐美人士「徹底地改造了原本受到中國文人雅士嘲諷的明代防禦工事」〔註 44〕，孫中山在考慮到「長城在日常生活中被逐漸當做民族的象徵，它部分滿足了（中國的現代身份感）這種需求」，「率眞地開始將長城變成一種民族的進步象徵」。〔註 45〕這種分析抓住了中國長城在清朝很少被正面提及這一重要現象。不容否認，在中華民族遭遇外敵入侵時，默默守護了中華民族數千年的長城得到了孫中山等有識之士較多的宣傳，使業已存在於人民心目中的長城與愛國主義精神更爲緊密地結合起來。但需要留意的是，如果林霨對西方長城印象的梳理不存在片面的情況，那麼，至少在 20 世紀之前的西方看到的長城，多是立足於西方對中國的印象，最側重的是長城建築體量的龐大和長城景觀的壯美。以體量和景觀而震撼西方的長城，是不足以激發中國人愛國熱忱的。實際上，長城對民眾的保護在幾千年間通過統治者的宣傳、民眾的感受等已經逐漸深入人心，南朝名將檀道濟將自己比喻爲「萬里之長城」〔註 46〕時，長城已經融入了國防意識和愛國情結。至於長城在清朝很少被正面提及與中國民眾顧及統治者的感受有關，畢竟明朝曾使用長城對清朝進行過較長時間的有力防禦，若不是吳三桂投降，清軍也難以入關進而統治全國。

〔註44〕　〔美〕林霨（阿瑟·沃爾德隆）：《長城：從歷史到神話》，石雲龍、金鑫榮譯，南京：江蘇教育出版社，2008 年，第 279 頁。
〔註45〕　〔美〕林霨（阿瑟·沃爾德隆）：《長城：從歷史到神話》，石雲龍、金鑫榮譯，南京：江蘇教育出版社，2008 年，第 279～281 頁。
〔註46〕　《宋書》卷 43《檀道濟傳》，北京：中華書局，2008 年縮印本，第 1344 頁。

　　總的來看，從長城的信息傳入世界的那一刻起，世界對長城這一中國符號的認識和解讀不斷發生變化。在中華人民共和國成立之前，世界對中國長城的認識總體上可以分爲上述三個階段。在這三個階段中，世界對長城的認識和闡釋與中國在世界上的相對實力存在著一定的聯繫：中國在世界上被視爲強國時，長城的形象相對高大；西方的經濟實力超越中國時，長城遭遇大量質疑，儘管這種對長城質疑和否定隨著世界對長城研究的深度與廣度的增加呈現逐漸減少的趨勢。從某種意義上說，20 世紀中葉前長城在世界上的中國符號意義是較爲明顯的，這不僅體現在民眾的認識上，也體現在世界對長城的研究上。

第二節　文化遺產：穩步展開的保護與研究工作

　　第二次世界大戰結束後，保護文化遺產逐漸受到國際社會的重視。中華人民共和國成立後，全國各族人民共同建設家園的同時，長城的保護和研究工作也逐漸展開。1952 年，時任政務院副總理兼文教委員會主任的郭沫若提出維修長城向國內外開放的建議，羅哲文以居庸關和八達嶺作爲考察點開始了實地勘察。1984 年，時任中共中央政治局委員的習仲勳和時任中共中央顧問委員會主任的鄧小平分別爲活動題詞：「愛我中華，修我長城」，在全國掀起了修復長城的熱潮。1987 年，長城作爲「全人類最令人震撼的文化遺產之一」成爲我國首批列入《世界遺產名錄》的世界文化遺產。剛剛在長城精神鼓舞下走出深重災難的中國各族人民，帶著對祖國的深情，對長城展開了全面的研究，並在研究的基礎上展開了長城的宣傳、保護和利用。這一階段的長城研究中，不僅有學者主動進行的各項研究工作，也有在政府組織下開展的研究工作；不僅中國學者大量關注並對長城進行了深入研究，國外學者對長城的研究也逐漸走向了深入、全面。從整體上來看，長城的保護和研究工作呈現出百花齊放、百家爭鳴的局面。

一、國家大力支持長城保護與研究

　　長城是中國歷史上的重要文物，清朝和民國時便已具有保護意識，採取了一些保護行動。中華人民共和國成立後，中央人民政府和主管部門很快便發布了對長城進行保護與維修的命令、指示和條例。與此同時，主管部門還派出專家學者對長城進行考察。在調查研究的基礎上，從 1961 年開始，山海

關、居庸關、八達嶺、嘉峪關、玉門關、金山嶺、居延（烽燧、塞牆）等長城段落相繼成為國家重點文物保護單位，成為省、市、縣各級保護單位的段落數以百計。「考慮到長城的規模太大，保存的情況不一，有些地段殘毀過甚，根本無法恢復，也無必要全部修復的具體情況」，國家對長城制定了「全面保護，重點維修，重點開放」的方針。〔註47〕根據郭沫若1952年的提議和鄧小平等人1984年的倡導，居庸關、八達嶺、山海關、嘉峪關、金山嶺等長城段落陸續得到了維修。這些長城段落率先得到了修復，並在配合國家接待和旅遊開發等實際活動中「為宣傳教育、改革開放、旅遊事業的發展都作出了貢獻」。〔註48〕

在國家大力支持「重點維修，重點開放」長城段落的同時，國家也著力組織力量開始了「全面保護」的工作。在「全面保護」展開的第一步工作便是「查清現存情況的考察和研究工作」，掌握「長城的真實長度、分佈情況、位置走向、殘毀程度及其歷史、藝術、科學價值等」〔註49〕。受長城歷史悠久、分佈範圍廣泛、歷史與現狀複雜等多方面因素的影響，這一工作持續展開了數十年，取得了豐碩成果，至今尚未全部完成。在這幾十年間，對長城進行查清「家底」的調查與研究工作中有兩個重要的節點。

第一個重要節點是1979年的長城保護研究會議。這一會議由國家文物局組織在內蒙古自治區呼和浩特召開。會上，國家文物局向長城沿線各有關省、市佈置了工作，並安排了調查研究的工作經費。這次會議是國家文物局1978年組織加大規模的長城調查工作的階段總結會。會後，在國家文物局的組織下，各地在1978～1984年間對當地長城進行了較大規模的調查。這些調查後來與1981年開始的第二次全國文物普查相結合，取得了較為突出的成果。這一階段的長城調查主要涉及先秦長城、秦漢長城和金界壕的省、市、自治區均組織文物普查工作隊，基本查清了本轄區內長城的分佈、走向和現狀，為先秦、秦漢及金的長城研究提供了極為珍貴的第一手資料。這些研究成果已

〔註47〕羅哲文：《中華悠久歷史的豐碑，世界古代工程的奇跡——論長城的歷史地位、現實意義、國際影響和保護措施》，《長城國際學術研討會論文集》，長春：吉林人民出版社，1995年，第15頁。

〔註48〕羅哲文：《中華悠久歷史的豐碑，世界古代工程的奇跡——論長城的歷史地位、現實意義、國際影響和保護措施》，《長城國際學術研討會論文集》，長春：吉林人民出版社，1995年，第16頁。

〔註49〕羅哲文：《中華悠久歷史的豐碑，世界古代工程的奇跡——論長城的歷史地位、現實意義、國際影響和保護措施》，《長城國際學術研討會論文集》，長春：吉林人民出版社，1995年，第15頁。

經通過學者的專著和論文得到了較好的展示，《中國文物地圖集》中標識的長城基本上涵括了這一時期的調查結果。

在國家的支持下，大量先進的科學技術手段不斷投入長城的調查研究中。1987 年，學者利用航空遙感技術對北京地區的長城現狀進行了調查研究。1990～1992 年，學者再次利用遙感技術對寧夏境內長城現狀進行全面調查。通過對磚石壘砌和土夯版築兩種結構的分佈、格局及殘存現狀的調查和比較，通過遙感技術的判譯，結合史料、前期學者研究著述和實地驗證，學者為後期使用遙感技術開展長城全線的調查鋪平了道路。〔註50〕

第二個重要節點是 2005 年《「長城保護工程（2005～2014 年」總體工作方案》的發布。在前期國家的大力支持下取得長城調查研究豐碩成果的情況下，作為國家巨型線性文化遺產的長城「仍不可避免地面臨著自然侵蝕以及旅遊開發、城市發展等人為因素帶來的威脅」，為了「妥善保護這一極為珍貴的文化遺產」，為了「摸清長城家底，切實做好長城保護工作」的情況下，國家文物局於 2006 年 2 月正式啟動了長城保護工程，「爭取用較短的時間摸清長城家底、建立健全相關法規制度、理順管理體制，在統一規劃的指導下，科學安排長城保護維修、合理利用等工作，並依法加強監管，從根本上遏制對長城的破壞，為長城保護管理工作的良性發展打下堅實的基礎」。〔註51〕這一保護工程計劃分為明長城與秦漢長城及其它時代長城兩個階段進行。2009年，國家文物局公佈了明長城東起遼寧虎山、西至甘肅嘉峪關共 10 個省、市、自治區的實測結果，遼寧、河北、天津、北京、山西、內蒙古、陝西、寧夏、甘肅、青海省內 156 個縣境內的明長城總長為 8851.8 千米。〔註52〕2012 年，秦漢及其它時代的長城測量數據分省陸續公佈，截至該年 6 月，經國家文物局認定的中國歷代長城遺跡總長已達 21196.18 千米。〔註53〕作為這一次長城

〔註50〕 黎風、顧巍、曹燦霞：《寧夏長城航空遙感調查研究》，《長城國際學術研討會論文集》，長春：吉林人民出版社，1995 年，第 300～308 頁。
〔註51〕 國家文物局：《序》，《長城資源調查工作文集》，北京：文物出版社，2013 年，第 1～2 頁。
〔註52〕《明長城總長 8851.8 千米——明長城資源田野調查及長度量測工作取得重大成果》，中華人民共和國國家文物局網，http://www.sach.gov.cn/art/2009/4/18/art_1662_111457.html。
〔註53〕《長城保護宣傳暨長城資源調查和認定成果發布活動舉辦》，中華人民共和國國家文物局網，2012 年 6 月 7 日，http://www.sach.gov.cn/art/2012/6/7/art_1662_110760.html。

調查的成果，各省長城資源調查報告正陸續出版發行。

學者梳理長城資源調查項目立項的過程發現，「長城被破壞引發社會反響和領導重視—文物部門迅速應對、制訂工作方案—得到有關部門配合、支持後實施」體現了立項的「被動」特點。而文物部門在迅速應對後，又在工作層面表現出了明顯的「主動」，「搶救第一」成爲了文物工作方針的重要部分。〔註54〕國家文物局在長城調查過程中不斷得到國家財政、測繪等部門的強力支撐與保障。在具體實施的過程中，綜合考慮「長城規模巨大，情況複雜」「參與人員多」「大量引入測繪等現代科技手段」等實際因素，在以試點摸索經驗、鍛鍊隊伍後實行全員培訓，並制定出具體的工作方案。〔註55〕這些做法不僅保證了長城資源調查工作在全面展開時不會出現重大失誤，而且培養了一大批長城研究工作者。

長城的保護與研究工作雖然仍有很長的路要走，在國家文物局的組織下，在多學科合作的過程中，長城的研究在較短的時間裏取得了豐碩的成果。林蔚在他的長城研究中曾經說過：「在中文書櫃裏，各種可以幫助西方比較課題研究者填補省略部分、解決不連貫的製圖資料和考古資料還沒有做出來。……即便如今，人們也不能確定長城遺址在哪裏，更不用提列舉出城門、塔樓、準確長度等。」〔註56〕1988年前後林蔚根據當時長城測繪剛剛起步的現狀，預計「中國邊界史專家要達到尖端水平還需要幾十年時間」〔註57〕。在國家大力支持下，這一遠遠超過哈德良長城的測繪工作已經基本完成。中國長城研究即將在這一測繪數據的基礎上穩步走向深入。

二、世界人民共同保護與研究長城

長城是世界文化遺產。在中國尚處於水深火熱中時，世界上便已經將長城視爲「人類最偉大的工程」〔註58〕，對其投注了極大的熱情。1964年，第

〔註54〕長城資源調查工作項目組：《「長城資源調查項目」的特點與收穫》，《長城資源調查工作文集》，北京：文物出版社，2013年，第4～5頁。

〔註55〕長城資源調查工作項目組：《「長城資源調查項目」的特點與收穫》，《長城資源調查工作文集》，北京：文物出版社，2013年，第7頁。

〔註56〕〔美〕林蔚（阿瑟·沃爾德隆）：《長城：從歷史到神話》，石雲龍、金鑫榮譯，南京：江蘇教育出版社，2008年，第6～7頁。

〔註57〕〔美〕林蔚（阿瑟·沃爾德隆）：《長城：從歷史到神話》，石雲龍、金鑫榮譯，南京：江蘇教育出版社，2008年，第8頁。

〔註58〕轉引自〔美〕林蔚（阿瑟·沃爾德隆）：《長城：從歷史到神話》，石雲龍、金鑫榮譯，南京：江蘇教育出版社，2008年，第279頁。

二屆歷史古跡建築師及技師國際會議通過《國際古跡保護與修復憲章》，文中指出：「世世代代人民的歷史古跡，飽含過去歲月的信息，留存至今成爲人們古老的活的見證人。人們越來越意識到人類價值的統一性，並把古代遺跡看做共同的遺產。認識到保護這些古跡的共同責任。」〔註59〕1976 年，聯合國教科文組織世界遺產委員會成立。1987 年，長城正式列入世界遺產的保護行列。中國與世界人民共同展開了對長城的保護與研究。

在中國，除了國家大力支持並組織長城的保護與研究工作外，許多人、許多機構對長城進行過不同程度、不同形式、不同角度的調查與研究工作。成大林從 1978 年開始，在新華通訊社全身心投入長城報導工作，對長城進行了大量研究和考察工作。1987 年 6 月 25 日，中國長城學會成立，以研究、保護、維修、宣傳長城，弘揚以長城爲象徵的中華民族的偉大精神爲宗旨，以群眾學術團體的形式開展了大量研究、保護、宣傳和開發長城的工作。一些學術團體在研究本專業課題時也取得了不少長城研究的重大突破。唐曉峰等人在編繪《北京歷史地圖集》時「注意到北京北部山區的古長城遺址」，由此展開了長城踏查，留下了《北京北部山區古長城遺址地理踏查報告》，「基本弄清了北齊初建，北周、隋繼續修繕利用，最後明朝在其基礎上又大幅度改建的歷史過程」〔註60〕。李孝聰等學者結合中國長城維護的實際情況，對西方同類遺址的保護情況進行了翻譯和總結，介紹哈德良長城遺跡及其維護情況的文章〔註61〕便是其中之一。于希賢、曹大爲等學者通過對滇東古長城的研究，對釐清長城與農牧之間的關係起到了重要的作用〔註62〕，人們更加清晰地認識到：長城並不是僅僅存在於農耕民族與游牧民族之間。一些學者留意到世界對中國長城的研究情況，結合自身的研究，對一些國外研究成果進行了翻譯，威廉・埃德加・蓋洛、拉鐵摩爾、亨利・塞瑞斯、林霨、狄宇宙等學者的觀點陸續得到中國長城學者的關注。

〔註59〕 轉引自羅哲文：《中華悠久歷史的豐碑，世界古代工程的奇跡——論長城的歷史地位、現實意義、國際影響和保護措施》，《長城國際學術研討會論文集》，長春：吉林人民出版社，1995 年，第 15 頁。

〔註60〕 唐曉峰、陳品祥：《北京北部山區古長城遺址地理踏查報告》，北京：學苑出版社，2009 年，第 1，95 頁。

〔註61〕 李孝聰：《英國境內的古羅馬哈德里安長城遺跡及其維護》，《長城國際學術研討會論文集》，長春：吉林人民出版社，1995 年，第 326～332 頁。

〔註62〕 于希賢、賈向雲、于湧：《雲南古長城考察記》，昆明：雲南人民出版社，2001 年。曹大爲：《滇東古長城之我見》，《光明日報》2002 年 1 月 15 日。

在國家文物局、中國長城學會等或政府或民間機構的組織下，以長城爲主題的學術研討會逐漸展開。1994 年，第一次長城國際學術研討會在北京召開。這一次國際學術會議上，學者從長城的歷史地位、長城所具有的人類共性和民族個性以及長城與軍事發展、長城與生態環境、長城與歷史文獻、長城與美學、長城與旅遊、長城與交通等的關係各種角度展開了長城的研究。這是「長城研究史上第一次國際盛會」，對長城研究新局面的形成和長城學的建立奠定了基礎。〔註63〕此後，直接以長城爲主題的研討會在各地陸續展開，在交流中對長城研究起到了較好的促進作用。

在中國學者大量展開友好交流的過程中，外國學者也在長城的魅力感召下，對其進行了大量研究。以日本爲例，村田治郎、藤枝晃等人對居庸關的專門研究，青木富太郎的《萬里長城》、渡邊龍策的《萬里の長城：攻防戰史》、西野廣祥的《萬里の興亡：長城こそ中國文明の生命線だった》、來村多加史的《萬里の長城攻防三千年史》、阪倉篤秀的《長城の中國史：中華 VS. 游牧六千キロの攻防》、武田雅哉的《萬里の長城は月から見えるの？》等大量著作將日本對長城的研究帶入了廣闊的學術天地。

一些學者來到中國，進行長城徒步考察與研究，並主動展開了長城的保護與宣傳活動。英國威廉・林賽 1987 年來到中國徒步長城，從 1989 年在英國等地出版《獨步長城：從沙漠到大海》之後不久，便因瑪約里・黑塞爾・迪爾曼認識了威廉・埃德加・蓋洛，走上了以重攝爲主的長城保護、宣傳和研究之路。〔註 64〕2001 年，威廉・林賽等人在香港註冊成立國際長城之友協會，並將其宗旨確定爲：「協助中國文化、文物部門保護長城原貌，應對相關挑戰。」2002 年，國際長城之友協會與北京市文物局簽訂了《長城（北京段）文化自然景觀保護的諒解備忘錄》〔註 65〕。直至今日，威廉・林賽及其國際長城之友的會員爲長城的保護與宣傳展開了較多有意義的工作。其中，威廉・林賽與中國學者王雪農合作出版的《萬里長城百題問答》及其英文版中，澄清了不少世界民眾容易誤會的中國長城基本問題。

〔註63〕黃華：《長城國際學術研討會開幕詞》，《長城國際學術研討會論文集》，長春：吉林人民出版社，1995 年，第 1 頁。

〔註64〕〔英〕威廉・林賽：《兩個威廉與長城的故事》，李竹潤譯，北京：清華大學出版社，2012 年，第 5 頁。

〔註65〕《協會的使命和合法性》，長城國際之友，http://www.friendsofgreatwall.org/?sign=cn&p=34。

在中國以長城命名的企業、產品以及以長城為主題拍攝的影視、廣告等作品，在其製作的過程中多蘊含了長城的某些精神、文化元素。世界各國政要、名流在長城的參觀、旅遊等活動，也往往帶著對中國文化和長城歷史的探索等信息傳遞到世界各地。這些與長城有關的事件不斷吸引著世界人民對長城的關注，在客觀上也促進了長城文化交流的展開與長城研究的深入。

「長城這綿延萬里的龐然大物，它所經歷的磨難，所熬過的歲月，所攜帶的信息，所顯示的人類價值判斷中獨有的分量，都足以使它（成）為一門博大精深的學問。」現在，長城的大量測繪數據已經完成，長城在各個不同學科領域的研究已經展開並取得了較多的成果，「文獻考據法、野外考察法、航空遙感技術以及社會學研究法等基本的方法手段」均已經在學者的長城研究中配合使用。侯仁之說：「長城是古代中國的一部總結，未來中國的一種預言，只有超越物質長城的殘牆、廢堞、斑駁的雄關，圮缺的營盤，才能感觸到它的魂魄、精神、氣質，鳥瞰它的全部履歷，分享其所攜帶的關於古代中國政治、經濟、軍事、文化、藝術、天文、地理、生態、建築等方面的豐富信息，獲取在過去、現在、未來的時空中發現運動著的歷史精神的敏銳，從而使長城研究成為新的視點高度，有沛然不竭的生命力源泉並能吸引有志者執著投入的大學問。」〔註66〕現在這「既有濃烈的民族特性，又深深植根於人類追求真善美的共性厚土之中」「代表著中國的精英文化」〔註67〕的長城已經在學者的相互質疑、相互辯駁、相互學習中積累了較多的學術成果。我們從政治、經濟、軍事、民族、經濟、考古、保護、研究、文獻、文學、藝術等多角度彙集這些研究成果並進行梳理，是對此前長城研究的總結，更是對將來長城研究的展望。

從外在地、感性地認識長城，到今天冷靜地、理性地看待長城，我們已經走過了較長的保護與研究之路。長城是中國的，也是世界的。許嘉璐說：「讓雄偉的長城走向世界，把完整的長城留給子孫。」〔註68〕要讓世界深入地認識並瞭解長城，我們還有很長的路要走。當然，我們已經在路上。

〔註66〕 侯仁之：《在長城國際學術研討會上的總結發言》，《長城國際學術研討會論文集》，長春：吉林人民出版社，1995年，第336～337頁。

〔註67〕 侯仁之：《在長城國際學術研討會上的總結發言》，《長城國際學術研討會論文集》，長春：吉林人民出版社，1995年，第338頁。

〔註68〕 許嘉璐：《讓雄偉的長城走向世界，把完整的長城留給子孫》，《中國長城年鑒》，北京：長城出版社，2006年，第6～9頁。此為中國長城學會會長許嘉璐在2004年9月1日紀念鄧小平「愛我中華，修我長城」題詞發表二十週年暨中國長城學會會員代表大會上的講話稿。

參考文獻

1. 《史記》，北京：中華書局，2008 年縮印本。
2. 《漢書》，北京：中華書局，2008 年縮印本。
3. 《後漢書》，北京：中華書局，2008 年縮印本。
4. 《後漢書志》，北京：中華書局，2008 年縮印本。
5. 《晉書》，北京：中華書局，2008 年縮印本。
6. 《魏書》，北京：中華書局，2008 年縮印本。
7. 《北齊書》，北京：中華書局，2008 年縮印本。
8. 《宋書》，北京：中華書局，2008 年縮印本。
9. 《隋書》，北京：中華書局，2008 年縮印本。
10. 《新唐書》，北京：中華書局，2008 年縮印本。
11. 《宋史》，北京：中華書局，2008 年縮印本。
12. 《遼史》，北京：中華書局，2008 年縮印本。
13. 《明史》，北京：中華書局，2008 年縮印本。
14. 《資治通鑒》，上海：上海古籍出版社，1988 年。
15. 《明太祖實錄》，臺北：「中央研究院」歷史語言研究所，1962 年影印本。
16. 《明穆宗實錄》，臺北：「中央研究院」歷史語言研究所，1962 年影印本。
17. 《清太宗實錄》，北京：中華書局，1986 年。
18. 《清聖祖實錄》，北京：中華書局，1986 年
19. 《十三經注疏》，上海：上海古籍出版社，1997 年。
20. 《周禮正義》，北京：中華書局，2013 年。
21. 《古蘭經韻譯》，林松譯，北京：中央民族學院出版社，1988 年。
22. 《新舊約全書和合本》，聖經公會 1919 年出版之中文譯本，1981 年。

23. 〔俄羅斯〕Ａ・Ａ・科瓦列夫、〔蒙古國〕Д・額爾德涅巴特爾:《蒙古國南戈壁省西夏長城與漢受降城有關問題的再探討》,譯者不詳,《內蒙古文物考古》2008 年第 2 期。

24. 白壽彝:《中國通史》第 1 卷《導論》,上海:上海人民出版社,1989 年。

25. 白音查幹:《長城與漢匈關係》,《內蒙古師大學報(哲學社會科學版)》1998 年第 6 期。

26. 曹大爲:《滇東古長城之我見》,《光明日報》2002 年 1 月 15 日。

27. 陳民鎮:《清華簡〈繫年〉研究》,煙臺大學碩士學位論文,2013 年。

28. 陳民鎮:《齊長城新研——從清華簡〈繫年〉看齊長城的若干問題》,《中國史研究》2013 年第 3 期。

29. 陳寅恪:《金明館叢稿二編》,上海:上海古籍出版社,1982 年。

30. 陳正祥:《中國文化地理》,香港:生活・讀書・新知三聯書店香港分店,1981 年。

31. 成大林:《慎說金界壕不是長城》,《中國長城博物館》2006 年第 4 期。

32. 成大林:《「楚長城」仍有許多未解之謎》,《中國社會科學報》2012 年 2 月 20 日。

33. 程俊英、蔣見元:《詩經注析》之《大雅・烝民》,北京:中華書局,1991 年。

34. 崔文華:《河殤論》,北京:文化藝術出版社,1988 年。

35. 〔英〕丹尼爾・笛福著:《魯濱孫歷險記》,黃杲炘譯,上海:上海譯文出版社,1998 年。

36. 〔美〕狄宇宙(Nicola Di Cosmo):《古代中國與其強鄰——東亞歷史上游牧力量的興起》,賀嚴、高書文譯,北京:中國社會科學出版社,2010 年。

37. 丁新豹、董耀會主編:《中國(香港)長城歷史文化研討會論文集》,香港:長城(香港)文化出版公司,2002 年。

38. 董耀會:《長城萬里行》,鄭州:河南科學技術出版社,1994 年。

39. 〔美〕費雷德里克.J.梯加特:《羅馬與中國——歷史事件的關係研究》,丘進譯,鄭州:大象出版社,2009 年。

40. 〔葡萄牙〕費爾南・門德斯・平托:《葡萄牙人在華見聞錄》,王鎖英譯,海口:海南出版社,1998 年。

41. 〔法〕伏爾泰:《風俗論(上冊)》,北京:商務印書館,1996 年。

42. 傅憲國:《安陽鮑家堂仰韶文化遺址》,《考古學報》1988 年第 2 期。

43. 高旺:《內蒙古長城史話》,呼和浩特:內蒙古人民出版社,1991 年。

44. 高揚文、陶琦:《戚少保年譜耆編》,北京:中華書局,2003 年。

45. （清）顧棟高：《春秋大事表》，北京：中華書局，2013 年。

46. 顧頡剛、史念海：《中國疆域沿革史》，北京：商務印書館，2009 年。

47. 顧鐵山：《淺析遷西境內明代薊鎮包磚長城的修造情況》，《文物春秋》1998 年第 2 期。

48. （清）顧炎武：《日知錄集釋》，（清）黃汝成集釋，樂保群、呂宗力校點，上海：上海古籍出版社，2006 年。

49. （清）顧祖禹：《讀史方輿紀要》，賀次君、施和金點校，北京：中華書局，2005 年。

50. 郭德政、楊妹影：《中國北方長城的生態學考察》，《環境保護》2005 年第 1 期。

51. 國家文物局：《長城資源調查工作文集》，北京：文物出版社，2013 年。

52. 國光紅：《齊長城肇建原因再探》，《歷史研究》2000 年第 1 期。

53. 何德亮：《中國歷史上最古老的長城——齊長城》，《中原文物》2009 年第 2 期。

54. 何寧：《淮南子集釋》，北京：中華書局，1998 年。

55. 何新：《中國文化史新論》，哈爾濱：黑龍江人民出版社，1987 年。

56. 〔日〕鶴間和幸：《秦長城建設とその歷史的背景》，《秦帝國の形成と地域》，東京：汲古書院，2013 年。

57. 賀金峰：《「方城」是中國歷史上最早修築的長城》，《開封大學學報》2002 年第 3 期。

58. 胡寄窗：《試論〈管子・輕重篇〉的成書年代問題》，《中國經濟問題》1981 年第 4 期。

59. 胡寄窗：《試論〈管子・輕重篇〉的成書年代問題（續）》，《中國經濟問題》1981 年第 5 期。

60. 華夏子（吳德玉、董耀會、張元華）：《明長城考實》，北京：檔案出版社，1988 年。

61. （漢）桓寬：《鹽鐵論校注》，王利器校注，北京：中華書局，1992 年。

62. 〔英〕Jane Shuter（舒特）：《哈德良長城》，北京：外語教學與研究出版社，2005 年。

63. （漢）賈誼著：《賈誼集校注（增訂版）》，吳雲、李春臺校注，天津：天津古籍出版社，2010 年，第 4 頁。

64. 姜亞林：《〈詩經〉戰爭詩研究》，首都師範大學博士學位論文，2007 年。

65. 蔣波、朱戰威：《三十年來楚方城研究述要》，《高校社科動態》2010 年第 1 期。

66. 金觀濤：《在歷史的表象背後》，成都：四川人民出版社，1985 年。

67. 金觀濤、劉青峰：《中國歷史上封建社會的結構：一個超穩定系統》，《貴陽師院學報（社會科學版）》，1980 年第 1～2 期。

68. 金應熙：《金應熙史學論文集（古代史卷）》，廣州：廣東人民出版社，2006年。

69. 景愛：《中國長城史》，上海：上海人民出版社，2006 年。

70. 景愛：《長城》，北京：學苑出版社，2008 年。

71. （漢）孔安國：《尚書正義》，（唐）孔穎達正義，黃懷信整理，上海：上海古籍出版社，2007 年。

72. 〔美〕拉鐵摩爾：《中國的亞洲內陸邊疆》，唐曉峰譯，南京：江蘇人民出版社，2010 年。

73. 黎翔鳳：《管子校注》，梁運華整理，北京：中華書局，2004 年。

74. 李鳳山：《長城與民族》，北京：中央民族大學出版社，2006 年。

75. 李鳳山：《長城帶民族融合史略》，《中央民族學院學報》1993 年第 1 期。

76. 李文龍：《中國古代長城的四個歷史發展階段》，《文物春秋》2001 年第 2期。

77. 遼寧省文物局：《遼寧省明長城資源調查報告》，北京：文物出版社，2011年。

78. 〔美〕林霨（阿瑟・沃爾德隆）：《長城：從歷史到神話》，石雲龍、金鑫榮譯，南京：江蘇教育出版社，2008 年。

79. 劉慶：《楚長城（方城段）軍事價值探源（上）》，《中國社會科學報》2011年 12 月 8 日。

80. （清）龍文彬：《明會要》，北京：中華書局，1956 年。

81. 羅恭：《從清華簡〈繫年〉看齊長城的修建》，《文史知識》2012 年第 7 期。

82. 羅哲文：《長城》，北京：清華大學出版社，2008 年。

83. 魯迅（周樹人）：《魯迅全集》，上海：新華書店，1981 年。

84. 馬桂英：《萬里長城對人與自然關係的折射》，《蘭州學刊》2007 年第 12期。

85. 馬建軍、周佩妮：《寧夏境內現存古長城的構築方式探述》，《中國長城博物館》2012 年第 2 期。

86. 〔德〕馬克思、恩格斯：《馬克思恩格斯全集》第 7 卷，北京：人民出版社，1959 年。

87. 〔西班牙〕門多薩：《中華大帝國史》，何高濟譯，北京：中華書局，1998年。

88. 牟祥雷（老雷）：《拭去塵埃：找尋真實的長城》，北京：東方出版社，2002年。

89. 牟祥雷、常微：《與黃河同行：關於萬里長城的走向》，《中國三峽建設》2008 年第 8 期。

90. 彭曦：《長城七問》，《中國長城博物館》2012 年第 4 期。

91. 彭曦：《春秋有長城嗎？》，《隴東學院學報（哲學社會科學版）》2003 年第 1 期。

92. 彭曦：《戰國秦長城考察與研究》，西安：西北大學出版社，1990 年。

93. 龐樸：《文化的民族性與時代性》，北京：中國和平出版社，1988 年。

94. （清）秦蕙田、錢大昕、方觀承、宋宗元：《五禮通考》卷 208《體國經野》，江蘇書局光緒六年（1880）刻本。

95. 清華大學出土文獻研究與保護中心：《清華大學藏戰國竹簡（二）》，上海：中西書局，2011 年。

96. （明）瞿九思：《萬曆武功錄》卷 7《中三邊·俺答列傳上》，《續修四庫全書》，上海：上海古籍出版社，1999 年。

97. 〔美〕塞繆爾·亨廷頓、勞倫斯·哈里森主編：《文化的重要作用——價值觀如何影響人類進步》，程克雄譯，北京：新華出版社，2002 年。

98. 尚珩：《北齊長城考》，《文物春秋》2012 年第 1 期。

99. 尚景熙：《楚方城及其與楚國的軍事關係》，《中原文物》1992 年第 2 期。

100. 施元龍、徐飛、鄔建華：《中國築城史》，北京：國防大學出版社，2012 年。

101. 史念海：《河山集（七集）》，西安：陝西師範大學出版社，1999 年。

102. 史念海：《論歷史時期我國植被的分佈及其變遷》，《中國歷史地理論叢》1991 年第 3 期。史念海：《歷史時期森林變遷的研究》，《中國歷史地理論叢》1988 年第 1 期。

103. 壽鵬飛：《歷代長城考》，《得天盧存稿》，民國三十年（1941）鉛印本。

104. 蘇聯考古文選編譯小組編譯：《蘇聯考古文選》，北京：文物出版社，1980 年。

105. 孫開泰：《〈管子·輕重〉成書當在戰國時代》，《管子學刊》2007 年第 2 期。

106. 孫文政、王永成：《金長城研究論集（上冊）》，長春：吉林文史出版社，2009 年。

107. 唐曉峰：《內蒙古西北部秦漢長城調查記》，《內蒙古大學學報（哲學社會科學版）》1977 年第 3 期。

108. 唐曉峰、陳品祥：《北京北部山區古長城遺址地理踏查報告》，北京：學苑出版社，2009 年。

109. 田廣金、史培軍：《中國北方長城地帶環境考古學的初步研究》，《內蒙古文物考古》1997 年第 2 期。

110. 王東:《〈管子‧輕重篇〉成書時代考辨》,《鄭州大學學報(哲學社會科學版)》2010 年第 4 期。

111. 王國良:《中國長城沿革考》,上海:商務印書館,1933 年。

112. 王利器校注:《鹽鐵論校注(上)》,北京:中華書局,1992 年。

113. 王樹楠、吳廷燮、金毓黻等:《奉天通志》,瀋陽:東北文史叢書編輯委員會點校、出版,1983 年,第 1776 頁。

114. 王雪農、〔英〕威廉‧林賽:《萬里長城百題問答》,北京:五洲傳播出版社,2010 年。

115. 王振中、潘民中:《對〈春秋左傳注〉有關方城釋解的質疑》,《鄭州大學學報(哲學社會科學版)》1996 年第 5 期。

116. 〔美〕威廉‧埃德加‧蓋洛(William Edgar Geil):《中國長城》,沈弘、恂文捷譯,濟南:山東畫報出版社,2006 年。

117. 〔英〕威廉‧林賽:《兩個威廉與長城的故事》,李竹潤譯,北京:清華大學出版社,2012 年。

118. 〔英〕William Lindesay O.B.E(威廉‧林賽):《The Great Wall Explained》,北京:五洲傳播出版社,2012 年。

119. 魏長洪、何漢民編:《外國探險家西域遊記》,烏魯木齊:新疆美術攝影出版社,1994 年。

120. 溫廷敬:《驫羌鍾銘釋》,《中山大學史學學刊》1935 年第 1 卷第 1 期。

121. 文物編輯委員會編:《中國長城遺跡調查報告集》,北京:文物出版社,1981 年。

122. 辛德勇:《陰山高闕與陽山高闕辨析——並論秦始皇萬里長城西段走向以及長城之起源諸問題》,《文史》2005 年第 3 輯。

123. (民國)許維遹:《呂氏春秋集釋》,梁運華整理,北京:中華書局,2007 年。

124. 薛英群:《居延〈塞上烽火品約〉冊》,《考古》1979 年第 4 期。

125. 楊伯峻:《春秋左傳注》,北京:中華書局,1990 年。

126. 〔阿拉伯〕伊本‧胡爾達茲比赫:《道里邦國志》,宋峴譯注,郅溥浩校訂,北京:中華書局,1991 年。

127. 于希賢、賈向雲、于湧:《雲南古長城考察記》,昆明:雲南人民出版社,2001 年。

128. 袁行霈、張傳璽、嚴文明、樓宇烈:《中華文明史》(全 4 卷),北京:北京大學出版社,2006 年。

129. 張海報:《陝北地區秦昭王長城構築方式及防禦設施》,《文博》2010 年第 1 期。

130. 張建東、黃平:《金戈古韻齊長城》,泰安:齊魯電子音像出版社,2011年。

131. (明)張居正:《張文忠公全集》,上海:商務印書館,1935年。

132. 張朋川、郎樹德:《甘肅秦安大地灣遺址 1978 至 1982 年發掘的主要收穫》,《文物》1983 年第 11 期。

133. 張維華:《中國長城建置考(上編)》,北京:中華書局,1979年。

134. 張相文:《長城考》,《地理雜誌》1914 年第 5 卷第 9 期。

135. 張玉坤、李哲、李嚴:《「封」——中國長城起源另説》,《天津大學學報(社會科學版)》2009 年第 4 期。

136. 〔日〕中村圭爾、辛德勇編:《中日古代城市研究》,北京:中國社會科學出版社,2004年。

137. 中國長城學會:《長城國際學術研討會論文集》,長春:吉林人民出版社,1995 年

138. 中國長城學會:《中國長城年鑒》,北京:長城出版社,2006年。

139. 中國軍事史編寫組:《中國軍事史》第 6 卷《兵壘》,北京:解放軍出版社,1991 年。

140. 中國社會科學院近代史研究所中華民國史研究室、中山大學歷史系孫中山研究室、廣東省社會科學院歷史研究室合編:《孫中山全集》,北京:中華書局,1985 年。

141. 紫西:《戚繼光與薊鎮長城防務》,《文物春秋》1998 年第 2 期。

142. 趙哈林、趙學勇、張銅會、周瑞蓮:《北方農牧交錯帶的地理界定及其生態問題》,《地球科學進展》2002 年第 5 期。

143. 周寧:《「萬里長城建造時」:卡夫卡的中國神話》,《廈門大學學報(哲學社會科學版)》2002 年第 6 期。

144. 周興華、周曉宇:《從寧夏尋找長城源流》,銀川:寧夏人民出版社,2008年。

附錄一　長城札記

1. 游牧與農耕概念辨

在研究長城的問題時，常遇到游牧與農耕的概念。除春秋戰國早期諸侯國相互防禦所修的長城之外，中國古代長城多修築在農牧交錯帶，作為中原政權防禦游牧勢力的軍事防禦設施。此後長城所發揮的多方面作用，也多涉及游牧與農耕之間的關係。因此，研究長城問題，必須認真面對農耕與游牧的概念。仔細分辨學者在研究長城時使用的游牧與農耕的概念，又分為 4 個不同角度的概念，略作分析於下。

第一個概念，農耕經濟與游牧經濟

原始農業和原始畜牧業、古人類的定居生活等的發展，使人類從食物的採集者變為食物的生產者，是第一次生產力的飛躍，人類進入農耕文明。歐亞大陸大約 1 萬年前逐漸形成了定居農業生活方式。此時的長城區域，原始農業占主導地位，採集、漁獵等經濟類型屬輔助生產手段。韓茂莉認為：畜牧業是從原始農業中分離出來的，畜牧區的形成與擴展過程，也就是農耕區的退縮過程。距今 3500～3000 年前，畜牧業開始向東、向南甚至向西擴展，農耕區相應退縮。這種情況一直持續到漢代。在這個過程中，隨著馬具的廣泛應用，形成了以畜牧業占主導地位的游牧經濟類型。

在農耕與游牧兩種經濟類型區分的同時，根據自然環境逐漸形成了農牧交錯帶。在交錯帶以南，農耕經濟占主導地位。這種經濟以男耕女織的小規模自給自足為主，分工較為簡單，商品交換不多。由於春種秋收的特點，農

耕經濟與定居的生活密切相關。游牧經濟是一種不穩定的、波動的經濟類型。如果處理得當，游牧既可以充分利用自然草場資源，又可以有效保護生態平衡，形成低投入高產出的經營模式。埃文思-普里查德（E. E. Evans-pritchard）認為，自然環境如氣候、季節、植被、水資源直接影響著游牧社會。以蒙古高原為例，牧民根據四個季節，把牧場劃分成春、夏、秋、冬四個營盤，作為適應四個不同季節的放牧之地，隨著季節的變化游牧。四個營盤的循環，滿足了畜牧業對草場的需要，嚴格執行可以實現對草場的有效保護。

當然，農耕經濟與游牧經濟都不是單一的經濟模式。農耕經濟包含商業和手工業的成分，大家有目共睹。游牧經濟也並不是單一的經濟形態，游牧經濟中的毛織業、冶鐵業等也具有相當的規模和水平。此外，由於游牧經濟的流動性，他們逐漸承擔起商業交流的責任，其商業的成分也比較大。

當南北各自以農耕和游牧為主要經濟模式之後，中國古人很快便以農牧交錯帶為主要區域修建長城。隨著長城的修建，游牧經濟與農耕經濟各自發展過程中的摩擦相對減少，長城沿線的經濟得到了較為充分的開發。

當然，長城不是農耕和游牧兩種經濟的分割線，在長城以南也有以游牧為主的經濟區域，在長城以北也有以農耕為主的經濟區域。因此，研究長城時，我們需要清楚地認識到長城的修建在多數時候與游牧、農耕經濟的矛盾與衝突有關，也不能因為由長城的修建而將長城南北的經濟模式絕對化。

第二個概念，農耕民族與游牧民族

農耕民族與游牧民族是兩個統稱，農耕民族是以農耕為主要生活方式的民族，游牧民族是以游牧為主要生活方式的民族。從長城研究的角度來看，農耕民族主要指的是長城以南中原地區以農耕為主要生活方式的民族，游牧民族主要指的是長城以北、以游牧為主要生活方式的民族。在論述各朝代時，可以具體到不同的族群時，則最好使用當時的具體族名，盡量避免使用統稱。

第三個概念，農耕政權與游牧勢力

農耕政權與游牧勢力也屬於統稱。從鐵器時代開始，游牧與農耕所發生的衝突越來越激烈。兩者之間的衝突，一般是有組織地進行。在農耕經濟區均以諸侯國、王朝為政權組織形式，因此，研究長城需要用統稱時，可以采用「農耕政權」來表達。在游牧經濟區有建立汗國甚至王朝為政權組織形式，也有的是部落、部落聯盟，因此，研究長城時建議採用「游牧勢力」來表達。

第四個概念，農耕文明與游牧文明

　　農耕文明和游牧文明也是統稱。農耕文明是指在長期農業生產中形成的一種適應農業生產、生活需要的國家制度、禮俗制度、文化教育等的文化集合。游牧文明是指在長期牧業生產中形成的一種適應游牧生產、生活的政治制度、禮俗制度、文化教育等的文化集合。

　　任何文明在各自的發展過程中，都不是孤立地、完全獨立地發展。在農耕文明與游牧文明的發展過程中，也在不斷交流。農耕文明和游牧文明共同決定了中華文明的特徵，這兩種文明交流最集中的區域是農牧交錯帶。

　　傳統史學家不少站在中原立場看游牧社會，出現過認為游牧社會沒有文明或游牧文明弱於農耕文明的認識。拉鐵摩爾打破了以中原農耕文化為本體的研究模式後，通過長城南北農耕文明和游牧文明的研究，認為正像專門化的農業文明一樣，游牧文明也是畜牧經濟高度專門化的產物，兩者並無優劣之分。

　　長城的修建多數與游牧和農耕的衝突有關。在游牧與農耕的衝突中，有農耕社會向北拓展領地與游牧社會發生的衝突，也有游牧社會為了生存和發展向南獲取領地或生活物資而發生的衝突。在這兩種衝突中，游牧為了生存和發展向南獲取領地或生活物資而發生的衝突表現得比較明顯。再加上文獻多是由農耕民族史家的記載，因此，多見游牧民族「侵擾」「掠奪」之類的語言。這些記載代表的是當時農耕民族基本心理傾向。無論農耕民族還是游牧民族都是中華民族的重要組成部分，在記述時需秉持客觀的態度。

　　當然，在客觀記述的同時，我們也不需迴避客觀事實。游牧社會與乾旱、半乾旱草原環境相適應，存在較大的脆弱性。首先，游牧經濟不能有效地抵抗自然環境的變化，在自然災害頻繁的情況下容易出現民不聊生的情況；第二，在牲畜較大規模增長時，游牧經濟難以有效解決過度放牧的問題，而過度放牧轉而引起經濟發展方面的問題。基於游牧社會所處區域生態的脆弱性和游牧文明的特點，在游牧與農耕兩種不同經濟形態社會的交流過程中，農耕文明總是表現得相對保守和被動，游牧文明總是表現得相對主動和具有進攻性。在多數具體的事例中，歷史上確實存在游牧勢力希望通過擾掠和戰爭不勞而獲的情況，這是毋庸諱言的。

　　總之，游牧與農耕是兩個統稱，在長城研究的使用中應該慎重處理。筆者學力尚淺，把握不一定準確。此文拋磚引玉，期望得到研究長城的專家學者指導。

（本文發表於《中國長城博物館》2013 年第 4 期）

2. 略論秦漢長城對世界格局的影響

公元四世紀到五世紀時，世界無論政治格局還是社會整體面貌，都發生了巨大的變化。三世紀以來的民族大遷移運動是引起這一變化的重要原因之一。這一點學術界已經有了較為普通的認同。這次民族大遷移運動的結果，在東方表現為西晉的沒落，在西方表現為西羅馬帝國的覆滅。〔註1〕筆者認為，西晉與西羅馬的衰亡，是世界格局發生變化的重要表現，而在這一變化背後的重要推手就是秦漢長城。

（1）農牧衝突促成了秦漢長城的轉型

長城是中國古代特定時空的產物。任何歷史的發展都離不開地理條件。儘管廣築長城的做法開始於春秋戰國時期，其初始目的除了顧炎武所言「井田始廢而車變為騎，於是寇鈔易而防守難，不得已而有長城之築」〔註2〕外，更有攻城略地、改變君王與諸侯政治關係等的需要。但是，隨著秦始皇一統天下，為解決農牧衝突而修築長城成為秦漢時期長城修築的重心。

中國地理條件的特點使農牧衝突成為重要衝突

中國是世界上面積最大的國家之一，國內有很多山脈，主要在西部。阿爾泰山脈、天山山脈、崑崙山脈、祁連山脈、喀喇崑崙山脈、岡底斯山脈、喜馬拉雅山脈、陰山山脈、秦嶺山脈等由西向東延伸的山脈與橫斷山脈等由北向南延伸的山脈共同構成了中國大陸的基本骨架。而與這些骨架相應的，是全國地形分為三級，海拔高度顯著變化，第一級階梯的低平處海拔也接近 3000 米。到第二級階梯，海拔多在 1000 米～2000 米之間。而第三級階梯，海拔則多為 50 米～200 米之間。隨著三級階梯的變化，在整個大陸的東面和南面，圍繞著四大海：渤海、黃海、東海、南海。由於天然特點，中國的地理條件自成一個自然地區。「北有大漠，西和西南是高山，東與南濱海；黃河、長江、珠江三大水系所流經的地區是地理條件最好的地區。」〔註3〕

受自然條件的影響，中國大陸地區的內向性和獨立性使得其很早便產生

〔註1〕梁作幹先生在《暨南學報（哲學社會科學）》1982 年第 2 期上發表文章認為，西晉帝國與西羅馬帝國的滅亡是世界歷史的重大轉折點。

〔註2〕〔清〕顧炎武著，〔清〕黃汝成集釋：《日知錄集釋》卷 31，上海：上海古籍出版社，1985 年，第 2369 頁。

〔註3〕白壽彝：《中國通史·導論》，上海：上海人民出版社，1989 年，第 144 頁。

了大一統的思想。「溥天之下，莫非王土；率土之濱，莫非王臣。」〔註 4〕因此，在梁襄王不知輕重地問「天下惡乎定？」時，孟子的回答很肯定：「定於一。」〔註5〕而這個統一的艱巨任務，卻經過了反覆而漫長的過程才得以實現。受幅員廣闊、氣候差異大、地形複雜等方面的影響，各地的經濟發展不平衡，政治和文化的發展也一直處於不平衡的狀態。這種狀態使得整個歷史過程中，局部的獨立性和整體的統一性不斷博弈，國家在分分合合中越來越形成一個統一的整體。在這個分分合合的博弈中，最明顯的特點莫過於南部農耕區與北部游牧區的衝突與融合。而且，農牧衝突成為中國古代歷史上重要的衝突。

首先，農、牧民族形成了曠日持久的利益爭奪。

在幅員廣闊的中國大地上，溫度、濕度的變化使得植被發生了重要的變化。《長春眞人西遊記》中記載了邱處機經過北野狐嶺的描述：「登高南望，俯視太行諸山，晴嵐可愛。北顧但寒沙衰草，中原之風自此隔絕矣。」〔註6〕正是在溫度和濕度等氣候因素的交互影響下，「長城以南，多雨多暑，其人耕稼以食，桑麻以衣，宮室以居，城郭以治。大漠之間，多寒多風，畜牧畋魚以食，皮毛以衣，轉徙隨時，車馬為家。此天時地利所以限南北也。」〔註7〕正是在自然條件的影響下，中國內部各個族群逐漸形成了自己的生產生活方式，北方游牧，南方耕作；北方「逐水草而居」，南方安土重遷。

隨著族群生存和發展的需要，在農牧交錯地帶往往因為經濟利益發生衝突。在適合耕作的區域，農耕民族希望能「盡地力」〔註8〕。因此，他們往往將宜耕宜牧地區作為自己拓展的地域。而游牧民族儘管有廣闊的草原游牧，但從整體上來看，越往東南，水草越豐美，他們自然也不願意將肥美的宜耕宜牧區拱手讓與農耕民族耕作。因此，兩種不同的經濟類型為主的族群，在自己的實力可能的情況下，以經濟利益的爭奪作為重要的訴求，進行了曠日持久的拉鋸。

其次，氣候的變化和災荒是農、牧衝突加劇的砝碼。

〔註 4〕王秀梅譯注：《詩經·小雅·北山》，北京：中華書局，2006 年，第 299 頁。

〔註 5〕〔清〕焦循撰：《孟子正義·梁惠王》，北京：中華書局，1987 年，第 71 頁。

〔註 6〕李志常：《長春眞人西遊記》，上海：商務印書館，1937 年（中華民國二十六年），第 5～6 頁。

〔註 7〕《遼史·營衛志》，見《二十四史》第 17 冊，北京：中華書局，2008 年，第 101 頁。

〔註 8〕《漢書·食貨志》，見《二十四史》第 2 冊，北京：中華書局，2008 年，第 292 頁。

根據科學研究，在中國古代曾經出現過四個寒冷期，在寒冷期裏，等溫線向南移動達到 200 千米～300 千米，宜耕宜牧地區南移到黃河以南。400 年前後的「五胡亂華」時期，1200 年前後的契丹、女眞、蒙古南下時期、1700 年前後的清兵入關時期，均發生在寒冷期內。〔註9〕氣候變化導致不適宜耕作的區域增加。而隨著宜耕宜牧區的南移，適宜游牧的區域實際上同時存在南移的問題。因此，游牧民族爲了保證自己生命財產的安全，不斷向適合游牧的方位遷移。不適宜耕作或者耕作產量過低的地區，以農立國的中原王朝往往從經濟利益的角度考慮，不願意耗費巨大的經費去控制。但是，這些中原王朝也不願意這些雞肋之地拱手讓與游牧民族。爲了生存和發展，游牧民族往往採用戰爭等極端方式與中原王朝爭地。農、牧之間很容易因此形成大規模的土地爭奪戰，甚至由此衍生了國家之間的吞滅戰。

從中原王朝內部來說，隨著寒冷期的到來，適合耕作的範圍縮小，農耕區也面臨著重大的經濟考驗。中原王朝需要考慮對生活在原來宜耕宜牧區域的百姓的接納辦法，甚至需要考慮對要求進入農耕區的游牧民族的接納辦法。魏晉南北朝時期的大量移民活動，表面上是政府遷徙百姓的政治調控，實際上多數是從經濟角度考量而作出的決定。中原王朝的決定如果滿足了這些民眾的需求，又沒有過分影響其它地區民眾的生產生活時，一般不會引起社會政治問題。一旦處置不當，則往往導致諸如農民起義、少數民族叛亂等事件的發生。

除了氣溫變化會加劇農、牧雙方的矛盾外，災荒也是社會變動的重要砝碼。農耕區域的豐歉會影響到農民的生產生活水平，但由於農耕區的飲食鏈條相對較長，自然物資相對豐富，抵抗災荒的能力也相對較強。正因爲如此，農耕區域的百姓不會隨意遷移或以叛亂、造反的形式來爭取更大的利益；而游牧民族往往迫於生存的壓力南下侵擾獲取生活必備物資。

總之，在中國特殊的地理環境下，農、牧民族形成了曠日持久的利益爭奪。這種爭奪主要發生在宜耕宜牧的農牧交錯地帶，隨著事態的變化和雙方實力的懸殊，也可能轉移到其它區域。從整體上來看，農、牧之間的交流與碰撞成爲中國古代社會發展的主旋律。

農牧衝突明確了長城的歷史定位

公元前 221 年，秦始皇實現了對中原地區的統一後，又通過「一法度，

〔註9〕程洪在《新史學：來自自然科學的「挑戰」》對此問題進行了較爲詳細的分析，見《晉陽學刊》1982 年第 6 期，第 2 頁。

－126－

衡石丈尺，車同軌，書同文字」〔註 10〕等措施確保了國家內部交流的順暢。自此，擺在統治者面前的、需要解決的問題中，農牧經濟的衝突和如何解決與北方游牧民族的關係成為了統治者花費大量時間和精力去面對和解決的問題。

　　一開始，秦始皇的目標極為宏偉壯闊：「六合之內，皇帝之土。西涉流沙，南盡北戶。東有大海，北過大夏。人跡所至，無不臣者。」〔註 11〕這一刻石明確了他「皇帝之德，存定四極」〔註 12〕的宏偉藍圖，統一諸夏，蕩平四夷。為此，他出兵北伐匈奴，南平白越。秦始皇的做法，在思想上接受了先秦諸子「王者無外」〔註 13〕和「用夏變夷」〔註 14〕的觀念，但改變了原來「修文德以來之」〔註 15〕的做法，採用的是戰國以來兵家和法家立足於現實、重力戰、重強兵的做法。

　　公元前 214 年，秦始皇「使蒙恬將三十萬眾北逐戎狄，收河南」〔註 16〕。第二年，蒙恬率兵渡過黃河，佔據了原來匈奴控制的高闕、陽山、北假等地，將秦的北方疆域擴大到陰山南麓和黃河北岸。隨著北方疆土的拓展，秦始皇也相應採取了修長城、開通直道、設置郡縣、徙民實邊等措施來鞏固勝利成果。

　　秦始皇修長城共分為兩個階段。第一階段從公元前 221 年至公元前 215 年。這一時期對長城的修築與國內安定統一相對應，在對待匈奴問題上採取的是防禦方略，重點放在修繕和連接戰國秦、趙、燕三國長城上：「地東至海暨朝鮮，西至臨洮、羌中，南至北向戶，北據河為塞，并陰山至遼東。」〔註 17〕

〔註 10〕《史記‧秦始皇本紀》，見《二十四史》第 1 冊，北京：中華書局，2008 年，第 65 頁。

〔註 11〕《史記‧秦始皇本紀》，見《二十四史》第 1 冊，北京：中華書局，2008 年，第 66 頁。

〔註 12〕《史記‧秦始皇本紀》，見《二十四史》第 1 冊，北京：中華書局，2008 年，第 66 頁。

〔註 13〕《漢書‧終軍傳》，見《二十四史》第 2 冊，北京：中華書局，2008 年，第 718 頁。

〔註 14〕〔清〕焦循撰：《孟子正義‧滕文公》，北京：中華書局，1987 年，第 393 頁。

〔註 15〕楊伯峻譯注：《論語譯注‧季氏篇第十六》，北京：中華書局，1982 年，第 172 頁。

〔註 16〕《史記‧蒙恬列傳》，見《二十四史》第 1 冊，北京：中華書局，2008 年，第 650 頁。

〔註 17〕《史記‧秦始皇本紀》，見《二十四史》第 1 冊，北京：中華書局，2008 年，第 65 頁。

這一階段的長城修築，除了連接和修繕舊有北部長城外，還充分利用了黃河天險的防禦作用。應該說，秦始皇初併天下那幾年對長城的修築，目的很明確：一是防禦匈奴，確保邊地安全；二是以長城作為戰略的前沿陣地，為後期對匈奴作戰做好準備。

第二階段從公元前 214 年至公元前 210 年。這一時期，國內鞏固的任務基本實現，邊地長城連接和修繕的任務也已經完成，對匈奴作戰的各項準備已經部署完畢。秦始皇在此基礎上，對北方轉入戰略進攻階段。這就有了公元前 214 年蒙恬出兵北方和長城的再次修築：「自榆中並河以東，屬之陰山，以為（三）〔四〕十四縣，城河上為塞。」〔註18〕並在高闕、陽山、北假一帶「築亭障以逐戎人」〔註19〕。

由於長城修築任務的繁複，加上匈奴不斷南下掠取物資時的破壞，秦始皇修築長城的工程量極大，再加上地形複雜，耗費的人力、物力超出了秦朝當時能承受的極限。這項工程與秦始皇採取的其它大型土木工程和征伐活動一起，將秦朝的國力虛耗到了極限，導致了秦朝的二世而亡。因此，歷史上對秦始皇修築長城這一事件褒貶不一。楊泉《物理論》中說：「秦始皇使蒙恬築長城，死者相屬，民歌曰：『生男慎勿舉，生女哺用脯。不見長城下，屍骸相支拄。』」〔註20〕而司馬遷在實地考察秦代長城，發出了這樣的感慨：「吾適北邊，自直道歸，行觀蒙恬為秦築長城亭障，塹山堙谷，通直道，固輕百姓力矣。」〔註21〕秦始皇修築長城的歷史功過，論述者頗多，本文不再引述。從秦始皇「築長城，因地形，用險制塞，起臨洮，至遼東，延袤萬餘里」〔註22〕開始，長城在歷史上正式轉型為以解決中國農業與牧業之間問題為主的重要軍事工程。

秦末漢初，北方匈奴在冒頓單于的帶領下走向強盛，並利用中原內亂和楚漢相爭的歷史時機，「破東胡，走月氏，威震百蠻，臣服諸羌」〔註23〕，從

〔註18〕《史記·秦始皇本紀》，見《二十四史》第 1 冊，北京：中華書局，2008 年，第 68 頁。

〔註19〕《史記·秦始皇本紀》，見《二十四史》第 1 冊，北京：中華書局，2008 年，第 68 頁。

〔註20〕王國維校：《水經注校·河水》，上海：上海人民出版社，1984 年，第 81 頁。

〔註21〕《史記·蒙恬列傳》，見《二十四史》第 1 冊，北京：中華書局，2008 年，第 651 頁。

〔註22〕《史記·蒙恬列傳》，見《二十四史》第 1 冊，北京：中華書局，2008 年，第 650 頁。

〔註23〕《後漢書·西羌傳》，見《二十四史》第 3 冊，北京：中華書局，2008 年，第 744 頁。

東北、北部和西北方向對漢朝形成包圍態勢。不僅如此，他們還利用漢朝虛弱之際再次進入河西走廊，漢朝的統治範圍退縮到陝北、隴右一帶。爲了解決西北險峻的形勢，漢朝從建國開始便採取和親政策、「歲奉匈奴絮繒酒米食物各有數」〔註24〕。漢朝通過幾代的休養生息，漢武帝開始改變局勢，一邊繼續和親政策，一邊準備戰略反擊。

漢武帝統治的40餘年裏，漢朝對匈奴發動了多次戰爭，取得了不少勝利，拓展了西北邊疆。此後，漢武帝將鞏固西北邊防和開發西北邊陲地方結合起來，採取移民實邊、興辦屯田、完善西北行政建置與修築長城障塞緊密結合起來。

儘管在漢武帝之前，漢代曾經修築、設立過一些亭障，但從整體上來看，說漢長城形成於漢武帝時期一點也不爲過。漢武帝時期，結合著漢匈之間的三次決定性大戰，長城也分爲三個階段進行。

第一階段的修築以修繕原有秦長城爲主。公元前127年，漢武帝派車騎將軍衛青「出雲中以西至隴西，擊胡之樓煩、白羊王於河南，得胡首虜數千，牛羊百餘萬。於是漢遂取河南地，築朔方。復繕故秦時蒙恬所爲塞，因河爲固。漢亦棄上谷之什辟縣造陽地以予胡」〔註25〕。這一階段修築的長城東起陰山，中經陽山的高闕塞和雞鹿塞，再沿黃河防線西南抵達榆中。

第二階段的修築是以修繕秦萬里長城和修築新的長城延伸至河西走廊緊密結合。到公元前121年，漢武帝派驃騎將軍霍去病深入匈奴腹地，奪取河西之地，設郡佈防，移民實邊。在此基礎上，漢代修築長城，東起令居塞，順著河西走廊直至酒泉。這一段長城的修築一開始是爲了保衛河西地區，到公元前119年西漢奪取整個漠南地區、開通絲綢之路後，便具有了護衛絲綢之路的嶄新使命。〔註26〕

第三階段的長城修築，繼續是修繕與新建結合。這一次修築發生在公元前119年西漢徹底北逐匈奴後。這次的長城修築規模最大，西起鹽擇，中經敦煌、酒泉、居延塞、光祿塞、大青山南麓與秦長城銜接，再向東延伸至遼東。

〔註24〕《史記·匈奴列傳》，見《二十四史》第1冊，北京：中華書局，2008年，第733頁。
〔註25〕《史記·匈奴列傳》，見《二十四史》第1冊，北京：中華書局，2008年，第735頁。
〔註26〕白音查幹：《漢長城考察與研究》，《內蒙古師大學報（漢文哲學社會科學版）》1987年第1期，第155頁。文中認爲：「建造這段全新長城的目的全在於保衛河西地區，而不是爲了保衛絲綢之路。這段長城在公元前119年以後才具有保衛絲綢之路的使命。」

隨著漢武帝三次長城修築的完成，漢代形成了以中西部為重點，西起鹽擇，東至遼東的漢代長城。在河西地區以北形成了兩道並行的防線，在河套地區以北更是形成了三道平行的防線。漢代長城的主體工程在漢武帝時期完成，此後經過分段建造和修葺，形成了複雜而龐大的軍事防禦體系。這一軍事防禦體系產生於漢匈百年戰爭期間，此前沒有進行大規模的修築，終漢一朝也沒有看到大規模修築的文獻記載。因此，我們可以說，漢長城就是為了解決游牧民族與農耕民族之間的問題而修築的。《漢書·趙充國傳》記載：「竊見北邊自敦煌至遼東萬一千五百餘里，乘塞列隧，有吏卒數千人，虜數大眾攻之而不能害。」〔註27〕這是當時人對漢長城修築與解決匈奴之間關係的直接表述。

漢代長城的修築，起因是匈奴南下侵擾，結束是漢朝開疆拓土，農耕區域向北拓展。這與匈奴和漢朝之間的實力有關，與漢朝時農耕經濟的進步有關，也與當時全球轉暖、農牧分界線北移有關，暫不展開。總之，隨著秦朝統一中原，漢朝鞏固中原統一，秦、漢兩朝在解決了中原地區的問題之後，將注意力轉移到北方，在致力於解決北方游牧民族問題時相繼選用了修築長城的具體舉措。這一舉措的施行，使長城的歷史使命更明確地專向解決游牧與農耕之間的問題。換句話說，農牧衝突使長城的歷史定位得以明確。

（2）秦漢長城逼使匈奴西走引發全球大遷移

秦漢修築長城的主要目標是明確的，這就是防禦來自北方的游牧民族。

長城逼使游牧民族棄長就短

游牧民族的重要特徵是全民軍事化，他們作戰的隨機性和機動性強，尤其在小規模的作戰行動上具有極強的戰鬥力。這種戰鬥力在拜占庭史學家約達尼斯的筆下進行了細緻地描述：「他們像旋風一般卷過莫伊提斯大沼澤，以前居住在該沼澤周圍的各個民族，比如阿爾齊德祖爾人、伊提馬爾人、通卡斯人、波伊斯克人等，都老老實實地跟著他們走了。在禮節上與匈人相似、但在文明程度和身材容貌上卻大不相同的阿蘭人起來反抗，可是在幾次交戰後也被征服了。」〔註28〕從公元91年南匈奴被東漢徹底擊敗後，匈奴人便逐漸向西。經過數百年的遷徙和征服，他們抵達歐洲。在他們遷徙的數百年中，沿途的國家要麼舉國遷移，要麼遭毀滅厄運。由此可見匈奴人強大的戰鬥力。

〔註27〕《漢書·趙充國傳》，見《二十四史》第2冊，北京：中華書局，2008年，第761頁。

〔註28〕〔拜占庭〕約達尼斯：《哥特史》，北京：商務印書館，2012年，第84頁。

　　但是，就是這一支「人不弛弓，馬不解勒」〔註 29〕曾經被西方人妖魔化的草原部隊，在秦漢時期卻屢屢遭受來自中原農耕民族的打擊，最後被迫越過高山、萬里遠涉去謀求自身的生存，這與農耕民族對游牧民族的特點密切相關，與農耕民族採取了正確的應對措施密切相關。

　　漢朝時，晁錯在分析與匈奴作戰時，曾經說過：「今匈奴地形、技藝與中國異。上下山阪，出入溪澗，中國之馬弗與也。險道傾仄，且馳且射，中國之騎弗與也。風雨罷勞，饑渴不困，中國之人弗與也。此匈奴之長技也。」〔註 30〕晁錯指出，匈奴從馬匹、騎兵、人的耐受力三方面均優勝農耕民族。但是，他也指出，農耕民族也有自身的優勢：「若夫平原易地，輕車突騎，則匈奴之眾易撓亂也。勁弩長戟，射疏及遠，則匈奴之弓弗能格也。堅甲利刃，長短相雜，遊弩往來，什伍俱前，則匈奴之兵弗能當也。材官騶發，矢道同的，則匈奴之革笥木薦弗能支也。下馬地鬥，劍戟相接，去就相薄，則匈奴之足弗能給也。此中國之長技也。」〔註 31〕晁錯準確把握了雙方的優劣勢。

　　到漢武帝、漢昭帝時，對雙方的優勢與劣勢進行了更為深入的論辯。韓安國認為：「匈奴負戎馬足，懷鳥獸心，遷徙鳥集，難得而制。」〔註 32〕在此之後，漢武帝基本上確定了以和親養精蓄銳，達到一定實力後開始用武力解決匈奴問題的方針政策。

　　漢昭帝時，在處理匈奴問題上，中原王朝進行了大量研究工作，形成了兩種不同的觀點。《鹽鐵論》翔實地記載了這些觀點。在這些觀點中，對匈奴的劣勢進行了比較明確的分析：「匈奴無城廓之守，溝池之固，修戟強弩之用，倉廩府庫之積……織柳為室，旃廗為蓋。素弧骨鏃，馬不粟食。」〔註 33〕到東漢順帝時，大將軍梁商在比較雙方的劣勢時說：「良騎野合，交鋒接矢，決勝當時，戎狄之所長，而中國之所短也。強弩乘城，堅營固守，以待其衰，

〔註 29〕〔西漢〕劉安：《淮南鴻烈集解》卷 1《原道訓》，《新編諸子集成》，北京：中華書局，第 20 頁。

〔註 30〕《漢書・晁錯傳》，見《二十四史》第 2 冊，北京：中華書局，2008 年，第583 頁。

〔註 31〕《漢書・晁錯傳》，見《二十四史》第 2 冊，北京：中華書局，2008 年，第583 頁。

〔註 32〕《漢書・韓安國傳》，見《二十四史》第 2 冊，北京：中華書局，2008 年，第612 頁。

〔註 33〕王利器校注：《鹽鐵論校注・論功》，北京：中華書局，1992 年，第 542 頁。

中國之所長，而戎狄之所短也。」〔註34〕通過分析，秦漢時期農耕民族採用的對待匈奴的方略中，最多的是利用長城以靜制動，使自身避短就長，同時逼游牧民族棄長就短。

農耕民族在借助長城減少了游牧民族的南下小規模擾掠後，在東漢時期利用北匈奴天災連年、內部大亂之際，命竇憲率軍出塞，大破北匈奴。班固在《封燕然山銘》中說：「躡冒頓之區落，焚老上之龍庭。將上以攄高文之宿憤，光祖宗之玄靈。下以安固後嗣，恢拓境宇，振大漢之天聲。茲可謂一勞而久逸，暫費而永寧也。」〔註35〕正是這次征討後，北匈奴勢力遭受重大打擊，北單于被迫率數人逃亡至烏孫。

匈奴西遷帶來世界大遷移

91 年，北匈奴被迫率部分民眾離開漠北，開始了漫長的遷徙過程。此後，經過四個階段，在四世紀後期出現在歐洲東部。齊思和先生對這一過程進行了歸納，分為悅般時期、康居時期、粟特時期、阿蘭時期。儘管在漫長的西遷過程中，匈奴人與當地人雜處通婚，人種組成有了變化。但根據五世紀時，匈王阿提拉對其先世的敘述與匈奴世系的印證，匈人是匈奴的後代這一點得到證實。〔註36〕

在北匈奴的西遷過程中，他們先是在烏孫的牧場草原處休養生息。此後北匈奴將老弱勢力留在烏孫，精壯部隊則前往康居開疆拓土。當烏孫難以抵禦強大起來的柔然的侵擾時，被迫西遷。而留下來的北匈奴人則在這塊土地上建立了國家，稱為悅般。《魏書・西域傳》記載：「悅般國，在烏孫西北，去代一萬九百三十里。其先，匈奴北單于之部落也。為漢車騎將軍竇憲所逐。北單于度金微山，西走康居，其羸弱不能去者住龜茲北。地方數千里，眾可二十餘萬。涼州人猶謂之『單于王』，其風俗、言語與高車同，而其人清潔於胡。」〔註37〕這個國家也屢次遭受柔然的侵擾，逼得這群北匈奴人向西遷徙。因此，梁作幹在《世界歷史的重大轉折點：西晉帝國與西羅馬帝國的滅亡》

〔註34〕《後漢書・南匈奴列傳》，見《二十四史》第 3 冊，北京：中華書局，2008年，第 765 頁。

〔註35〕班固：《封燕然山銘》，見《文選》，上海：上海古籍出版社，1986 年，第 2408頁。

〔註36〕齊思和：《匈奴西遷及其在歐洲的活動》，見《中國史探研》，北京：中華書局，1981 年，第 270～287 頁。

〔註37〕《魏書・西域傳》，見《二十四史》第 6 冊，北京：中華書局，2008 年，第582 頁。

開篇便說：席卷亞洲中部和歐洲中南部的「民族大遷移」運動，「從現象上看，這個運動的源泉來自居住於東西伯利亞和滿洲的通古斯人（東胡人）。」〔註38〕柔然屬通古斯人，匈奴屬通古斯人，無論是從柔然逼迫北匈奴的繼續西遷算起，還是從北匈奴被東漢打敗西遷算起，公元四世紀到公元五世紀的世界大遷移運動，確實是匈奴的西遷肇端，並且確實是這股游牧洪流導致了整個社會重新洗牌。歷史學家阿密阿那斯說：「這種驚人的消息傳到哥特人其它部落那裡，他們聽到說一種以前沒有聽說過的一種人，不知從地球的何處，如高山上的暴風雪般地驟然來臨，碰到他們的東西都遭到搶奪破壞。」〔註39〕

正是匈奴人的所向披靡，使得他們或者被妖魔化，或者被神聖化，借助他們的優勢兵器在歐亞大陸隨意遊走。「這時，我們的邊疆門戶大開，武裝蠻族結隊而入，其聲勢的兇猛，儼如伊特那山上的火焰，不久便散佈到很廣大的區域。」〔註40〕最終給強大的西羅馬帝國帶去了毀滅性的打擊。這種打擊，除了導致西羅馬帝國的滅亡外，還有長達 300 年的經濟衰落和此後近 500 年的經濟停滯。

（3）小結

西歐歷史上延續到十一世紀的「黑暗時期」，當然不能完全歸咎於三世紀以來的「民族大遷移」運動。但是，我們不能不說，正是三世紀以來的「民族大遷移」運動，讓整個世界歷史進行了一次大的交流和重新洗牌。處於中原地區的農耕民族為了解決自身與游牧民族的問題時，為了保護自身的安全和利益而修築了長城。得利於這一耗費人力、物力、財力的重大工程，中國在分分合合中，在長城的推動下形成了農耕民族與游牧民族的相對溫和的互動，並最終實現了長城南北的統一。

希望獲取農耕民族的合理利益而修築的長城在游牧民族與農耕民族的相互較量中，使得游牧民族中部分人西走並帶來整個世界的大洗牌，這是當時的中國人無法預料的結果。如果說匈奴人向歐洲的推進是歐亞之間各民族遷移的直接推動力，繼續深究，我們不難發現，匈奴人不斷西遷，有其社會政

〔註38〕 梁作幹：《世界歷史的重大轉折點：西晉帝國與西羅馬帝國的滅亡》，《暨南學報（哲學社會科學）》，1982 年第 2 期，第 382 頁。

〔註39〕 齊思和，耿淡如，壽紀瑜選譯：《中世紀初期的西歐》，北京：商務印書館，1962 年，第 35 頁。見「阿密阿那斯記匈奴人與哥特人侵入羅馬帝國」一節。

〔註40〕 齊思和，耿淡如，壽紀瑜選譯：《中世紀初期的西歐》，北京：商務印書館，1962 年，第 37 頁。見「阿密阿那斯記匈奴人與哥特人侵入羅馬帝國」一節。

治方面的原因，有其自然地理方面的因素，與長城阻止了他們直接向南方沃野推進也有著密切的關係。早在羅馬帝國後期，阿密阿那斯就已經明確指出游牧民族「不知道攻城戰術」的特點，羅馬人也曾經利用修築城池來處理與游牧民族的戰鬥〔註41〕。可惜，他們修築城池來應對游牧民族多是戰爭過程中的臨時措施，沒有形成規模性的、長效性的建築模式。這成為他們難以長時間與西遷大軍抗衡的重要原因。

中國秦漢兩朝以較強的預見性，修築了萬里長城來阻止匈奴的優勢發揮。從這個意義上來說，正是秦漢長城的修築，使得匈奴人向歐洲推進，進而影響了整個世界各民族的遷移，使整個世界出現了重大轉折。

3. 西方長城印象三部曲

長城是中華民族的代名詞，是中國的名片，這是世界現在公認的事實。但是，長城在人們的心目中一直存在多種聲音，這些聲音有正面的也有負面的，有積極的也有消極的。宏觀來看，西方世界對長城的印象從古至今有三個大的階段，有如一部宏大的音樂巨製，有緩進，有低估，也有高潮。

與長城有關的信息傳遞到西方世界，有一個緩進的過程。中國西高東低，東南面對大海，在古代屬於相對獨立的地理單元。在這片土地上，農耕民族和游牧民族根據自身發展的需要和實力對比，進行著各種各樣的碰撞、交流與融合。昭君出塞、澶淵之盟、隆慶和議等歷史事件無不在體現著農耕政權與游牧勢力之間的交流互動。儘管這是一個相對獨立的地理單元，但並不代表它與外界完全隔絕。張騫鑿空、玄奘西遊、鑒真東渡、鄭和下西洋等無不體現著古代中國與外界的交流。除中國人不斷外出取經問道、交流互訪外，世界各地的民族、國家也在歷史上不斷與中國建立聯繫。在這些聯繫中，中國多個朝代大量修建並利用長城的信息傳到世界。其中，古代中國周圍的民族和國家對長城的認識與中國國內的認識較為一致，從長城的實際功能和留存狀況上分析和認識長城的文章比較多。但在西方，最初對長城的認識，大量借助了人的想像力，因此增加了不少誇大的成分。當傳教士不斷將長城的信息傳遞到西方世界時，長城在西方人心目中的地位日漸高大，遠遠超過了長城的實際。正如比利時人南懷仁（1623～1688）盛讚的那樣：「世界七大奇

〔註41〕 齊思和，耿淡如，壽紀瑜選譯：《中世紀初期的西歐》，北京：商務印書館，1962 年，第 37 頁。見「阿密阿那斯記匈奴人與哥特人侵入羅馬帝國」一節。

跡加在一起也比不上中國的長城，歐洲所有出版物中關於長城的描述，都不
足以形容我所見到的長城的壯觀。」長城的信息被不斷引進西方知識階層和
上流社會，又通過他們的言談和著述不斷傳遞給中下層民眾。到 17 世紀初期，
世界地圖上標出萬里長城成爲世界地圖學的基本標準。長城作爲世界上唯一
的建築物繪入地圖，充分說明了長城在世界人民心目中的地位。就在長城在
西方人心目中的形象被誇大的同時，長城與中國的關係得到強化。而這時候
西方人心目中的中國，是以《馬可‧波羅行記》爲代表的作品掀起西方人無
限嚮往的中國。因此，這一時期長城的高大形象，在很大程度上也與西方人
心目中的中國的高大形象有關。

　　西方人很快開始認識眞正的中國，西方人對長城的印象也隨之出現了戲
劇化的過程。隨著新航路的開闢，西方人加強了與中國的直接交流。此時的
長城，已經逐漸成爲了代表中國文明的標誌，西方人審視長城的價值和作用
時，往往與中國聯繫起來。英國人笛福認爲，長城雖然是一項偉大的工程，
但它連烏合的韃靼兵都抵擋不住，實在有些「大而無當」。這一觀點見於《魯
濱孫歷險記》中。羅爾夫‧J.格貝爾（Rolf J. Goebel）在論述卡夫卡的東方話
語（Constructing China: Kafka's Orientalist Discourse）時中引用德國人 F.史萊
格爾認爲，「實際上中國根本沒有歷史，中國的一切都像長城那樣凝滯，千年
不動」。德國馬克思將長城視爲「最反動最保守的堡壘」。這些對長城的評述
中，有意識地將長城與中國聯繫起來考慮，長城與封閉保守、長城與中國長
時間的社會相對停滯、長城與中央集權……可以說，在文藝復興開始的較長
一段時間裏，西方雖然肯定長城的偉大，但對長城的認識多帶有消極、負面
的信息。這些信息的獲得，與當時西方世界在工業革命中逐漸崛起、西方社
會思想啓蒙運動等有著密不可分的關係。

　　當然，在西方認識長城的第二階段，長城作爲中國人民經過長時間歷史
創造的奇跡、作爲中國古代中央集權制度優勢的體現、作爲中國古人智慧和
決心的象徵等多方面的意義也逐漸得到闡釋與弘揚。長城也逐漸作爲獨立的
研究對象進入人們的視野。1908 年，美國威廉‧埃德加‧蓋洛前往中國，從
山海關到嘉峪關全面考察長城並寫了《中國長城》一書。他在書中認爲：「這
座世界最大的城牆，長久以來不只對和平有很大貢獻，也對延緩戰爭的突發
影響深遠。」透過長城，蓋洛認識到：「磚石和骨頭就像月光下其它萬物一樣
必然會化爲灰燼，但創造了如同長城這般偉業的心智則決不會腐朽和崩潰。」

　　在中國被列強蠶食和鯨吞的過程中，長城也一度成爲一些國家對付中國的工具。一些受政治影響甚至直接爲政治服務的學者開始大造聲勢，將長城視爲中國的邊界。日本矢野仁一等人開始鼓吹「長城以北非中國論」，蘇聯學者也一度大力宣稱長城和東北柳條邊是「中國的國界」。這些說辭隨著中華人民共和國的成立逐漸被糾正。

　　中華人民共和國成立後，隨著中國逐漸強大，對長城的認識逐漸糾正了原來誇大和貶低兩種截然不同的取向。西方世界中研究長城和研究中國問題的有關著作不斷湧現。美國人林蔚《長城：從歷史到迷思》通過對長城歷史的考察，結合以前各種對長城的言論，對西方世界將長城與中國聯繫起來後，又曾經過分誇大長城的做法進行了辨析。這一作品雖然也存在不少對長城認識的不妥當處，但其對西方人認識中國的梳理功不可沒。

　　在中國逐漸強大、與世界各國的交流逐漸走向深入的今天，以英國學者威廉·林賽爲代表的一群致力於研究長城的學者，通過幾十年對長城的保護和研究的具體行動，出版了《徒步長城》、《萬里長城百題問答》等多部長城專著，直接開始挖掘長城的積極意義和價值。研究中國和亞洲歷史、地理、民族、語言、環境等學科的學者也往往通過考察長城區域的情況分析長城對中國、亞洲乃至世界的影響。如美國學者拉鐵摩爾考察亞洲內陸邊疆的過程中，雖然對長城的認識不完全符合歷史的實際，卻通過對由長城隔離開來的南北雙方、尤其是通過長城以北遊牧民族的考察，將長城區域的各項研究拉入更爲廣闊的視野。西方對長城的研究中，客觀的信息逐漸增加，正面的信息逐漸增加。在長城研究走向全面的同時，也走向客觀。這成爲了西方認識長城的第三部曲。

　　長城是一本大書，其所蘊積的思想內涵十分豐富而複雜，這決定了人們在認識和解讀長城的過程中，對長城的認識難以一致。人們不可能在短時間裏窮盡長城的所有問題，也不可能對長城的所有認識完全正確。從逐漸變成一個神話到更多看到長城的消極意義，到逐漸走向客觀，西方人對長城的印象在數千年間隨著認識的不斷深入出現了極大的變化。由於長城是中國的名片，透過西方人看長城的眼光和角度，我們也從一個側面看到了在幾千年文明發展歷程中中國與世界的關係互動。

（本文完成於 2014 年 4 月奉命完成海外長城研究的初步整理之後，代表了筆者當時對長城的一些認識。）

4. 神威樓：坐覽火器大變遷

在白羊峪西北 124 號敵臺上，有一座仿木結構的磚樓，名為「神威樓」。這是一座磚石結構的硬山坡頂建築。該樓面向城牆開一拱門，門額上鑲嵌著一塊長方形石質門匾，匾長 104 釐米，高 55 釐米，保存完好。上刻「神威樓」三字，為陰刻楷書，小字題款曰：「游擊將軍張世忠題，萬曆丙申仲夏吉立」。在拱門對面的城牆內側，有一個長方形的影壁牆，左右與城牆垛口相連。在中間部位有鑿壁痕跡，碑已不見。

建於萬曆二十四年（1596）的神威樓面積不大。神威樓的牆體建築與遷安市境內其它敵臺沒有什麼兩樣，但與其它敵樓相比，該樓有三點比較特殊：

第一，在遷安眾多敵樓中，得以命名的敵樓不多，而神威樓的命名不但響亮，而且匾額出自該地區機動部隊重要軍事將領之手。

第二，神威樓與敵臺的關係比較特別。一般來說，敵臺跨牆，突出部分內外兩側基本平衡。建於臺上的敵樓，也是均衡凸出。神威樓不同，全部建在跨牆外側的敵臺上，樓頂後簷封護嚴實。

第三，建築材料比較特殊。樓頂前簷採用的是預製條磚做飛簷，後簷封護嚴實，坡頂用方磚封砌，磚縫用半圓磚封蓋。整座敵樓除了門外，不見任何木、瓦材料。

正是這樣一座命名響亮的小樓，給了學者不少猜想的空間。尹小燕在《古韻遷安》一書中，這樣說道：「『神威樓』建於萬曆二十四年（1596），面積僅為 6.6 米×5.6 米，不適應屯駐數量較多的士兵。其名『神威樓』如此響亮，且在眾多敵臺中少有命名，為何人駐守，曾起什麼作用，值得學者研究。」〔註42〕

根據神威樓的構築特點及名稱推斷，神威樓最可能是當時用於屯駐並使用當時先進武器——火器的敵樓。「神威」之名，很可能來自明朝多種火器的編號，也可能來自當時人對大將軍炮的評價：「迅雷不及掩耳，其威莫測，而其機最神。」〔註43〕尹小燕在介紹神威樓時，無從得知神威樓的功用，可能與神威樓中已無火器貯存有關。

讓我們在冥想神威樓當年構築情形的同時，一起在浩瀚的歷史資料中探詢有明一代火器的發明、製造、使用情況。

〔註42〕尹小燕：《古韻遷安》，北京：新華出版社，2011 年，第 145 頁。
〔註43〕《登壇必究・神銃議》。

一、明以前火器的發明和使用

中國火器的使用，現在已知最早的文獻記錄是在北宋初期。在此之前，上溯近一千年時，中國人便在煉丹的過程中發明了火藥。

火藥是由硝石釋放氧氣完成燃燒過程的自供氧燃燒體系，這是這樣的一種內燃燒體系，使得它在密閉的容器中會燃燒並產生巨大的能量，形成巨大威力。中國古代發明的火藥是由硝石、硫黃和含碳的物質經過人工均勻攪拌煉製形成的。在火藥的發明過程中，硝石扮演著氧化劑這一重要角色。硝石是以後總鉀鹽，化學名稱是硝酸鉀。生活在中國這片神聖土地上的先賢很早便認識到了硝石的特性。硫黃則在燃燒的過程中扮演著重要的還原劑角色，正是這一角色的存在，使得火藥能夠爆炸。

在中國古代，最先認識硝石和硫黃的人是藥物專家。《神農本草經》中將藥物分為上品、中品、下品三類。硝石列為上品藥中的第六種，硫黃則為中品藥中的第二種。該書對這兩種藥的特性介紹是這樣的：「樸硝，味苦寒，主百病，除寒熱邪氣，逐六腑積聚，結固留癖。能化七十二種石。煉餌服之，輕身神仙。」「硝石，苦寒，主五臟積熱，胃脹閉，滌去蓄積飲食，推陳出新，除邪氣。煉之如膏，久服輕身。」「（石硫黃）能化金銀銅鐵，奇物」。正因為這兩種藥物都有輕體爽身的作用，因此，後來的煉丹家將這兩種藥物放在一起研製。到東漢，硝石和硫黃的特性得到了更進一步的挖掘。唐以前，硝石、硫黃的各種特性均得到了較為深入的研究。正是在這些研究的基礎上，煉丹家們經過多次研究。到東晉時便由葛洪開始了爆炸物的試驗。當然，葛洪當時雖然已經將中國火藥的三種必備物品合練，但是否當時已經將這幾種物質按照合適的比例混合並製成火藥，尚無明確記載。

到唐代，煉丹家創造並發明了伏火法。最原始的火藥應該是通過伏火法煉製出來的。雖然目前尚未找到充足的史料證明伏火硫黃法的創造年代，但至少在唐憲宗元和三年（808）之前，這一方法已經為煉丹藥常用。這一年，《鉛汞甲庚至寶集成》一書問世，書中介紹了有人用伏火硫黃法煉成一種特殊的物料，這種物料已經把硫黃引入自供氧燃燒體系，並以硝石、硫黃、炭作為主要成分。雖然這種物料還不能說一定是火藥，但這些物料的配合說明，火藥的發明指日可待。不久，伏火礬法發明，火藥發明又進一步。經過長時間的不斷摸索，硝石、硫黃和炭合燒易燃易爆的特點逐漸被人們發現並加以利用。到北宋初期，一些軍事人才充分利用了這一特點，將火藥製成了火器，

「火藥」也逐漸載入史籍。《武經總要》中明確記載了「火球火藥方」「毒藥煙球火藥方」「蒺藜火球火藥方」三個重要的火藥配方，還記載了不少火藥武器，如霹靂火球、煙球、鐵咀火鷂、火藥箭等。《武經總要》所記火藥配方是世界上記載最早的三個火藥配方。英國科技史學家李約瑟（Joseph Needham）根據阿拉伯和西方國家 13 世紀前不知道硝石這一史實，判斷中國是最早發明火藥的國家，而不是阿拉伯和其它西方國家〔註 44〕。火藥也成為中國古代對世界具有巨大影響的四種發明之一。

　　經過宋代軍隊試用並改進後的火藥配方，成為此後較長時間內各地配置軍用火藥的樣本。北宋初年，為了滿足統一戰爭和邊防的需要，在全國各州設立了龐大的兵器製造系統。在這個系統中，至遲到仁宗天聖元年（1023）已經專門設立了製造攻城武器的作坊，作坊中專門設有「火藥作」〔註 45〕。火藥作的設立說明北宋的火藥配置已經發展到了比較大型作坊作業的規模，而且，官方已經開始控制火藥製作技術的流傳與擴散。

　　正是在北宋初期，朝廷開始獎勵大臣對火器的研製。因為研製火器而得到賞賜的官吏比比皆是。最先研製火器的人員是北宋東京汴梁一帶的將領。在《宋史》中，因進獻火器獲得賞賜的最早記錄是北宋開寶三年（970）五月，馮繼陞進獻火箭法，得到賞賜。〔註 46〕此後，由於朝廷的高度重視，火器的研製成果迅速得以編輯成書並在朝廷控制的範圍內廣泛傳播。

　　儘管北宋時期這些火器都是初級火器，但由於當時的兵器研製人員將這些武器與燃燒作用結合起來，增加了這些火器的作戰距離，使得傳統的作戰方式發生了質的變化。北宋末期對金的戰鬥中，北宋頻繁使用火攻與火器的發明密切相關。

　　北宋末年到南宋初年，宋軍對抗金軍時多採用火器，其殺傷力和對戰爭的影響力在金軍中迅速傳開。金軍攻陷汴梁後，不斷佔領宋朝的火藥與火器製作中心，重用漢族工匠，收繳了大量火器，並充分利用當時先進齊備的火器製造作坊製造火器。不久，金軍便迅速掌握了北宋的各類軍備火器，並發展出先進的鐵火炮和單兵使用的飛火槍等新式武器。蒙古國建立後，也重視

〔註 44〕李約瑟：《關於中國文化領域內火藥與火器史的新看法》，魯桂珍譯，《科技史譯叢》，1982 年第 2 期。
〔註 45〕《宋會要》之《職官》三十之七，天聖元年汴梁設立的攻城武器作坊中，分為二十一個作坊，火藥作是其中之一。
〔註 46〕《宋史》之《兵十一》。

對匠人的利用，迅速發展了火器設施。在創制火器的過程，湧現了不少能工巧匠。其中，陳規是著名代表。他研製的長竹杆火槍以火藥燃速快、火力大、目標準而著名。正因為如此，陳規成為世界上最早創制和使用管形火器的軍事專家。

隨著南宋和金、元對峙期間鐵殼爆炸彈、金屬管形射擊火器的發展，各種爆炸性火器和火銃的創制和發展基礎日漸夯實。也就在這個過程中，國外也逐漸認識並瞭解了中國的火藥與火器，並開始了仿製。到元末時，火銃已經比較明確地用於守城戰和水戰，更重要地用來擊殺守城官兵中的重要個體目標。

二、明朝火器的發展和利用

時至明朝，隨著火銃在元末戰爭中優越性的體現，明代開始重點發展和利用這類管形射擊火器。具體說來，這類管形武器的研製和發展分為三個階段。

第一個階段是洪武開國至建文失位（1368～1402）。明朝建立初期，全國的軍事形勢仍十分嚴峻：一方面，夏政權仍佔據今四川一帶，給明朝西南一定的壓力；一方面，今雲南一帶，梁王仍舊聽命北元，不服朱明的管轄；一方面東部倭寇影響已經開始明顯；最重要的是北元勢力雖然退居大漠，但屬於全身而退，隨時可能捲土重來。在這樣的形勢下，朱明在從統治中原開始，立即將發展軍備、加強國防作為了重要任務。在加強國防方面，明朝最大的動作便是大修長城軍事防禦體系，最大限度遏制北元的優勢。在發展軍備方面，明朝立即著手整頓前朝創制的各類武器，尤其是火銃，並將這一精銳武器加以規範。根據實戰的需要，這一時期，明朝將火銃發展成為集大、中、小三種類型的火銃系列。一些專家對這一時期的火銃根據形體大小、構造特點和作戰用途分析，發現這些火銃主要分為三大類。第一類是裝備單兵使用的手銃，第二類是裝備在關隘和戰船上，用於守備的碗口銃，第三類是用於城防要塞的大型銃、大型炮，也稱筒炮。與元朝相比，這一時期的大型銃炮已經問世，火銃的銃身也調整到了更為合適發射的狀況，火藥得到更加充分的燃燒，火藥的威力也增強了不少。

從目前出土的各類洪武建文時期的火銃來看，主要出自寶源局、軍旗局、兵仗局和各個衛所。寶源局設立於元朝，到洪武年間仍在使用，是明朝前期

重要的造銃機構。寶源局所造的銃，出土的重量分爲三等，較輕的爲 1.6 千克左右，較重的爲 16 千克左右，最重的爲 74 千克左右。洪武八年（1375）之後，再也沒有見過該局所造的銃。或許從洪武八年之後，寶源局已不再鑄造火器。

洪武十三年（1380）軍器局設立，具體負責製造鞍轡、各類冷兵器，也負責火銃的製造事宜。到洪武二十六年（1393），鞍轡單獨成立機構，軍器局具體負責兵器的製造。根據《大明會典》的記載，軍器局以三年爲一期，每期製造碗口銅銃 3000 門，手把銅銃 3000 支、銃箭頭 9 萬個，信炮 3000 門。

洪武二十八年（1395），兵仗局成立，專門負責製造各種火銃和發射火藥。吳晗在《朝鮮李朝實錄中的中國史料》一書中，記載了甲寅二十三年（明太祖洪武七年，1374）撥發火藥等物，明朝爲高麗「打造捕倭船隻合用器械、火藥、硫黃、焰硝等物」〔註47〕的事例，其中記錄了朝廷撥發的各類物資數量，其中硝和硫黃的比重是 5:1〔註48〕，以此比例配製的火藥，是性能良好的發射火藥。從這一點來推論，這一時期已經實現了發射火藥的發明和使用。兵仗局也以三年爲一期，但具體每年製造的量不詳。製造火器內容相對較多，有大將軍、二將軍、三將軍、多門將軍、神銃、斬馬銃、手把銅銃、手把鐵銃、碗口銃、盞口銃等。

軍器局和兵仗局所生產的火器，除非特殊情況，很少調撥給軍隊使用。此外，內官監屬內府系統，於洪武十七年（1384）設立，下設火藥作，爲火銃製造發射火藥。

從洪武十年（1377）開始，火銃的製造轉由各地衛所駐軍設立的軍器局和經允許由地方政府設立的造兵機構來打造。衛所是明朝軍隊的基本編制單位，除了戰爭外，還負有戍守和屯田等任務，多數地方的衛所亦兵亦農、耕戰結合。1971 年，內蒙古托克縣黑城公社出土了洪武十年打造的手銃，重 1.75 千克，從銘文來看，屬於「鳳陽行府監造官鎮撫孫英、教匠謝阿佛、軍匠華孝順」製造，責任分明。〔註49〕1977 年，貴州赫章縣出土了銘有「永寧衛局，

〔註47〕 吳晗輯：《朝鮮李朝實錄中的中國史料（一）》，北京：中華書局，1980 年，第 39 頁。
〔註48〕 《朝鮮李朝實錄中的中國史料（一）》第 39 頁記載：「洪武七年五月初八日，中書省、大都督府、御史臺官於奉天殿欽奉聖旨……教那裡掃得五十萬觔硝，將得十萬觔硫黃來，這裡著上官即奏……」，由此可知，硝與硫黃的比例爲 5:1。
〔註49〕 《文物》1973 年第 11 期。

提調鎮撫趙旺、監督總旗夏兩隆，作頭張孝先、銅匠錢四兒造，碗口筒，一十四斤四兩重，洪武十一年 月 日造」字樣的碗口銃一門〔註 50〕。將造銃的任務交給其中的一些有條件的地方政府和衛所，不僅可以使得地方政府和衛所在完成職守的同時增加一些工作內容，也可以在一定程度上減輕朝廷集中製造火銃的負擔，減少運輸的困難。

在洪武年間，承擔了設局造銃的衛所不多，主要有南昌左衛、袁州衛、永寧衛、平陽衛、吉安守禦千戶所以及鳳陽府（後改爲鳳陽衛）、永平府（後改爲永平衛）。儘管各個衛所製造的火銃不僅僅供應本衛的裝備，而是調運至各地，裝備各處駐軍。但是，從運輸的條件和各方面來分析，遷安一地的火銃調撥，主要來自永平府（衛）。

朱棣定都北京之前，朱明的都城在南京。這一時期，永平府和永寧衛均地處當時較爲邊遠的地方，永平府位於北方，永寧衛位於東南，一則護衛北土，一則守衛海疆。這些地方政府和衛所機構已經能製造出當時最先進的火銃，說明當時發展火銃的力度。

綜上所述，明朝初期的造銃任務由四個系統承擔：工部系統、內府系統、地方布政司系統和各地駐軍系統。這些系統在明朝初期協力合作，爲明軍製作了大量質地精良的火銃，形成了中國火器發展史上的第一次造銃高峰。

第二階段是永樂稱帝至正德末年佛郎機傳入前（1403～1521）。明成祖朱棣稱帝後特別是遷都北平後，明朝諸位君主親征漠北、用兵交趾、防備倭寇、備邊西北等戰爭和國防建設進一步促進了火銃的發展。與明朝前一段時間相比，這一時期明廷利用手工業、礦業、冶煉技術發展等有利條件，大力推進火銃製造業的發展。尤其是一些火器的研製者，在皇帝的大力倡導下，不斷改進火銃的結構、質量、性能，使得這一時期的火銃在品種上得到了較多的增加，威力也得以增強。與前期相比，這一時期製作的火銃，多了超過千斤的大型銃炮。火銃的發展在這一階段進入鼎盛期。

經過明朝前期對火器的發展，到朱棣登上帝位後，明朝的火器已經具備了一定的規模。明太祖朱棣一方面在軍器製造上繼續執行洪武后期的政策，一方面對武器的製造進行了更爲嚴格的規定。永樂十七年（1419），就在北京都 城營建的過程中，明成祖朱棣明確下令嚴格控制武器的製造：「凡軍器，

〔註 50〕《貴州社會科學》1982 年第 5 期。

除存操備之數，其餘皆入庫。」〔註51〕「不許私製。」〔註52〕此外，還嚴格規定了朝廷製造火器需要按照一定的程序進行，所有的兵器都需要符合規定的設計圖紙，製造的火器均有編號。除了以前批准的一些地方和衛所外，有增加了一些允許製造火器的地方政府和衛所。比如，弘治四年（1491）批准了湖廣、廣西等地，正德六年（1511）批准了青州左衛。隨著製作火器的機構增多，明朝的火器數量也得到了很好的保證。

　　爲了加強對火器的管理和對使用者的管控，從永樂年間開始，明朝的火銃編號分爲天、奇、武、英、功、勝、神、電、威、烈等不同的類別，並對每個類別的武器進行了編號。在《文物》上曾經介紹了河北省文物研究所所藏的一款天字號輕便手銃，銘文爲「天字五千二百三十八號，永樂七年九月日造」，後刻「赤城二邊石門墩」〔註53〕。這一輕便手銃，便是天字編號的一款。

　　中國的火藥和火器走出國門後，經過多國研製者的仿製和改進，到明朝前期製造出了與其匹配甚至比火銃的性能更爲優越的新型槍炮。後來，這些武器在交流過程中傳入中國，明朝傳入的「佛朗機」便是其中一類。嘉靖三年（1524），明廷首次仿製佛郎機成功。此後，都察院右都御史汪鋐等上奏朝廷，請求大量仿製佛郎機，希望將北方甘肅、延綏、寧夏、大同、宣府各鎮的兵器進行改良，增加利於射遠的佛郎機來抵禦北方蒙古各部貴族的南擾。朝廷批准了汪鋐的建議，「命各邊督撫諸臣各率所屬，盡心修舉」〔註54〕。這些武器也以天、奇、武、英、功、勝、神、電、威、烈定級別。這便是明朝火器發展史上的第三個階段，仿製佛郎機等國外武器的階段。

　　戚繼光在《紀效新書》中記載了 6 種尺寸的佛郎機及其附件，並規定了其中 5 種佛郎機的用途，將大型佛郎機用於艦炮和城堡的防禦，中型的佛郎機用於隨軍機動作戰，小型的佛郎機則用於裝備單兵。

　　除了佛郎機外，後期明朝軍隊也開始仿製鳥銃、火繩槍等武器。鳥銃和火繩槍的製造則受到了兵仗局的高度重視。在仿製佛郎機而改善了重型火器之後，明朝利用鳥銃和火繩槍的傳入，進一步改善了明朝軍隊的單兵裝備。

〔註51〕　《明太宗實錄》卷二百十九，永樂十七年十二月己丑。
〔註52〕　《明太宗實錄》卷二百十九，永樂十七年十二月己丑。
〔註53〕　《文物》1988 年第 5 期。
〔註54〕　《明世宗實錄》卷 117，嘉靖九年九月辛卯。

　　需要注意的是，在明朝火器發展的第三個階段，除了大量仿製國外的先進火器外，還對傳統火器進行了不斷的革新，使得國內與國外的火器相互促進，共同發展。

　　爲了保證這些生產出來的火器符合要求，明朝規定每次交給兵仗局保存的火器中都要抽取成品進行比較和驗收。鳥銃的檢驗是試射三次以上均不發生故障。如果發現問題，該批火器的製作人員將受到嚴厲處罰：「不如法及克落隱瞞匠料者治罪」〔註55〕。火器的驗收是極爲嚴格，內府給事中、御史臺御史各派一人，會同工部的官員一起才能完成驗收程序。

　　派發、領取火器的手續也比較複雜。各地衛所駐軍在領取火器的時候，必須將領取火器的軍官的姓名、領取的各類火器的數量登記造冊，收存備查。火器的使用也有嚴格規定。一般來說，當使用者領取火器後，要在火器上刻上使用者的姓名。這樣一來，權責自負。正因爲分地區派發和領取火銃等各類火器來加強對火器的管理和使用。以各地出土的永樂時期輕便手銃來看，其形制構造與《武備志》上記載的獨眼神銃極爲相似，主要用於發射彈丸和箭鏃，可以裝備水軍和陸軍，各地駐軍均有配備。這些出土的手銃中，有三門屬於神字號，分別爲神字四號，神字二十一號和神字一百四十九號。這三門神字號的火器分佈在北京、南京等地，而現存天字號手銃更是分佈在北京、河北、遼寧等多地，可見，當時儘管在發放的管理上比較嚴格，但並沒有嚴格限定各個字號的武器使用地。除了手銃外，中型手銃、大型銃炮也多處出土。遷安以「神」「威」二字命名，或許與他們當時領取和使用的火器字號有關。在遷安白羊峪長城西坑子樓出土了一些火銃，在冷口長城出土的二箍鐵炮和三箍鐵炮說明，明代遷安地方使用的火器數量不少。以此推斷，遷安當時修築一座仿木磚石結構的敵樓來貯存和使用火器，是很正常的。

　　隨著火器的大量使用，明代的軍事編制和裝備結構發生了重要變革。通過一段時間的發展後，明朝各地軍隊逐漸實現了按照各地衛所駐軍情況配備火銃等新型武器。洪武十三年（1380）正月，明廷規定：「凡軍一百戶，銃十，刀牌二十，弓箭三十，槍四十。」〔註56〕到永樂年間，明成祖在沿邊關隘地區均配備了火銃和火炮，並增減了相應設施。如永樂十年（1412），明成祖下令「自開平（今內蒙古多倫境內）至懷來、宣府（今河北宣化）、萬全、興和

〔註55〕《大明會典》卷193《工部十三・火器》。
〔註56〕《明太祖實錄》卷129，洪武十三年正月丁未。

山頂，皆置五炮架，有警即發」〔註57〕，並逐漸在邊關城堡中構築固定式炮臺來代替臨時安置的炮架。這種固定的炮臺由駐守在居庸關的官軍最早提出。於是，在永樂二十一年（1423），經指揮袁訥奏請，在居庸關附近新建了八處煙墩，架設銃炮。〔註58〕自從佛郎機大量仿製並用於北方各邊關隘後，各地也根據佛郎機的性能特點修築了適合佛郎機運用的城堡、墩臺。修築於1596年前後的神威樓，很有可能由固定炮臺建築增加功能不斷發展而來的。

坐落在白羊峪關西面的神威樓，在當地老百姓的口中流傳，還被稱為「香樓」「香花樓」「心樓」等，這些樓名代表了百姓對此樓的祝福。該樓的匾額為游擊將軍張世忠題寫。由於明朝有一位著名戰將稱為張世忠，字顯甫，山海關人。嘉靖年間，會試武舉，曾在薊鎮參預軍機。遷安所在三屯營正屬於薊鎮，因此，人們往往將匾額歸於這位太原保衛戰中英勇犧牲的名將。其實，名將張世忠戰死於嘉靖二十一年（1542），而此樓的命名題寫於 1596 年，因此，這一樓名的題寫，當來自與名將姓名相同的另外一位將官之手。

神威樓是遷安境內唯一一座仿木的磚石結構敵樓，在全國各地的長城建築中也難得一見。仿木磚石結構增強了該樓的堅固性、抗震性和安全性，可以較好地適應火器的威力。

神威樓整個建築置於外牆一側，樓頂外側前簷用磚石製成椽飛，後簷做成封護牆。樓頂使用方磚鋪砌，磚縫用半圓形磚扣住，最大限度地避免了火器遭受雨水洗禮的危險並最大限度保證了火器使用方的安全。

這一敵樓平面為 660 釐米×560 釐米，前後左右牆均高 380 釐米，四周牆體用青磚抹石灰泥，平鋪三層壘砌。後外牆和左右兩側的中間各有一個射擊孔和兩個礌石孔。如果將射擊孔視為箭窗，將這座樓仍視為適應冷兵器的建築，很可能低估了這座敵樓的價值。

（本文完成於 2012 年，初次發表在《萬里長城》2013 年第 2 期）

5. 從半截邊看長城傳說的價值

去過慕田峪的人，或許對半截邊都有一些印象。半截邊是從主長城岔出伸向東南，在一個山頭上戛然而止的一段長城。這段長城從軍事角度無可挑

〔註57〕《明太宗實錄》卷 127，永樂十年四月癸亥。
〔註58〕《明太宗實錄》卷 263，永樂二十一年九月壬辰。

剔，位居顯要之地，易守難攻不說，還修建得極爲仔細。但要將半截邊放到長城的整體中去看，並無太多特別之處。但是，關於半截邊的一個傳說，卻深深地吸引著我，引起了我深深的思考。

關於半截邊的傳說，宋慶豐先生曾經寫過一個故事。大致是這樣的：在秦始皇下令修長城後，一位姓穆的官員負責監修慕田峪一帶的長城。穆監修官覺得不向南邊修一段，容易給敵人可乘之機，於是先集中人力、物力搶修東南的這一段。這個想法被楊姓監修官否定，他認爲穆監修官的做法不遵旨意、妄自獨斷。爲了免除自己的禍殃，或許也有加官進爵的想法，楊姓監修官狀告穆姓監修官不按聖旨辦事。於是，穆姓監修官被就地正法。穆姓監修官在被砍頭之後，從跪著的狀態站起來，直到監斬官表明態度，如果他屬於屈死，一定會稟明皇上樹碑立傳，無頭直立之屍才倒地。正因爲如此，在慕田峪半截邊的東南端有一塊碑文，專門記載了此事。

這故事中的「半截邊」便是學者一般所說的禿尾邊。根據吳元眞、吳夢麟兩位先生的研究，應「是城牆裏側的一條支牆，主要功能是加強對慕田峪關堡、辛營、渤海所方向的防禦。」而且，根據吳元眞、吳夢麟兩位先生 20世紀 80 年代對慕田峪的考察，在慕田峪共找到各類碑文刻石 15 方、刻字界磚 1 塊。從這些碑文與刻石來看，基本上是隆慶年間的碑石。從慕田峪的田野調查可以知道，所謂「專門記載了此事」的碑文，恐怕也是修長城的題名碑。

從這些信息來推斷，宋慶豐先生記錄下來的這個長城傳說，有一些信息是可以明確的：第一，傳說故事說發生在秦始皇修長城時，估計應是明修長城時。第二，傳說故事說碑文記載了此事，這個需要進一步查證。如果能繼續找到慕田峪的碑文詳細文字，或許能看到當時是否曾經有官員因修禿尾邊被殺故事。第三，從傳說故事中，可以明確至少在明朝時，長城的修建是有嚴格的前期勘測和施工規定的。我猜測，即使當時並沒有記載下來此事，或許說這傳說的人就是用傳說來傳遞當時一些有識之士的長城修建正確舉措也未可知。

在傳說故事中，有很多有意思的事，透過傳說故事，我曾經讀到過不少撲面而來的生活氣息。如果仔細加以甄別，或許在長城的傳說故事中，還能品出很多有價值的信息。

（2015 年 3 月 4 日）

6. 長城抗戰與在長城關口發生的戰鬥

長城抗戰，作爲一個專業術語，所指的只是局部抗日戰爭時期的抗戰，發生在 1933 年。長城抗戰以失敗告終。作爲長城研究，我們所研究的抗日戰爭內容不止長城抗戰，還包括全面抗戰時期發生的大量與長城關口甚至牆體有關的戰爭——這些戰爭不屬於長城抗戰，卻與長城有關。或者應該這麼說，研究長城的學者關注的內容不止長城抗戰，還包括長城見證下的其它各項戰鬥，如彭德懷等人發起的百團大戰便有大量戰役發生在長城關口附近。這些已經不是「長城抗戰」名詞下的長城抗戰了。

（2015 年 8 月 31 日）

7. 錯長城未必是錯

「錯長城」是白道峪一帶村民對當地一段長城的稱呼。這段長城在靠近村莊的略嫌低矮的山梁上，不長。在偏北的地方綿延的山梁上分佈了一些敵臺，這些敵臺的相互呼應加上山勢的險峻，已經可以保證這一帶地方的安全。基於此，這一帶的村民認爲這裡的長城是修錯了的，甚至認爲是因爲修錯了而沒有繼續修完。

真的是這樣嗎？前往「錯長城」仔細勘察這一段長城時，我認爲，錯長城未必真的是錯。因爲，在「錯長城」的兩側，根據勘察，一邊是懸崖峭壁，堪稱山險。去過八達嶺的朋友可以看到，7 號樓修的地方與前往 8 號樓的牆體之間，形成了一個錯落。這兒的錯落也是因爲沒有必要修長城牆體而出現的。在「錯長城」的一側，已經是險陡的山體，憑險已經足以形成對村落的有效保護了，這種情況下，是根本不需要在山體上再修建長城的。「錯長城」的另外一側，在修建「錯長城」的年代應該有一條小的山溪通過。當時在山溪的對面也修建了一些長城的牆體，兩者相連。現在仍能看出原來這裡應該是有一個水關的存在。只是時間久遠，這裡的水關已經難以見到原來的模樣了。

看到這，我想起了河北省遷安縣。「錯長城」或許和河北省遷安縣的「套城」「謊城」有相似之處。兩道長城將遷安縣的幾個村莊圍繞在其中。2012 年去遷安的時候，從老鄉的嘴裡得知，在兩道長城的銜接處，原來是有一個關門的。從這裡可以知道，如果真有敵人時，只要關門緊閉，幾個村的百姓便將自己的居住處所變成了一個較大的堡寨，起到重要的保護作用。

　　我對軍事和地理不甚熟悉，不敢將「錯長城」沒有修錯居爲定論。這尚需要更多的學者通過更多的實證來加以證明。提出這個設想，是對中國古代長城設計者的自信，是對中國古代民眾智慧的自信。

　　中國是否有修錯的長城？我相信有。從遼寧省的資料中，我曾經見到過因爲玩忽職守未按照規定來修建城堡而受處罰的記錄。但是，「錯長城」的修建，以其修建地點和價值，它確實與北部高山上的幾個孤立的敵樓形成了呼應。當敵樓上發現敵情，白道峪一帶的村民登上「錯長城」就足以進行較好的、對本村莊的防護，因此，「錯長城」就難以說是錯了。

（2015 年 2 月 9 日）

8. 不宜簡單將長城視爲冷兵器時期的防禦工事

　　英國人笛福的《魯濱遜漂流記》是大家耳熟能詳的作品，其《魯濱遜歷險記》也有不少熟知的讀者。在讀長城的典籍時，忘記什麼時候突然發現原來笛福的《魯濱遜歷險記》中包含了很多與長城有關的信息。於是，買下了一本。書中關於長城的內容不少，在這裡錄入其中一段。書中第 564 頁寫道：「納烏姆城是中華帝國的一個邊陲重鎮；他們把這叫做關塞，這話沒錯，因爲那兒有城牆之類的防禦工事；對此，我敢這麼說一句：在整個韃靼地區的韃靼人，總數當有幾百萬，但是憑他們的弓箭是不可能摧毀那城牆的；然而如果用大炮轟擊的話，誰還說那城牆牢固，那只會使內行的人哈哈大笑。」

　　從這段話來，笛福似乎認爲城牆在冷兵器時代是有用的建築工事，到熱兵器時代便沒有什麼用處了。眞的這樣嗎？這個觀點值得我們重新回到歷史中去看。至少在明清時期的戰爭中，長城是常常存在的，在戰爭中也起到了很大的作用。但是此時的戰爭，是已經用上了大炮的。到抗日戰爭時期，飛機已經用上戰場，這時還有不少戰鬥發生在長城牆體上，發生在長城關口處。所以，簡單地看待城牆與熱兵器的關係，恐怕是容易出現問題的。

（2015 年 5 月 22 日）

9. 長城長度別忽略了「認定」二字

2009 年和 2012 年國家文物局公佈了兩個與長城有關的數據：明長城總長 8851.8 千米和歷代長城總長 21196.18 千米。自從這兩個數據公佈之日起，很多人認為，這是中國長城的總長度。

筆者認為，這種認識是存在一定偏差的。國家文物局所公佈的，是經過他們調查之後認定的。換句話來說，所謂「認定」是根據現有階段的研究和調查確定的。

受現有研究認識程度的影響，「認定」的長城中可能有些並不屬於長城，或者時代劃定不完全準確。

受調查範圍廣度的影響，「認定」的長城之外，也很可能有不少長城未能列入此次測繪和調查的行列。

國家文物局和國家測繪局等機構通過數年的努力，對長城進行一次較為系統的普查，對我們來說是很有意義的事情。為此，我們需要感謝他們的辛勤勞動。但同時，我們在心裏也應該有這樣的認識：現在認定的長城長度，並不是中國長城的實際長度。我們在說「8851.8 千米」和「21196.18 千米」時，一定要清楚地知道，它們只是現階段經國家文物局認定的部分。

（2015 年 10 月 29 日）

10. 怎樣才是望長城內外？

毛澤東《沁園春·雪》詞裏寫道：「望長城內外，惟餘莽莽。」英國女王和她的丈夫登上長城，鄭鳴拍下了一張神禮貌不合的照片，取名「望長城內外」，於是，歷史定格了。於是，我們知道了：看問題的角度將會決定著我們解決問題的方式。

望長城內外，之於長城，什麼是內、什麼是外呢？昨天晚上我突然想到了這個問題。或許有朋友說：「長城內外不就是長城南北嗎？」甚至有朋友會補充說：「長城內即長城南，長城外就是長城北。」可當我們審視所有的長城，當我們讀長城文獻的時候發現，問題遠遠不是這麼簡單。長城不僅僅是東西向修建的，在不少地方，它的走向是南北方向的，比如陰山一帶。因此，不能簡單地說「長城內外即長城南北」。

一些朋友認識到了這個問題，於是以中原地區為中心，認為長城內即指

靠中原地區的一方，長城外即指中原地區相對應的一方。可是，這問題又被史料推翻了。在清朝保護龍興之地後，很多奏摺中明確以長城以北爲關內，說明當時的長城以內所指僅是盛京一帶。基於此，甚至我們難以說，長城內是修建者所在的區域，長城外是被修建者防禦的區域。

那麼，到底什麼是長城內外呢？其實，長城內外是根據人的心理而進行區分的概念。在同一時間段中，也有不同的「長城內外」。根據心理來分析，長城內應該是指某段長城所保護的區域，長城外所指則是某段長城所防範的區域。用某段長城的保護區域來區分長城內外，或許最切於長城實際情況吧？

（2015 年 6 月 4 日）

11. 哪裏是長城的起點？

「關於長城的起點。一般認爲長城東起山海關西至嘉峪關。實際上，長城的起點不是山海關，而是鴨綠江畔遼寧丹東虎山南麓。」在讀書時看到這一段話，引起了我的一些思考。不否認這一段文字的價值：它至少給人們提供了兩則信息，第一是「長城東起山海關西至嘉峪關」的表達存在一定的問題；第二是「鴨綠江畔遼寧丹東虎山南麓」有長城。

但是，這則信息仍有不少問題：

（1）哪條長城的起點？中國的長城可不止一條！現在，學者對中國長城的條數已經有了很多不同的計算方式和不同的統計信息。

（2）以什麼標準來確定起點？是中國境內？是中國歷史上所修長城？

（3）既然是起點，是不是如黃河、長江一樣的源頭？是所有的長城都從虎山出發，自東向西修建？

（4）長城是連續不斷的牆體嗎？顯然不是。既然如此，又該如何來分析起起點問題？

基於以上認識，我們不能不說，這一則信息雖然是想消除人們對長城的誤會，但僅僅起點這一則信息便已經有了太多值得人們去辨析和思考的問題了。因此，我們不宜用「起點」來說中國的長城。如果要說，則應該更爲準確地圈定範圍才好。至於虎山長城，似乎用「中國現有疆域範圍內最東端的長城」來表述相對準確一些。

（2015 年 5 月 17 日）

12. 宋朝修過長城嗎？

宋朝是否修過長城這個問題，該澄清了。

宋朝修過長城這一點，在《宋史》上便有較爲清晰的記載。根據《宋史》的記載，北宋末年曾經修建過高約 1 米的長城。關於這一點，成大林先生在《中國長城志》編纂過程中，曾經提醒過我們。事實上，關於宋代是不是修過長城這一點，成大林先生還有更多的研究。

根據光緒《山西通志》和《續修岢嵐州志》的記載，楊業之妻折氏的堂弟、宋朝的名將折御卿曾經在 979 年攻佔太原西北的軍事要地岢嵐縣，到 980 年時曾經在岢嵐縣城的北部天洞堡向東修建了長城。

又根據曾公亮《武經總要前集》中的記載，宋朝曾經在岢嵐修建過長城。

岢嵐自古是保衛山西太原的重要屏障，這一地區在北齊、隋朝時均修建過長城，這些早已得到專家的研究和證實。現在，根據考古資料和史料的分析，至少在山西岢嵐一帶，宋朝是曾經修建過長城的這一點，也得到了成大林先生等人的考證。

在很長時間裏，人們對宋朝是不是修過長城往往持否定的態度。實際上，宋朝在北方面臨著契丹、党項的威脅，在北部邊疆的軍事佈防是較爲嚴密的。宋朝在北方的防禦，一般學者將其列入宋代堡寨中進行研究，很少將長城單獨拎出來單說。在許成等先生對寧夏古長城的研究中，也曾經提到宋朝所修的軍事堡寨。他們將這些列入古長城的研究和考量中，在當時或許曾經受到過質疑。但是，根據現有資料來看，宋朝極爲重視北部邊疆防禦，還曾經進行過大量的長城軍事佈防。

宋朝長城的修建，除了岢嵐這一帶有石砌長城外，更多的是水長城的修建和使用。這些水長城現在仍被不少學者忽略、排除在中國長城之外，而實際上，宋朝的水長城是真正體現中國長城依據形勢、就地取材這一特點的重要代表。這些長城什麼時候能正式列入長城的研究範圍呢？這恐怕還需要一些時日。

（2015 年 5 月 17 日）

13. 什麼是野長城？

什麼是野長城？首先，我們需要說一下「野長城」的來歷。野長城其實

是英語「wild Great Wall」翻譯過來的，提出這個概念的人，應該是威廉・林賽（William Lindesay）。威廉・林賽是大家都很熟悉的外國友人，他的夫人是吳琪女士。他們提出「不愛長城非好漢」的口號，他們對長城的保護與行動也讓他們贏得了中國和英國政府的高度肯定。這裡不再介紹。

其次，野長城的基本含義。什麼是野長城呢？這個概念不是太好界定。荒棄、無值守、無維護……這些都表達了我們心中對野長城的基本印象，但又似乎不足以準確界定野長城。或許，可以這麼來界定：野長城即未經政府批准進行有序維修和保護的、沒有開發成長城旅遊景區的長城。也就是說，八達嶺、居庸關、黃花城……這些已經進行維修並作為遊覽景區的長城區段之外，其它的長城都可以視為野長城。或者說，野長城是經有序規劃和管理的長城旅遊區段之外的所有長城的統稱。

再次，野長城與殘長城的區別與聯繫。在威廉・林賽提出「wild Great Wall」之前，中國一般用「殘長城」來表達。「野長城」和「殘長城」表達的長城區段基本上是一致的。但是，「野」相對的是「家」，即已經被有序規劃和旅遊開發管理；「殘」相對的是「全」，即是否殘損，保存情況的好壞。

最後，野長城近況和未來。隨著改革開發和旅遊開發，現在野長城逐漸被發掘出來，形成了一個個長城旅遊區域。從這個意義上來說，野長城正在逐漸被修復和再利用。從一群主動保護野長城的朋友出發，現在已經有了越來越多的長城志願者加入了保護野長城的行列。自從《長城保護條例》頒發後，隨著長城保護力度的加大，沒有進行旅遊開發的長城區段也逐漸建立起了保護制度，進行有序保護。可以預見的，野長城的未來有兩條：第一條是開發成旅遊景區，一方面保護，一方面利用；第二條是被越來越重視長城保護的人們有序地原樣保護起來。

（2015 年 5 月 14 日）

14. 再談中國的水長城

說起「水長城」，很多人想到的或許是因為水庫建設而淹沒到水裏的長城，或者長城的某些水關。是的，長城與水之間有著極為密切的關係，護城河與水關成為一般學者探討長城與水的關係最多的話題。但是，本文所談及的並不是這種水長城，而是另外一種水長城。從來沒有談過中國的水

長城，卻在標題中加了「再談」二字，實際上是接續昨天的話題進行進一步的深入。

　　昨天寫了《宋朝有長城嗎？》一文，文字結束的時候說到在宋代還有直接利用河流進行佈防的水長城，並不無遺憾水長城未進入中國長城學者研究的視野。晚上與丈夫聊天時說起水長城的問題，丈夫笑：「你這麼說來，什麼都可以進入長城的研究範圍了？」想想，如果不交代交代為什麼宋朝的水長城能進入長城的研究範疇，還真是容易讓人誤會。於是，今天就以水長城展開話題吧！

　　宋朝的水長城與一般的長城有很大的不同，它是以水為牆的。在河水裏設置有各種不同的防禦設施，一如在長城牆體上有望孔、礌石孔、射孔等。宋朝的水長城與一般的長城有相似之處，在水的兩側按照一定的規則設有敵臺、烽火臺等設施。

　　事實上，不僅宋朝有水長城的存在，明朝也曾經借助黃河來設防，老牛灣便是其中較為有名的例證，只是一般將老牛灣視為充分利用水險，且老牛灣沒有宋朝那樣充分利用河流設防的情形。不再擴展。

　　充分利用地理形勢來構築長城，這是長城修建的重要特點。長城的修建是為了有效的利用，因此，宋朝根據幽雲十六州已經被拱手讓人的具體局勢、充分借助河流來構築水長城防禦體系委實不失為長城防禦體系的一大創舉。

（2015 年 5 月 18 日）

15. 慕田峪的八大特點

　　2011 年 3 月 24 日，《中國長城志》編輯部為了增進員工對長城的理解和認同，組織了一次活動——慕田峪考察。

　　慕田峪位於北京市東北，屬懷柔縣。其地理位置十分重要，屬於拱衛北京的軍事要衝，屬於重要關口之一。慕田峪長城西接北京昌平縣的居庸關，東連北京密雲縣的古北口，為京師北門黃花鎮的東段，自古被稱為拱衛京師、皇陵的北方屏障，被稱為「危嶺雄關」。這一段長城具有一些獨特之處。

　　首先，慕田峪長城的敵樓密集，從慕字一臺（大角樓）至慕字四臺（正關臺），總共不到 500 米的距離內就設有敵樓 4 座；從慕字一臺至慕字二十臺，長度僅 3000 米，敵樓、敵臺、牆臺、鋪房就達 25 座，百米左右就有一座敵樓的情況，在各地的長城中並是不多見。

　　其次，慕田峪長城屬於雙面垛口的長城。牆頂上兩邊都建有矮牆垛口。慕田峪長城牆頂雙側的垛口，長約 5 尺、厚 1 尺多、高 2 尺有餘。這樣一來，慕田峪長城兩面均可拒敵。由此可見慕田峪段長城在歷史上的重要戰略地位之一斑。慕田峪長城的垛口不是開口的長方形，而是呈鋸齒狀。射洞築在垛口的下方，不是圓形孔，而是頂部呈弧狀的方形孔。在外側還挖有擋馬坑，防禦功能更加完善。

　　第三，慕田峪長城的植被情況不錯。現在的慕田峪長城旅遊區群山環抱，風景優美。春季爭奇鬥豔，夏季滿山青翠，秋季紅葉遍野，冬季白雪皚皚。經過幾十年的綠化，這裡的植被覆蓋率已經達到 96%。從現在來看，這樣大面積的植被是其它長城段難以達到的。

　　第四，慕田峪長城多建在外側陡峭的崖邊，具有依山就勢，以險制厄的特點。牆體高七八米，牆頂寬四五米，建築材料以花崗條石為主，雄偉堅固。

　　第五，慕田峪長城富有立體美感。整個慕田峪關，地勢最低處海拔僅 486 米，往東海拔陡然上升，至大角樓（慕字一臺）不到 500 米，上升的高度達 117 米。往西從慕字四臺（即正關臺）至慕字十九臺，起伏不大，較為平緩。但是從慕字二十臺至牛角邊最高處，只經過近 10 座敵樓，就從海拔 486 米到了海拔 1039 米，整段長城依山就勢，起伏連綿，如巨龍飛騰，蔚為壯觀。

　　第六，慕田峪長城的關臺具有一定的特色。慕田峪關的正關臺是由三座空心敵樓構成，通連並矗。中間樓較大，兩側樓較小，三座敵樓之上各有一座望亭。關門不設在關臺正中，而是位於關臺的東側。進出關臺，則是通過在兩側敵樓所設的門。這種關臺建築，在整個長城建築中比較罕見。

　　第七，罕見的修築方法。人們在修築長城時，因為海拔高，地勢險，必須從山頭的外側斷崖絕壁上通過，又不能把海拔 1044 米的箭扣這個制高點留在外面，在使用磚石、木材都不行的情況下，能工巧匠們用了兩根大鐵梁擔在斷崖之上，在鐵梁上面壘砌磚石。這種修葺方法，在整個長城修建史上極為罕見。

　　最後，慕田峪長城上還建有支城。所謂支城，也叫支牆，就是在長城內外側有高脊山梁的地方順著山梁再修出一段城牆來。這段城牆長幾米至幾十米不等。支牆的設置，緩解了主牆的防禦壓力。慕田峪長城，不僅有內支城，還有外支城。外支城即連接慕字十一臺的長城，內支城即「禿尾巴邊」。

　　根據史料記載，慕田峪長城是明初朱元璋派大將徐達在北齊長城遺址上督建而成的。需要說明的是，雖然明初長城是在北齊長城的基礎上修築而成，但並不是說這段長城此前沒有修補過。這段長城在隋唐時期經過一番修葺。永樂二年（1404），明朝建「慕田峪關」。因在溝谷抬頭仰望，彷彿上可接天，故在這裡所設的關名為摩天峪（谷）關，由於「摩天」與「慕田」音近，峪和谷又是通假字，後來就叫慕田峪關了。隆慶三年（1569），譚綸、戚繼光鎮守京畿時，又在明初長城的基礎上加以修葺。明朝在重修慕田峪長城時，在牆頂的兩側都加修了垛口，新設置了滾木礧石孔，增加了炮樓，可攻可守。

　　慕田峪長城有不少有趣的名字。上文提及的「禿尾巴邊」，位於慕田峪長城的東側。這裡，長城本來是順山勢伸向東北。可是，一敵樓處突然分出一條1000多米的城牆，另闢蹊徑擺向東南方向。這一城牆在山勢盡處突然終止，並在盡頭處修了一個堅固雄偉的敵樓。人們將這段長城稱為「禿尾巴邊」。與「禿尾巴邊」相應的，還有「刀把樓」。刀把樓是支牆盡處所修的敵樓名。

　　「牛犄角邊」也是一個很有特色的名字。慕田峪長城從正關臺左側隨山勢翻轉，奔向遠方。這一段長城由山腰直伸向山頂，在山頂立一敵樓後，突然下降，翻身向下返回山腰後，再次驟然升起，直到海拔 940 多米處。這段長城繞了一個大彎，形狀酷似牛犄角，因此，人們把它稱為「牛犄角邊」。

　　「箭扣」及「鷹飛倒仰」位於「牛犄角邊」的兩側，有如建在刀削一般山峰上。這些牆體全部建在岩石裸露的懸崖峭壁上，長城的坡度大多在50度上下，有一節甚至接近90度。臺階僅有幾尺寬，非勇敢者不敢涉足。箭扣的風景秀美，吸引了很多的攝影愛好者。箭扣的陡峭，也吸引了一群群挑戰者。可是，就因為過度的攀爬，這一處的長城已經岌岌可危。

　　在慕田峪，有一個景觀叫「三面極目觀巨龍」。這一景觀的由來，是因為慕田峪段有一個地方，與長城主牆體、支牆牆體彙於一樓，三道長城彙於一處。這在長城中，也是比較難得一見的。

　　隨著長城的修築，慕田峪一帶也出現了比較有名的傳說。據說，當年人們修築長城的壯舉感動了二郎神。這位俠義心腸的神仙在夜間挑了兩塊巨石趕來幫助大夥。走到葦店時，雞打鳴了。二郎神不願露出真身，於是放下石頭，埋好扁擔離開了。於是，葦店處留下了兩塊巨石，當地人稱之為「一擔石」。為此，人們還流傳著一句順口溜：「上葦店，下葦店，中間藏著金扁擔。」人們說了，若是誰能找到金扁擔，誰就能過上好日子。

在慕田峪長城腳下，隨著赫、王、楊等姓人家遷居此處，逐漸形成了村落，並以關名爲村名，名爲慕田峪村。村中原有堡寨一座，長寬約一百米，現僅存城基。

村西北鄰營北溝，西南靠辛營。由於慕田峪地勢險要，在明朝時也是戰爭多發地帶。如《四鎭三關志》記載：「嘉靖二十二年（1543），西虜犯慕田峪關、賈兒嶺、地方官軍禦卻之。」

現在，慕田峪的軍事防禦功能已經隨著社會的發展而減弱，經過修繕後，這一段長城成爲我們認識長城和瞭解長城的景點之一。1992 年，慕田峪長城被評爲北京旅遊世界之最，1997 年被評爲北京市文明景區，2011 年作爲八達嶺長城擴展景區部分晉升爲國家 5A 級景區。

（對事物的認識，永遠是隨著時間的推移而演進的。瞭解慕田峪的情況，在信息高度發達的今天，只需要通過網絡便能獲取很多。然而，紙上得來終覺淺，絕知此事要躬行。陸游訓子的話，是很有道理的。我們的一位前輩說過：「舊學商量加邃密，新知培養轉深沉。」我很認同這句話。今天打開考察慕田峪時的照片，前後翻看的過程中，發現自己當時對待長城的心情，包含最多的是遊玩的情緒，多有江山覽勝的心情。於是明白，當你沒有眞正懂得長城的時候，你只是一個旁觀者。兩年之後，現在的我，是長城的仰慕者。從無所謂的旁觀，到現在的仰慕，走了一段艱難的路程。而以後呢？我希望的，是以後能逐漸讓自己成爲長城的知音，成爲懂長城的人。2013 年 3 月 25 日）

16. 牆的勸誡作用

中國的院子多數有圍牆，也設立了相應的拜訪禮節，能登堂入室者，往往是這個院子極爲親密或尊貴的客人。之於院子，圍牆有著默默的勸誡作用，它板著臉孔告訴所有人：「不要隨意進入院子，不禮貌不說，還可能有未知的危險！」因爲有圍牆的存在，人們學會了以禮拜謁、相互學習，甚至最終成爲一家人。長城從某種層面上來看，也具有一定的勸誡作用。中華民族逐漸成長爲現在的模樣，長城的勸誡作用或許是需要考慮的因素。

（2015 年 9 月 29 日）

17. 一步一步去面對與解決問題

各種問題都需要一步一步去面對和解決。事情不就是一步步面對和解決

的？一如長城，遇到了軍費問題，便解決軍費問題；遇到了火器問題，便解決火器問題；遇到了薄弱環節，便解決薄弱環節……修建了長城，便去想辦法面對和解決修建了長城的各種問題，這就是了。誰能說不修長城就沒有其它的問題存在？

（2015 年 9 月 14 日）

18. 由長城寡婦想到的

關於寡婦，在社會上少不了話題。在長城文化上，它也是一個很重要的話題。

最傳奇的寡婦莫過於孟姜女，她從出生到她尋夫的過程到她最後的結局，無不充滿著傳奇色彩。儘管每個孟姜女的故事都少不了其夫君被抓去修長城並死在了修長城這件事上，但由於每個傳說者對孟姜女的情感不一，孟姜女也幻化出了千姿百狀的故事。這個在唐朝逐漸定形的故事在宋朝時已經見到了些許質疑，到近代顧頡剛先生回溯歷史找到杞梁之妻後，又掀起了齊、秦兩長城之爭。一個傳奇的孟姜女，在長城文化研究上再續傳奇。

最英勇的寡婦莫過於佘太君為首的楊門女將。她們在丈夫多數殉國的情況下，勇挑家國重任，在宋朝邊境線上與遼軍周旋。在戰略戰術上，她們巾幗不讓鬚眉，在中國古代歷史上書寫了可歌可泣的故事，也在北方國土上留下了大量讓人心緒為之一緊的勝蹟：穆桂英剛剛產下嬰兒便登石點將，佘太君心懸前方戰場登山望兒……她們將家國天下繫於柔弱的雙肩，給人留下了多少唏噓感慨！

最悲苦的寡婦莫過於山東寡婦。她們是歷史的群像，在史書上只見《北史》記錄了一筆：「是月，發山東寡婦二千六百人以配軍士，有夫而濫奪者五。」這個「山東」應該不是指我們現在的山東省，而是當時某座山的東側大片土地。在她們失去了丈夫之後，自己竟然也被褫奪了主動尋求人生幸福的權利，成為了北齊帝王安頓邊疆、發展自己力量的工具！而其中竟然更有半數是被生生「認定」為寡婦而遣送至邊疆的女子，這也說明了當時吏治的一些問題。

最默默無聞的奉獻者莫過於邊疆區域的寡婦。如果你不去讀邊疆地區間或留下的一些方志和政略，你或許難以想像在邊疆地區竟然有如此眾多年輕

守寡、含辛茹苦養育子女長大成人、又將他們送到邊疆區域繼續守護疆土的寡婦們！她們不知道是對生命無常已經有了太深切的體悟還是對世事無奈、因周邊情況極其相似而麻木？當我翻開書本，閱讀長城邊疆，看到這些觸目驚心的羅列，時常沉默。或許，這就是她們的命運？如果有命運存在的話。

但當我們合上書本，再思孟姜女、佘太君她們，我時常感慨獲得和平的不易，時常感慨利益這把利刃給這些女子造成的災難——不管她們是否願意，她們承受了；而很多時候因爲她們的承受，我們很多人享受了難得的安寧。有時候在想，當人們紀念逝去的英雄時，似乎忘記了對承受失去家人的痛苦的那些英雄的親屬們表達最誠摯的謝意。感恩，或許是我們對所有爲守護我們而犧牲的英雄們的最高敬意。感恩，或許是我們對因長城而出現的眾多寡婦們的最高敬意。

（2015 年 10 月 7 日）

19. 透過長城讀懂中國

一直覺得，讀懂了長城，便讀懂了中國。所以，對於長城，我一直期待所有人能懂，並不是期待所有人能去修繕長城、維護長城的實體，更多的是希望通過長城的閱讀和長城的研究，讓所有人熱愛生我養我的土地。是的，這是我與長城的關係——愛長城，但不是長城奴，因爲心裏眞正所愛的，是透過長城讀懂的中國。

（2015 年 9 月 16 日）

20. 長城會不會透支？

我們人體會出現透支，長城是不是也會出現透支的情況？當然會！當長城在處理超越它自身能力的事務時，便會出現難以應對的情況，這就是長城的透支。這時候的長城往往會被被人們質疑、呵責。這時候，長城以前的所有功績往往會被人們忽略掉。我們應該因此責怪人們的呵責嗎？長城用他的沉默回答了這個問題：不必。

（2015 年 9 月 15 日）

21. 生生不息的心靈

在長城的修建和使用過程中，一定有很多在做的時候並沒有想好的事情。在幾千年的使用中，不斷進行調整，不斷進行完善，不斷進行反覆辨析，最終要實現的，無不是讓這項偉大的工程幫助中華民族眞正實現偉大的夢想——這便是中華民族偉大的心靈，生生不息的偉大心靈。

（2015 年 9 月 12 日）

22. 萬斯同的「長城」觀

「秦人備胡築長城，長城一築天下傾。至今笑齒猶未冷。豈知明人防北狄，專籍築城爲長策。不日長城日邊牆，版築紛紛無時息。東方初報牆初完，西方又傳虜寇邊。虜入潰牆如平地，縱橫飽掠無所忌。虜退復興版築功，朝築暮築竟何利？帥臣徒受內府金，川原空耗內府費。我聞漢人卻虜得陰山，匈奴不敢窺幽燕。又聞唐人逾河城受降，突厥不敢掠朔方。自古禦胡在扼險，豈在千里築垣牆。屢朝廟算皆如此，奈何獨笑秦始皇？」萬斯同以詩詞的形式點評明朝歷史時說道。

作爲一代史學大家，萬斯同以布衣身份參與了歷時十餘年的《明史》修纂，其風骨值得史學家學習，這不是我們討論的重點。從這一段文字中可以看到萬斯同的長城觀：第一，修長城是中國歷代君王的選擇。第二，長城的主體是千里垣牆。第三，明朝稱長城爲邊牆。第四，長城的修建作用不大。第五，扼守險要是國防的有效措施。

萬斯同在檢討明朝滅亡時，對修築長城所持的態度很明顯是否定的。萬斯同代表了一個群體的聲音——普通民眾中的高級知識分子階層。這是一個不容忽視的階層，他的觀點也值得我們仔細思維：我們在評判長城的歷史功用時，應該站在什麼立場上？

（2015 年 10 月 20 日）

23. 民居與長城保護

現在報紙、網絡常常批判一些民眾拆取長城磚石來修建民舍，心知這些民眾多數是在不知道長城是國家重要保護文物的情況下，選擇了「變廢爲

寶」。當然，也不乏一些民眾存在法不責眾的僥倖心理。今日讀明人姚士粦在
《見只編》卷下中記載道：「相去約有三里，周圍水遶數重，拆取民舍板片，
沿牆起蓋敵臺。」覺得很有意思。古代修建長城拆取民舍，不知是不是有明
朝政府政策執行者的強迫？現在進行長城保護，是否會將已經拆取的長城磚
石從老百姓的屋牆上取回？希望長城保護能妥善解決好這一問題。

（2015 年 7 月 21 日）

24. 誰會欣賞長城的滄桑？

一朵嬌豔欲滴的花朵和一棵凋零的樹，你可能會將目光停駐在花上；一
條康莊大道和一條泥濘小路，你可能會選擇踏在平坦乾淨之處；一個美麗的
少女和一個滿臉皺紋的老婦人，你可能會將欣賞送給少女；⋯⋯即使是長城，
如果你追求的是光影，你或許也難以停下片刻，來欣賞一些長城的美感⋯⋯
甚至，或許還會問：這長城有什麼好看的呢？所以，即使是拍攝長城，或許
也很少有人會選擇拍攝某些類型的長城；即使拍攝某些缺乏審美美感的長城
時，或許也會增加很多的特技來增加其生動性。然而，讓我們驕傲的真實的
長城，是滄桑的。你會停下來欣賞它的滄桑嗎？

（2015 年 6 月 22 日）

25. 讓長城圖片準確傳遞信息

長城研究僅僅靠窩在故紙堆裏是遠遠不夠的，還需要多行走在長城上，
多讀與長城有關的圖片。曾經看到一張圖，畫的是明長城的景致，卻在說秦
漢長城的事，不知它反映的錯誤信息又將誤導多少人？又想起了前兩年爭訟
較多的長城金幣——關於爭訟的焦點「長城的修建　公元一世紀」我並沒有
太多的異議，畢竟它沒有說長城的始建。但對於這枚金幣上的圖案，我卻真
是不敢讚賞。為什麼？因為這枚金幣上的圖案表現的是明長城。

近日讀一些書籍，又想起了「大數據」的概念。「大數據」一度被誤讀為
「數據大」，其實，「大數據」最重要的應該是對重要數據的提取與分析能力。
一張王進喜坐在車子上的照片，讓日本迅速讀圖掌握了中國需要進口的採油
機器的各種信息：經緯度、油田大小等。而這些，使得他們的機器迅速進入

了大慶——因為他們已經根據各方面的信息將機器調適好，完全符合大慶開採油田的需要，又怎麼能不勝出？記住：他們只用了一張照片，就從中讀取了諸多「大數據」！

中國長城研究中，被張冠李戴的信息很多。現在，獲取長城的圖片已經是極為簡單的，因此，在使用圖片時宜盡量準確，並盡量讓圖片來補充解讀所提到的問題。

（2015 年 6 月 2 日）

26. 長城文化不能視為絲綢之路文化的一部分

今日讀書，看到「絲綢之路文化中的長城文化」這一說法，覺得這一提法有些不妥。

理由如下：長城首先是建築，其次是軍事。絲綢之路首先是經濟，其次是外交。因此，將長城文化視為絲綢之路文化的一部分是不合適的。

（2015 年 10 月 29 日）

27. 長城只是一本書？！

讓所有中華民族的子孫真正認識長城，讓所有的中國人成為長城專家！讓所有的中國人成為長城專家？做夢吧！不，不是夢，是事實！因為長城只是一本書。

讓所有的中國人成為真正具有長城精神的人……這個目標比讓所有的中國人成為長城專家難度要大多啦！因為，這需要再去證明，長城不只是一本書。

（2015 年 6 月 22 日）

28. 貧困，長城保護的瓶頸

貧困，是長城保護的瓶頸，理由有二。

第一，貧困的時候，人們思考的是溫飽問題。沒有實現溫飽的時候，有幾個人願意花大力氣去守護長城？翻開 20 世紀 80 年代出版的、記載了長城被毀事實的書籍，不是為了尋找蠍子而掀開長城磚，就是為了灌溉引

渠而挖開長城夯土，又或者是直接在長城上挖洞當房屋——試想，如果經濟足夠發達，人們的生活足夠富有，會不會去為了三五毛錢一隻的蠍子去動長城？會不會為了省掉幾塊買磚的錢而爬山去長城上擔磚？會不會為了省掉一點點篩土夯築的工夫而直接毀長城修渠道？這些事情，可能仍舊會有，但如果溫飽問題解決好了，人們的生活較好了，這樣的事情想來會少很多。

第二，貧困遠不是經濟的貧困，最重要的是知識的貧困、思想的貧困。雖然物質的貧困不一定直接捆綁知識的貧困和思想的貧困，但我們不容忽略這樣一個事實：經濟貧困的地方，人們學習知識的路徑是不多的，人們接受新思想的速度也是相對較慢的。一些長城保護者可能有這樣的感受：在經濟沒有發達起來時，很多自願去守護長城的人往往被視為傻子。只有當這些長城從保護轉化為近在咫尺的經濟利益時，這些原來被稱為傻子的人才會被視為英雄。為什麼？因為很多人所見所識是不長遠的。前段時間網上批判烽燧的「被毀」，實際上所毀掉的是什麼呢？不是烽燧，而是烽燧的四重堡，這四重堡才是烽燧的精彩之處！然而，當知識缺乏時，人們根據碑文，只盯著那個高大的夯土疙瘩，卻忘記了再仔細查閱文獻資料——不敢去想像，總覺得當時毀掉四重堡的工作人員或許還在欣喜於自己找到了一片可以給人們帶來一定利益的荒地、變廢為寶了吧？違反了法律，我們自然不能去為這些工作人員的過失辯護什麼，但從內心裏，升起的是對這種知識貧乏而出現問題的深切遺憾。思想的貧困比起知識的貧困就更多了，不再舉例說明。

貧困是長城保護需要面對和解決的瓶頸問題，或許將精力放在思考如何解決好長城區域的貧困問題，比直接去聲討那些損毀長城的個人和單位，其實際意義更大一些？

（2015 年 6 月 13 日）

29. 抗日戰爭與長城精神

今天，在國家圖書館裏整理長城文獻資料的時候，眼睛裏總是不斷飄過與第二次世界大戰有關的信息——「長城抗戰」「古北口」「榆關」「喜峰口」……各種信息不斷從腦海裏飄過，讓我不斷受到來自那個苦難年代的刺激，更感受到愛國人士精神力量的巨大！

第二次世界大戰時，長城抗戰是中國戰場的重要組成部分！「用我們的血肉築成我們新的長城」也在第二次世界大戰中唱響，長城精神在第二次世界大戰中得到了高度昇華！

什麼是長城精神？這不是一句話兩句話能說清楚的，它包含的信息太多太多了。而其中，愛國恐怕是應該居於第一位的？

（2015 年 5 月 11 日）

30. 長城文化的紅利

在西方有一個幽默故事。故事裏，有一個略有些虛榮的富人，還有一個很有些幽默細胞的名人。一次，名人調侃富人：「去中國吧，去長城吧。」富人問名人：「爲什麼？」名人答：「這樣的話，今後你的子子孫孫都可以驕傲地說：我的祖先某某是到過長城的人。他們就成爲到過長城的人的後代了！」這個故事發生西方工業革命時。那時，西方人很少能到中國來，長城的影像已經逐漸以文字、照片、幻燈片等形式在西方貴族的聚會上傳佈。

現在，到長城已經不是稀奇的事了，但在兩三百年前，這種事就算是壯舉了。威廉·蓋洛於 100 年前到過中國考察長城。100 年後，當威廉·蓋洛的家人被威廉·林賽找到後，由於蓋洛將山海關「天開海嶽」與嘉峪關「天下雄關」描刻在了他們家的院牆上，這百年前的房屋被作爲一個古建文物保護了起來——蓋洛的子孫們眞正享受到了到過長城的人帶來的福利。

說這個，倒不在於說西方人，還是在想我們中國人。如果說有那麼少數幾個外國人享受了長城文化的福利，我們中國人是不是該想想如何才能眞正享受到長城文化的紅利呢？

（2015 年 5 月 8 日）

31. 長城研究有個大染缸

差之毫釐謬以千里。學術研究中，只要我們稍不留神，就可能會出現似是而非的情況。長城是中國的一個大話題，因此，很多人參與自己的意見。這些意見很多時候是用一大堆例證在證明著它的「準確」。如果沒有仔細思考，很容易被這些言之鑿鑿的觀念牽制。長城話題是個大染缸，這個染缸已經將長城研究的很多成果進行了一些洗染。長城研究如果不將以前錯誤的觀

念洗掉，裝進去的東西一多，很難保證不出現偏差。

（2015 年 8 月 26 日）

32. 長城研究需要歷史的真實

一位朋友說：如果缺乏了歷史的真實，什麼都是沒有意義的。確實，不正確的思想理念，或許能在一時影響一批人，但最終仍會被人們認清楚的——畢竟每個人的心裏是雪亮的，尤其是當這一切與現實的利益完全脫節之後。

（2015 年 8 月 9 日）

33. 長城宜進行史源學辨析

在長城研究中，為什麼會有各種不同的聲音呢？有時候，當兩種不同的聲音放到一起時，我們會發現很難判斷兩種聲音哪個更合適。為什麼？因為兩種聲音立足的、關於長城的認識是不一樣的。「橫看成嶺側成峰」，儘管長城是客觀存在在那的事物，但站的角度不同，選取的景致和提取信息的方式不一樣，都會導致不同的判斷和結論。於是，當立於不同角度而做出的長城判斷碰到一起時，很容易出現各說各話的情況。在歷史學裏，有一種學問叫做史源學。長城研究裏，要辨明真相，也要使用這種學問。借助史源學，知道某些觀點是建立在某些基礎上的，便不會輕率去肯定或否定。

（2015 年 7 月 29 日）

34. 最好的長城研究方式

拜見長輩。長輩說：在紙上搜索分析半天得到的結論，有時候在考察現場見見老鄉便能獲得。這種事確實存在。但我也深知在口說流傳的信息中存在很多的問題，有很多的錯誤和缺失。研究是課題不是話題，僅僅以實地走訪來瞭解情況，也存在些許問題。研究長城最好的方式莫過於如此：首先對長城的總體脈絡有較為清晰的瞭解和把握，然後讀萬卷書、行萬里路。惟其如此，方能成就長城學的研究。

（2015 年 9 月 1 日）

35. 學者和編輯的博弈

　　2010 年畢業後，經過一番思考和比較，我最終選擇進入《中國長城志》編輯部。當時覺得，能夠做一份與長城密切相關、與研究密切相關、與書籍密切相關的事業，是一件多麼難得的事情呀！

　　進入單位後不久，我更覺得自己幸運：自從我們加入團隊，單位的領導對我們這幾個小年輕也給予了多方面的關懷和指導。雖然每一分卷都有術業專攻的主編牽頭，雖然整個編輯部延請了一批重量級的專家指導，但單位各層級的領導還是對我們進行了一系列的培訓：多次參加編輯的集中培訓，延請長城專家給我們進行長城知識的專業指導，給我們添置大批長城方面的書籍，以便我們更快上手。

　　在部門領導的關心下，我們也在不斷成長著。由於資質愚鈍，我可以算是成長得最慢的一個。但經過三年的不斷積累，我還是可以驕傲地說，我已經逐漸感受到了長城，逐漸認識了長城存在的意義和價值，儘管這種感受有很多時候不能直截了當地、清晰地表達出來，但這種感受已經逐步建立。這讓我相信，假以時日，我一定能不斷地實現長城知識的系統化。

　　然而，這個「假以時日」，需要的是時間。長城知識太多了，長城文化太博大了，要認識和瞭解長城，需要去理清楚的東西太多了⋯⋯這麼多個「太」，不是要推卸責任，更不是要去抱怨什麼，而是想感謝。感謝有這麼多的「太」，讓我明白，窮盡一生，只要在長城領域能取得一方面的成績就已經是幸運了。感謝有這麼多的「太」，讓我相信，長城研究的學者隊伍將會越來越大，只要我們努力，主動關注長城並對它進行介紹、研究、保護的朋友會越來越多。感謝有這麼多的「太」，讓我更加堅信：選擇成為《中國長城志》的編輯是一個勇敢之舉，是一個有膽識的舉動，更是一個有擔當的舉動。

　　選擇是對的，但我也感受到了一種痛苦，在自己身上出現的一種矛盾和衝突帶來的痛苦。因為我們這個項目是一個長期的項目，是一個需要付出大量默默勞動的項目，是一個與一般編輯出版不完全一致的項目，以至於我進入編輯崗位三年來，儘管接受了很多編輯方面的理論培訓，儘管也開始嘗試著做書籍的編輯工作，但這些實踐的機會太少了，關於編輯的經驗積累的東西太少了。這些「太」，也不是抱怨，只是對客觀事實的陳述。常有朋友問我編輯方面的問題，我都老老實實地告訴他們，我不懂。然後，我看到的是質疑的目光。確實，我不懂的內容太多了，要補充的編輯實務方面的知識太多了。

　　曾經和朋友說起這個問題，他們說：不懂，你可以學。是的，我可以學。而且，我也會去學。只是，在目前，對我來說，學長城知識和學編輯知識哪個重要呢？在每天的 24 小時裏，我應該如何去分配自己的時間呢？這個問題困擾了我兩年多。直到年初，看到編輯網站上的一篇文章，講的是做一位優秀的編輯，最好不要將自己看成一位編輯。作者是一位資深編輯。看後，我才明白，其實，我並不需要苦惱於這些。現在的我，只需要專心地做好手裏的工作：跟著領導的工作部署，一步一步夯實自己的基礎。到《中國長城志》編纂完成的時候，編輯流程也會全面走一遍，結合此前的各項編輯知識、編輯理論，還怕做不好編輯？

　　工作的三年裏，我花了多數時間糾結於長城知識和編輯知識的博弈，到今年年初終於理出頭緒。於是明白，有些時候，有些事情，實際上是庸人自擾罷了。

（2013 年 3 月 27 日）

36. 做長城文化的傳播者

　　進入《中國長城志》編輯部之後，去長城的時候，會去居庸關、八達嶺、慕田峪、山海關，也會找機會去考察尚未開發出來的長城。很感謝羅哲文老先生等人的艱辛努力，讓我們得以窺見長城的基本風貌，並因為局部的修復，讓我們得以盡情攀爬領略大好河山的美好。然而，只有真正跟隨著一群專家去看長城的原貌，觀察它歷經歲月風蝕的身影，在斑駁中尋味長城，我才真切地感受到了它的力量。

　　就在我感受著長城文化的內涵和長城文化的深厚時，聽到一個典故。某位文化名人在接受記者採訪時，當記者問及他對長城文化的看法時，他竟然回答：「長城文化，小兒科！」請注意，我這裡用了「竟然」兩個字。記者們會聚一處，說起此事時，有記者反諷：「你為什麼不問他什麼是婦科呢？」如果在三五年前，如果我聽到這段採訪，也許還會因為這位文化名人淺薄的幽默而微笑，更為這位記者的思維機敏而折服。無意指責某文化名人，因為他能將長城文化看得這麼輕，只是因為他根本不瞭解長城，不瞭解長城文化。這就跟我們撿到一塊寶石的原石，不懂得其價值的人，會將其當成一塊硬石頭仍掉。只有那些真正懂得其價值的人，才會好好地琢磨它、使它展現出令世人稱羨的美來。

　　逐漸瞭解了長城文化之後，我堅定了一個信念：這一輩子，我要做長城文化的傳播者。我希望用自己的努力，和很多有志於此的朋友一起，構建起一個認識、瞭解、宣傳長城的平臺，讓越來越多的朋友認識長城，瞭解長城。至於最終他們選擇愛上長城文化與否，願意為長城文化做多少事情，這些是每個人的自由。

　　有了這個信念，並將這個信念當成使命後，我仔細分析著自己的能力和工作的狀態，逐步明確了自己在長城文化事業中，最應該起到的作用。深入的研究，細緻的考察，我會做一些，但這不是我的重點。依託出版者的身份，我更期待的，是有一群學者專家將長城研究清楚，研究透徹，而我們將這些深刻、透徹的知識轉化為大家喜聞樂見的形式，轉化為深入淺出的內容。

　　我相信，有了這些之後，長城在人們心中將不再是一個片面的形象，不再是簡單的牆體，不再是簡單的旅遊景點，不再是保守封閉的象徵，不再是統治者剝削壓迫老百姓的象徵，也不再僅僅是中華民族精神的象徵，不再是游牧與農耕之間衝突的產物，不再是大國才能修的防禦性建築物，不再是等降水量分界線……等到某一天，當人們得到了一定量的長城知識之後，就會恍然大悟般：哦！原來這才是長城！

　　為了這個恍然大悟，一批學者已經在努力。為了這個恍然大悟，我也已經走上了旅途。等到某一天，也許十年後，也許二十年後，也許更長時間後，這個良好的願望實現的時候，再來看今天樹立的目標，也許也會恍然大悟：哦！原來這就是我要的人生！

（2013 年 3 月 30 日）

附錄二　長城書評

1.《寧夏古長城》：舊學新知共琢磨

　　這本《寧夏古長城》不是許成先生 20 世紀 80 年代的《寧夏古長城》，而是許成先生協同其弟子馬建軍先生共同寫就的《寧夏古長城》，是在寧夏印製的許先生《寧夏古長城遺跡》一書基礎上增補近 30 年來寧夏長城研究成果，結合新一輪長城調查研究成果而寫就的作品。該書經過反覆打磨，終於在 2014 年 10 月由江蘇鳳凰科學技術出版社出版，與讀者見面了。

　　忝爲本書的責任編輯，對這本書的成書經歷極爲熟悉，對於本書內容的熟悉程度也可以說是略輸於作者而已。都說「王婆賣瓜，自賣自誇」，賣什麼的人喜歡吆喝什麼。我不想吆喝，但也想本著負責的態度，對本書的特點進行一些介紹，以便熱愛長城、關注學術的朋友采擇。

　　《寧夏古長城》的第一大特點是紮實。

　　《寧夏古長城》一書結合了許成先生及其夥伴 20 世紀 70 年代末到 20 世紀 80 年代初的長城調研情況和馬建軍先生等學者在 21 世紀進行新一輪長城調研情況形成的調查資料。許成先生畢業於北京大學考古專業，馬建軍先生畢業於中央民族大學歷史專業，都是曾經受過極強專業科班訓練的學者，後期又長時間進行寧夏長城的調查研究。在工作中他們筆耕不輟，研究成果不斷。

　　在本書中，他們學術的紮實體現在兩個方面，第一是對歷史文獻的梳理和分析紮實，第二是將實地考察與文獻結合紮實。

　　許成先生《寧夏古長城遺跡》中，已經大量使用二十四史及寧夏當地的
史料來進行研究，並大量使用了此前的研究成果。許成先生在研究秦朝的長
城情況時，使用了傅作霖先生《寧夏省考察記》（「寧夏省」為民國時期對寧
夏一地的簡稱——筆者注）中對寧夏平原的考察情況；使用了唐曉峰先生對
內蒙古秦長城的調查結果；使用了史念海先生對西北史地的研究與推論。可
以說，許成先生在研究的過程中，已經充分進行了歷史文獻的梳理與近現代
研究的歸納總結和細緻分析。馬建軍先生在補充的過程中，不僅將這些歷史
文獻進行大量梳理，而且對所見史料進行歸納整理，如秦始皇修建長城的基
本史料時，將《史記》《漢書》《後漢書》等基本文獻中的史料進行梳理，共
條列了其中最重要的 8 條文獻，並對其中的相似內容進行了合併。這 8 條文
獻是所有研究秦長城的學者不可忽略的史料。除了有意識地搜集長城研究的
史料外，馬建軍先生還對一些史料進行了辨析。在辨析的過程中，馬建軍先
生增加了大量歷史文獻中關於秦長城的研究情況，吸收了後來學者對秦始皇
修建長城的史料，《淮南子》《戰國策》《漢書補注》直至《中國長城建置考》
《長水集》《西漢政區地理》《中國長城遺跡調查報告集》，只要對蒙恬修建
長城進行過辨析的史料，均進行仔細辨析，得出相對合理的結論。通過史料
辨析，兩位作者很清晰地交代了秦始皇在位期間對西北邊疆的疆域拓展情況。
　　對原始史料進行紮實搜集與辨析本已難得，更為難得的是，兩位學者還
身體力行地對所研究的對象進行紮實的史地考察與分析。這與許成先生和馬
建軍先生兩人的工作性質略有關係，兩位先生均工作在寧夏文物和文化的前
沿陣地，均對長城進行了較多的踏查與研究。許成先生於 1979 年開始，用了
10 年時間對寧夏境內的長城進行了親自的踏查與研究，其中前 5 年基本上是
在進行田野調查，後 5 年奔走各地進行史料的搜集與整理。21 世紀初，許成
先生親自帶隊，與馬建軍、吳建新等先生一起重新考察長城，形成了新老長
城研究班組的交替，並增強了馬建軍先生等人對長城系統的感性認識。正如
馬建軍先生引用陸游詩句所言：「紙上得來終覺淺，絕知此事要躬行。」許成
先生與馬建軍先生以紮紮實實的研究精神，通過地上材料與地下材料的有機
結合，對寧夏長城進行了深入細緻的梳理與分析。
　　《寧夏古長城》的第二大特點是呼應。
　　《寧夏古長城》一書在寫作的過程中，在結構處理上曾經煞費苦心。考
慮到長城在 30 餘年間的變化，為了明確區分 20 世紀 80 年代和此後 30 餘年

間的差別，又爲了盡量保持原書的特色，在書籍組織過程中，對《寧夏古長城遺跡》的內容，除了對注釋進行規範和對文字略作修訂外，其它的內容盡量保持不變。馬建軍先生在許成先生的寫作整體格局上，將近 30 年來的研究成果和第二次長城調研的情況有選擇、有重點地對應到許先生的文字之下。這樣一來，便形成了新、舊研究成果的呼應。

這樣做有幾大好處。第一，這樣的呼應充分體現了後來學者對前輩研究成果的充分尊重。第二，這樣的呼應也能較好地在一本書中得到更多關於寧夏古長城研究幾十年內的重要變化，充分體現了作者對讀者的尊重。第三，通過這種呼應關係，《寧夏古長城》中保存了大量地名的變化，如原來稱公社、大隊，而現在稱村、鎮、鄉等。這些地名的變化，較好地體現了 20 世紀 80 年代以來寧夏的巨大變化。爲了方便希望更具體比較變化的讀者，文後附表格說明公社的變化。通過這些呼應關係，不僅避免了因刻意調整地名而出現的差錯，也將寧夏在長城調查研究方面的成果較爲清晰地展現在讀者面前。

尤其值得敬佩的是，在本書中充分體現了兩位研究者的求真意識，尤其值得珍惜的是許成先生的豁達和馬建軍先生「吾愛吾師」和「多聞闕疑」的靈活。學術研究是不斷向前發展的，批判地繼承前人的研究成果，這是我們治學應該有的態度。但是，在批判地繼承過程中我們有時候也難以判斷哪個結論更爲準確。在這樣的情況下，如何處理？最好的方式便是將兩者並列，並初步給出自己的判斷，由讀者慎擇。這樣的靈活處理體現了對讀者的充分尊重。靈活處理難得，許成先生爲了讓讀者得到更多思考與判斷而讓自己的研究接受更多的拷問，這種豁達與大度也值得我們致以最高的敬意。如此進行學術，何愁研究不會在辨析中得到越來越多的真理？

《寧夏古長城》的第三大特點是精選。

寧夏古長城的歷史遺存很多，進行實地調查與研究所產生的調研數據極爲詳實豐富。這些數據對寧夏長城的保護與研究具有難以替代的價值，但對於想用較小篇幅瞭解寧夏古長城全貌的讀者來說，全方位呈現寧夏所有的長城調研數據便會讓此書的價值大打折扣，並讓讀者在讀此書時心生畏懼。

爲了有效解決這一問題，兩位作者不僅用較爲簡潔的語言勾勒寧夏長城的全貌，包括走向及行經路線等，又精心選擇調研數據中最值得讀者關注的數據，讓讀者讀的過程中迅速掌握寧夏地區長城分佈的情況和寧夏古長城的概貌，真正詳細與簡略並重，使此書達到了文簡意該的效果。

《寧夏古長城》的第四大特點是洽通。

《寧夏古長城》雖然是寧夏長城調查研究兩個時段成果的集中展現，但在文中，作者較好地處理好了兩個時代長城研究成果之間的關係，並且形成了新的框架體系，使全書一氣呵成，而沒有資料堆砌或者邏輯不清晰的地方。

熟悉古籍文獻的朋友或許知道，這種處理方式可以說是借鑒了中國古代注疏的形式，又進行了一些改良的處理方式。在古籍注疏中，爲了尊重原作者和原書，往往以注和疏的形式來補充原書的一些內容、對原書部分內容進行更深入分析甚至糾正某些原來認識上的不足。《寧夏古長城遺跡》已經是寧夏長城研究的經典，此書便是在寧夏經典著作的基礎上而進行的。爲了讓全書的章節篇目更爲清晰，此書不完全以注疏的形式來進行，而是根據書籍的內容重新編排了全書的篇目結構，這種處理更方便讀者的閱讀與使用，更體現了作者的良苦用心。

尤爲難得的是，《寧夏古長城》一書雖然立足寧夏，實際上多處兼顧全國研究的情況，關注寧夏長城與周邊省和自治區長城的關係，讓讀者在閱讀《寧夏古長城》時又對長城的整體情況有了注意，眞正做到了長城的區域研究與長城整體研究的洽通。

現在，《寧夏古長城》已經出版了。這次出版是寧夏長城的一次小集成作品。我相信，在《寧夏古長城》出版之後，寧夏的長城研究將會進入新的階段。2014 年，絲綢之路申遺成功，絲綢之路與長城研究的結合，將會譜寫寧夏長城研究新的篇章。

（本文初成於 2014 年 10 月，首先發表在博客上，「百道網」於 10 月 15 日發表於首頁：當年年底被鳳凰出版傳媒集團選入《鳳凰傳媒》（企業內部刊物）2014 年第 10 期；2015 年 9 月應本書作者之邀，微調稿件，刊於《寧夏史志》。）

2.《速寫長城》：一本可快讀可慢讀的書

《速寫長城》終於出版了。在這本書出版前，我對這本書的感受是：這是一本可速讀也可慢讀的書。

《速寫長城》的書名有兩層含義。

一是本書的重要內容之一是速寫的長城圖畫。速寫本是繪畫的基礎。與白描一樣，優秀的速寫本身便是藝術作品。在繪畫上，它所用的時間不多，

但考驗著繪畫者的水平：它需要繪畫者在極短的時間裏迅速對複雜的眼前景物進行選取、提煉並落於筆端。從某種角度來說，《速寫長城》本身便體現了繪畫者提取信息的能力和迅速抓取要點的敏悟力。正因爲如此，《速寫長城》上的所有圖畫，讀者用掃描的方式便能初步領略作者想表達的重點。

一是本書的文字是用較爲簡練的語言交待部分作品的創作背景、歷史典故、作者對長城的感悟、作者對歷史與現實的分析。一如速寫，本書的語言平實而有力，用類似白描的語言勾勒了作者建立在廣博文化基礎上的長城知識與見地。

正因爲本書的文字優雅而平實，本書的圖畫簡潔而有力，16 開 200 餘頁的書籍，有一定閱讀能力的讀者都能在短短一個小時的翻閱中掌握本書的基本內容。

但是，如果眞的只是這樣讀，那這本書的價值就眞被讀者給輕忽了。因爲，《速寫長城》其實是一本攝受力極強的書。

從圖畫本身來說，由於作者楊奕先生是在對長城有著深刻體認之後再進行的圖畫創作，因此，作者的每一幅速寫、每一幅速寫中的每一個筆觸，都是基於他對長城磚石的深刻認知，都勾勒著長城的精氣神。長城的智慧不是搬搬磚這麼簡單，饒是搬磚的智慧，也不是普通人所認爲的那樣從山腳下搬到山頂上去。當楊奕先生被邀請去參加《中國長城志》的學術討論會時，先生拿著他所繪製的一張長城圖告訴我們：中國古人很聰明，一些長城的修建就地取材時，採石場是在修建長城的那座山的山腰上！這個發現立即引起了與會長城大學者們的注意：可不是！雖然我們平常經常在說長城搬磚的智慧，還眞是沒有留意過長城修建時從山腰往下運輸石材的細節！於是，《中國長城志》上加上了輕描淡寫的一句：也有從山腰採石往下運的情況。而這看似輕描淡寫的一句話，實際上點明了一個事實：很多時候，我們被一些片面的信息影響著，甚至還在花費大力氣去證明那些片面的理論。而這些建立在空中樓閣中的理論和理念架不住四兩撥千斤的事實。如果留意，我們會發現，一些長城的畫作往往是將長城的部件根據自己的想像堆砌在山脊。不經意的時候，還覺得這些畫作有著氣勢磅礴的美麗，但這些畫作往往經不起凝神間的仔細審視！楊奕先生的這些畫作便不同了，他的創作時嚴肅的，沒有概念的拼湊，更不會有輕率的勾勒。因此，他的畫作賦予了長城眞正的精神。喜歡長城的朋友，不妨對楊先生的每一幅速寫進行一兩個小時、一兩天乃至更

長時間的細細觀摩和體味。喜歡畫畫的朋友，甚至可以將這些長城畫作作為臨摹的範本。可以這麼說，你讀《速寫長城》的時間越長，你能從中獲得的收益便越多。

從文字來說，楊奕先生的文字本身是很輕鬆、很平實的。因此，我們很容易輕鬆地讀過去。讀過去之後，很多精彩的理念會悄悄地從你一剎那的分神間流逝。當你再讀的時候，你或許會覺得奇怪：這裡我當時怎麼沒有留意？！付梓的稿件中，楊奕先生對某些可能會讓一些吹毛求疵的編輯粗讀時判為錯句的文字進行了修訂。記得當時有一句「小到幾乎無可略記的長城」，一開始讀覺得有些拗口，甚至覺得是不是寫錯了？到後來才發現，這一「幾乎無可略記」是多麼精彩的表述！在後來的文字上，這一句略做了些微調整，讓很多人讀去變得輕鬆易解了：「費盡氣力登上的那段長城居然在地圖上小到無可略記。」一個龐然大物和地圖上的毫釐標識，實際上這還因為它很有名！這種對比，這種衝擊，不用我們如漢武帝看到泰山時用上十個詞來稱述，已經足以讓我們深切體味其中的深意。是的，語言這東西很有趣，你越是將其表達得花裏胡哨，便越是說明了一種不自信。而當你深刻體味其中的深意之後，你甚至覺得根本不用任何修飾也能讓真正想懂得它的人感悟。無怪乎人們說，最深的道理，如果你能用最淺顯的表達方式表達出來，你便是贏家。無怪乎有一篇讓所有人頭疼的、只有寥寥數百字的博士畢業文章，成就了兩名諾貝爾獎獲得者。而正是因為楊奕先生不喜歡故作高深，也不願意讓人覺得他似乎對長城什麼都知道，只是在敘述自己所領悟的那些──關於長城和長城背後的故事，於是，他的敘述總是能用最平實的語言告訴人們最真實的長城。

在長城研究領域，你必須得不斷學習，不斷學習。不善於學習的人，往往只能人云亦云，或者成為了一個長城知識的書櫃。善於學習的人，則會在學習的過程中判斷、在判斷的過程中學習，並最終在長城研究領域獲得完善的知識體系。楊奕先生無疑是善於學習的人，從 1964 年至今，他學習了長城 50 年。楊奕先生更是樂於學習的人，為了讓他自己設計和創作的長城真正具備長城的精氣神，他不斷在學習。在跟蹤《速寫長城》出版進程的兩三年間，我曾經給楊先生拿一些書籍過去，說明我的一些思考。他總是在我提供資料之後不久便給予回饋，而我在這些信息回饋中，常常能得到更多對長城的認知與感悟！

《速寫長城》出版了！如果您有幸得見此書，如果有時間的話，您不妨沏好一杯茶，找一個安安靜靜的書桌，先快速瀏覽瀏覽全書的脈絡，然後選

取其中的任何一個您感興趣的篇章，細細品讀。相信，如果您靜下心來，跟著楊奕先生的思緒去讀，然後結合您自身的一些經歷去咀嚼，您會在很多時候會心一笑。如果您有幸獲得此書，建議您將其收藏，在您人生的不同階段都拿出來讀讀，相信您每次拿出來展讀，都會有不同的感受呢！

（2015 年 7 月 29 日）

3.《速寫長城》：有一說一，好書的特質

　　《速寫長城》一書沒有炫耀自己長城知識豐富的嫌疑，也沒有隱藏自己思維的刻意，只是在一五一十地感受著自己對長城的認識，評述著自己對長城、對家國、對人生的感悟。在展讀這本書的時候，就如同與一位老朋友在進行思維的交流——真實的思維交流。可不是嗎？有一說一，內容為王，是好書的特質！

（2015 年 8 月 3 日）

4.《長城往事》：滲透於往事中的歷史意識

　　李守中先生的《長城往事》在 2001 年曾以《長城》為題，分上下兩冊在遠流出版事業股份有限公司出版。《長城》分上下兩冊，是李守中先生為釐清中國長城歷史而寫的一本書籍，於 2001 年 8 月由臺北遠流出版事業股份有限公司出版，收入該公司的《實用歷史叢書》。2010 年 5 月臺北遠流出版事業股份有限公司再版，合併為一冊，名《長城往事》，入《實用歷史叢書》。

　　作者李守中先生，祖籍四川省江油市，1933 年出生於上海市，1955 年重慶大學採礦系畢業，長期從事設計工作。1980～1982 年由國家選送至美國賓夕法尼亞州立大學進行學術訪問。1993 年退休後寓居北京，加入中國長城學會，在國內外發表多篇與長城有關的論文和《長城》（《長城往事》）一書。

　　《長城》一書中，李守中先生從馬可波羅冤案說起，以例證說明了多數人認識長城的一些誤區。李守中先生認為，在馬可波羅的時代還不存在明長城如居庸關、八達嶺的雄偉長城，所以，馬可波羅在其遊記中大談長城才是令人吃驚的事情。李守中先生在文中也特別強調窩裏鬥對中國社會的影響，這一點與美國學者林霨所持觀點有類似之處。

　　李守中先生的《長城》一書，以 43 個主題為我們歷數令人驚歎的長城往事，試圖從源頭上追索長城的起源和變遷，探求各種變化中的關聯。不僅談到了長城的本體，也談到了很多與長城相關的歷史典實。胡服騎射、玉出崑山、昭君出塞……這些看似從歷史典籍中信手拈來的歷史，經過李守中先生的貫串，活脫脫是一部長城文化史。從李守中先生縱橫捭闔於史料的工夫可以看出，他對長城的很多認識上是比較深入的。比如，李守中先生在此書以《長城往事》再版的時候借民眾對丘處機的真實存在引發議論，說明傳奇長城與歷史長城之間的差別，並明確提到：「一旦談及長城的歷史，（這種）混雜也難以避免，甚至專家學者都被迷惑。」李守中先生的感慨並非李守中先生一人獨有，正如人們會津津樂道於《三國演義》卻少有人願意去捧讀《三國志》，甚至將《三國演義》中的種種演義當成歷史的真實一樣，人們最關注的，不是歷史本身，而是一種滲透在帶著較多歷史真實的傳說故事中的歷史意識。

　　實際上，如果深究，我們也不難看出李守中先生在長城認識上的一些略有偏頗之處。學術就是不斷地撥清迷霧、不斷認識長城的真實的過程。所以，我們不能苛求李守中先生，也不能以此苛求其它學者。我們需要做的是，不斷將長城的真實與長城的傳奇區分清楚，讓越來越多的華夏民族子孫認識真實的長城、瞭解真實的長城。

（2015 年 4 月 9 日）

5.《天下懷柔》：懷柔天下當自強

　　《天下懷柔》是懷柔的一套文化宣傳方面的書。一開始以為只有《長城的回想》是我想買著看的，後來發現，其它幾卷中也有不錯的內容。書籍內容不做介紹，這裡就「懷柔」二字略做表達。「懷柔」代表了中國的一些理念——不管做什麼，要贏得天下，必須穩定自己，並用開放的心態去認識和接收異己的內容——有容乃大，這是顛撲不破的道理。只要穩定了自己，並能接受別人，我們又怎麼會沒有穩定的現在？又怎麼沒有天下的優容？一句話：懷柔天下當自強。

（2015 年 5 月 20 日）

6.《誰來陪我走長城》：追問無價

羊子編繪的書《誰來陪我走長城》，是我見到的少有的一本沒有標注定價的圖書。買這本書的時候，覺得挺貴的。讀的時候，首先被撲面而來的畫面感吸引。再後來，開始潛心讀書中的文字。書的文字不多，洗練，甚至有些犀利，直入人心，帶給我無數的啓思和莫名的衝動。

我不認識羊子，不知道作者是抱持著怎樣的心情編繪了這個小畫冊。但在羊子的繪畫中，在羊子的敘述中，我看到了對長城認識的重重矛盾、重重困惑。由於已經接觸了不少長城方面的書籍，認識了一些長城方面的朋友，瞭解了不少長城方面的分歧，對羊子的敘述中存在的矛盾和困惑，我已經不以爲意，反以爲常。

應該感謝羊子，去看了嘉峪關的日出、山海關的夕陽、望京樓的雲海、金山嶺的白雪、居庸關的青松、慕田峪的紅葉、八達嶺的奇峰、老龍頭的碧波，對長城從東到西有了不少深切的感受和體悟。於是，羊子背負了沉重，背負了心痛，不再是一位輕鬆的旅遊者，而是一位長城文化、長城歷史的感受者。

羊子的站位，還是中原王朝的站位。在畫裏隨時有狼的身影。這些狼，在羊子這裡，是「昔日的『對手』」。實際上，這些「昔日的『對手』」實際上在日復一日與中原地區的交流對話中，已經不斷地相互理解、相互認同並最終成爲了我們現在常說的中華民族大家庭的成員。在古代，他們或許被稱爲胡、稱爲匈奴、稱爲契丹、稱爲女真……不管他們曾經被如何稱呼著，也不管他們曾經如何對立著，我們可以看到近代屈辱中，大家萬眾一心，抵禦來自這片國土外的侵略和剝削。而這些萬眾一心，不斷地見證了我們這個大家庭的團結。這一切，與長城的構築有著莫大的關係，與長城構築後依託它而進行的各種交流有著莫大的關係。但是，到現在，仍沒有多少人正視這些事實，仍有很多人在質疑長城存在的意義和價值。

羊子說：「長城如夫，他有兩個妻子，一個是農耕民族，另一個是游牧民族。」看到這個比喻後，突然覺得羊子有一種超拔的感受，那就是把長城與中國進行了一次替換。或者，我們可以這樣說，羊子的這句話可以換言之：中國如母，她有兩個孩子，一個是農耕民族，另一個是游牧民族。在很長的歷史階段裏，中國的這兩個孩子在相互的利益爭奪中，不斷地相互理解著、認同著。

一邊走著，一邊看著，一邊問著，羊子畫下了近 70 張畫，追問著長城為什麼出現？追問著如果現代技術提前出現會怎樣？追問著孟姜女的故事為什麼會出現，追問著為什麼明朝會讓戚繼光花掉近 3 年的國家財政總收入去修建長城？追問著長城的堅固為何沒有阻擋得了滿族入關？追問著如果沒有戰爭的人類會是怎樣？追問著長城會不會消亡？……追問無價，一邊欣賞著羊子的畫，一邊思考著自己對這些追問的答案，覺得長城需要解答的問題太多了。不過，我相信羊子的判斷：「建築在每個人心中的長城是綠色的，不是綠色屏障，而是綠色橋梁。」

感謝羊子給我們帶來了《誰來陪我走長城》，也期待今後我自己也能遇到更多如羊子的長城熱愛者，出版更多與長城有關的典籍。讓真實的長城在追問中不斷展現給世人。追問無價。

（2013 年 10 月 18 日發表在《百道網》首頁）

7.《千古長城義烏兵》：長城事業是中華民族共同的事業

《千古長城義烏兵》與《長城有約——義烏與長城的歷史對話》這兩本書具有一個比較特殊的價值：它們是長城事業是中華民族共同的事業最有力的證明。

義烏，在很多人的心目中，首先是一個小商品城。在很多人看來，這是一個距離長城數百千米、與中國北部邊疆防禦八竿子打不著的一個南方城市。但是，這個城市因為戚繼光而與北方建立起了千絲萬縷的顯性聯繫。

我在這裡說的是「顯性」聯繫，特別用引號來強調顯性兩個字，是想說明，實際上在中國多個朝代都有大量南方士兵被徵發到北方戍邊，並且在北方安居。在《居延漢簡》中有一封黑夫寫給家人索要生活物資的家書，家書實際上已經反映了南兵北戍的問題。在明朝南兵大量應召去北部防邊之前，實際上也一直存在抽調丁壯戍邊的情況——看看清勾制度，這一點便不言自明。但是，這一切都是湮沒無聞甚至難以被人們看到的，因為太小太小也太正常太正常：我們現在的軍人家屬不也是分佈在九州各地，我們現在的軍人不也是從四面八方安排到各種祖國需要的地方戍守？！

感謝有戚繼光用實力和奏章獲得巨大的經濟支持，使得徵募義務兵到北方戍守成為了可能；感謝有義務這個有經濟實力的城市派遣了王賢根、吳潮

海等老師用十餘年多次奔赴薊遼京津等地走訪，並舉辦各種重要的學術活動來勾連那段已經逐漸離我們遠去的歷史。沒有戚繼光大量徵募南兵前往北部戍守並修建長城，估計現在難有《千古長城義烏兵》與《長城有約——義烏與長城的歷史對話》這兩本書的存在——因爲百姓的資料太散、鈎沉太難；沒有義烏各處經濟上的大力支持，沒有王賢根、吳潮海等人的心無旁騖地耐心耙梳，我們估計到現在也難以看到對長城研究如此有價值的作品呈現。

　　這兩本書對長城研究的價值在哪裏？在我看來有兩點是很有意義的：第一，勾連中國歷史上南方與北方文化；第二，從側面印證中國南方人民與長城的關係。還沒有仔細去梳理完成其它長城書籍，不知道是不是還有與此兩書相媲美的其它類似書籍存在。如果沒有，我覺得這兩本書還有很重要的開創意義：它們拓展了中國長城研究的新領域，這個新領域能讓越來越多的人跳出地方的局限去看長城，這個新領域告訴我們每一個華夏子孫：長城的事業不止是有長城存在的那些省市的事，而是整個中華民族子孫的事業。

（2015 年 3 月 30 日）

8.《長城：世界一大奇跡》：常於細微之處見精神

　　《長城：世界一大奇跡》是成大林先生的大作。本書由上海文藝出版社出版，置於《行走中國》系列中。

　　很感謝長城，讓我認識了成大林先生。曾在一起吃飯，聽他說起他的故事，於是非常明白他是對事情特別認眞、特別執著又特別注重解決問題的方式方法的長者。在會議上聽他不緊不慢的嚴謹敘述，於是更加懂得他對學術的求眞和不畏權威的平等心。或許還有很多很多我現在還難以用言詞表達清楚的風骨。越熟悉成先生，便越深切地感受到研究長城者當如成先生，長城研究需要一大批如成大林先生這般一絲不苟的治學者。

　　《長城：世界一大奇跡》從其立意已經決定了它不是專門的學術著作，不需要板著臉孔說大道理。因此，成大林在書中多處有記遊的閒散筆觸，交代當時接觸到某些事務的前後經歷，如他們在東坡村受苗所長的「蠱惑」而看到一大堆「眞的寶貝」——從長城上收集到的刻有文字的城磚和石碑等。生動的文字引人入勝，一方面讓人感受到了成大林先生對長城研究的熱情與執著，一方面也反映了一些地方工作人員對「眞的寶貝」的認識之深入——

他們對寶貝的認識，不是別人能看到的金銀珠寶，而是別人眼裏不起眼的碑石和碑石上那些歷史刻痕。

儘管書中有很多地方為了突出行走長城的趣味性，以說故事的形式來表達，但成大林先生仍不忘用較為準確的長城認識來貫串全文。在考察清朝長城的過程中，成大林先生首先用了大量事實和史料說明自己對清朝長城探索的過程及他的質疑起始。此後，成大林先生用大量史料調查來分析，說明自己對清朝沒修長城的初步質疑。此後又用考察和史料來說明，即使康熙帝在聖諭中說過不修長城之類的話，但實際上在清朝也是修過不少長城的，由此通過實地考察和史料等內容的結合，強調了不能輕信康熙的一面之詞，更糾正了學術界普遍存在的偏頗認識。清朝實際上也是修築過長城的，「長城的修築史，伴隨了中國整個封建社會的歷史。」雖然現在「封建社會」這個詞彙的使用存在爭議，但不可否認，通過成大林先生通過山東萊蕪等地出現的碑記中重修長城用於軍事戰爭等記載、結合史料的各種說法的辨析，澄清了中國長城修建中的一些盲區和誤區。

在書中，有一張成大林先生繪製的中國歷代長城走勢示意圖，在示意圖左下角有一句話，說明此圖。這一說明文字明確了兩點：第一，成大林先生對中國歷代長城的走勢認識是與其它學者有不同點的；第二，成大林先生並沒有將自己的認識居為定論。事實上，不僅成大林先生，即使現在經過如此大規模的長城普查之後，很多長城的問題仍舊是存在疑問和困惑的。以編輯的語氣寫出的「這幅由本書作者成大林繪製的歷代長城走勢圖可能比前人更加接近歷史的真實」從平實中透出自信，讓我們更深切地體會到了與成大林先生一起完成此書的編輯的沈穩。我不禁開始有些好奇──會不會成大林先生的風骨影響到了編輯，讓編輯也變得更為沈穩了呢？

翻閱全書，我一直處在感動中。如果中國能有較多如成大林先生這樣的長城學者，長城學術水平也就能一日千里了。「常於細微之處見精神」是我在閱讀本書時最重要的感受，或許，這是成大林先生能讓我如此敬佩的原因。

（2015 年 3 月 17 日）

9.《長城：從歷史到神話》：真的是西方神話了長城？

20 世紀後半期，一位中文名叫做林霨的美國教授阿瑟‧沃爾德隆（Arthur

Waldron）對中國的長城產生了濃厚的興趣，花費了較長的時間來研究長城，終於在 20 世紀 80 年代末期完成了《長城：從歷史到神話》一書的寫作。2008 年，這本書經過一些慧眼獨具的人士翻譯至中國。

我最初聽說此書，是在 2010 年進入長城出版中心之後；最初立意要拜讀此書，是在 2012 年拜見孫志升先生，聽他說起林霨關於長城的某些觀點之後；最初開始感慨掌握的資料與學術論點的確立之間的因果關係，是在拜讀了大作之後。

此書，我共買了兩本。買兩本的原因有二：第一，第一本拜讀的書出現了印裝上的錯誤。我本可以送回出版社換一本新的，可惜，我在上面密密麻麻地標識了一堆信息。於是覺得，與其換一本，不如另外買一本。第二，這本書的翻譯者石雲龍、金鑫榮兩位先生顯然是語言方面的專家，卻對長城、歷史地理的知識瞭解不是太深入。因此，我曾經不知天高地厚地想找原書重新翻譯一遍。這個想法經過這幾年的沉澱，已經磨滅得差不多———一方面是已經有學者將此書翻譯的一些小問題用文章說明，更重要的是我 2014 年上半年用了幾個月整理海外長城研究的情況之後發現，實際上石、金兩位先生的翻譯已經足夠讓讀者瞭解林霨的觀點。

長城的典籍需不需要引進來？我覺得是很必要的。尤其是像林霨先生這樣能真正去深挖一些信息，然後將其解讀出來的作品，更需要引進中國。這樣，中國與西方關於同一問題才能形成真正的交流與碰撞，才能真正形成對問題的更深入研究與認知。

林霨在《長城：從歷史到神話》的導言中，用較長的篇幅介紹了他在本書中思考與論證的有關長城的問題。林霨在研究明朝軍事政策的問題時發現，他以前對長城的各種假設、各種印象與中文文獻資料告訴他的不相符。這確實是每一個真正想去面對和弄清楚長城究竟是什麼、長城的真實價值與意義究竟是什麼的人首先需要去面對的困惑與不解。林霨帶著各種困惑、各種不解，在繼續的研究與追問中，得出了與自己以前認識的那個長城完全不同的觀點：「本書記載了我的發現，它的結論幾乎與我開始時自以為明白的每一個觀點都有矛盾。長城結果是一種令人著魔的幻象，它現在已經習慣性地深深地嵌入了中國和西方學術和普通老百姓的想像之中。」

學術的破立就是這樣，否定自己已經固有的認識是不容易的，要在粉碎了固有的認識之後形成新的認識就更不容易，前者需要的是勇氣，後者需要

的是智慧。很顯然，林霨是一個很有勇氣的人，他打破了自己原來的認識，否定了自己原來對長城乃至依託長城構建起來的中國認識的知識構架。通過林霨對自己知識體系的重建，我們能學到什麼呢？

第一，西方學者對長城的認識的大致情況。林霨在《長城：從歷史到神話》一書中，大量使用了西方學者的文獻，很多文獻直接使用原文，包括英語、法語、德語、荷蘭語、瑞典語、西班牙語、意大利語、葡萄牙語等大量歐美語言的使用以及俄語、日語、中文的羅馬化，使得整本研究成果中彙聚了大量學者對長城的研究成果。透過林霨的介紹，我們可以初步瞭解西方對長城的介紹與研究的大致情況。

第二，林霨通過對長城典籍的深入研究，抓住了長城修建的主導者及影響其作用發揮的重要因素。在明朝時，長城的修建主要是指明朝朝廷決策、主要是由明朝邊鎮修建。林霨用較大的篇幅論述了朝廷的黨爭對長城修建的影響，這說明林霨已經初步明確了長城修建的主導者是政治團體，之於明長城，其修建的主導者即明朝朝廷。

第三，通過林霨對西方典籍的梳理可以看到，中國在西方形成神秘感應與人們通過想像而構築的長城雄偉印象有密切關係。或者說，西方人通過口耳相傳的長城想像長城的高大，又通過幻燈片、照片等拍攝回去的實物看到了某些點面上的長城的壯美，於是通過想像將長城的形象進行了延展，又通過人們的心理作用進一步誇大了長城、神話了長城。

最後，求眞務實的學術態度。林霨在研究長城的過程中，大量閱讀了文獻，並不斷在否定自己原來對長城的認識。這是學術上求眞務實的端正態度，不管林霨的觀點是否正確，他對於學術的追求，是值得我們敬佩的。

林霨的觀點是否正確呢？我在讀此書，讀到林霨認爲是西方神話了長城、中國適時需要而由孫中山等人強化並進而神話了長城——這種說法是否合適呢？我覺得是值得商榷的。

雖然在中國的古典詩詞與民間故事中多有用孟姜女哭長城之類的故事來「指桑罵槐」（如罵朝廷徵收苛捐雜稅等）的，雖然在中國的典籍中記載了因爲黨爭等影響到了部分長城的修建的史實（如嚴嵩、夏言等人的政治鬥爭），雖然孫中山等人在號召全國人民萬眾一心、各民族團結起來抗擊外敵時使用了長城作爲宣傳口號，但這眞的是中國幾千年老百姓心裏最眞實的長城嗎？我覺得不是。

在現代，有太多的軍事設施建設，如原子彈的研發、如航母的建設……這些在決策之前會出現辯駁，在後期也可能會被很多討論推翻，甚至可能會在某些時候明修棧道暗度陳倉……這些就如同嚴嵩、夏言等人對長城修與不修的爭論。原子彈不是隨便拿著用的、航母也不是隨意起航的，而對這些每天的維護費用、繼續研究的費用等均是不可少的。老百姓在感覺增修軍備是自己納稅的款項時，難免牢騷數語，這些如同古代的老百姓留下的民間故事裏的「抱怨」。在現代中國，人們都知道原子彈、航母等軍事設施對國家安全的重要性，以此推論，在古代中國，人民實際上也能感受到長城對他們的保護，這才可能出現長城在幾千年裏不斷用大量經費來反覆修建和反覆利用。

我在讀長城的典籍時曾經說過，舉例是非常可怕的。因為舉例往往容易出現以偏概全的情況，更容易出現一葉障目不見泰山的情況，尤其是當這些例子是通過千辛萬苦的搜集和整理之後發現的「情況」，更容易執著。

我相信，用原子彈與航母來舉例，也是難以說明中國古代為什麼會反覆修長城以及中國長城在中國的作用與意義到底在哪裏的——因為舉例是可怕的，中國的長城現象是複雜的。以我讀中國歷史的經歷，我粗略感受到：長城的修建與使用絕不僅僅是二十四史等史書上記載的那些——真的是西方神話了長城？林霨先生是很智慧的，我繼續追問，期待拋磚引玉，獲得更多的真知灼見。

（2015 年 2 月 25 日）

10. 定格中的變化，變化中的定格——讀《追尋遠去的長城》和《兩個威廉與長城的故事》

在江蘇鳳凰科學技術出版社長城出版中心出版了《追尋遠去的長城》後10 個月，另外一本有著相似特點的書出版了，這就是威廉·林賽先生的《兩個威廉與長城的故事》。讀完《追尋遠去的長城》，我先後買了 3 本送給師友。在讀《兩個威廉與長城的故事》剛剛過半，我便已經另外訂了兩本，準備送給同樣喜愛長城的師友。從兩本書的重攝價值來看，《追尋遠去的長城》與《兩個威廉與長城的故事》具有同等的意義。兩位學者，幾乎同時看到了重攝長城的價值。兩個出版社，幾乎同時看到了這些重攝長城照片的價值，相繼將這些照片出版。這確實讓我產生了極為明顯的惺惺相惜之感。

　　《追尋遠去的長城》，其編輯的過程，我很清楚，因為編輯就是我的領導和同事。而《兩個威廉與長城的故事》在出版之後過了 11 個月，我才決定買。原因在一些人看來有些奇怪：既然有了《追尋遠去的長城》，將如此眾多的長城老照片進行了重攝，再看威廉·林賽先生重攝威廉·蓋洛先生的照片，很顯然，其信息幾乎沒有多少變化，尤其是在作者張保田先生與威廉·林賽先生幾乎同時重攝了這些照片的情況下。然而，在某一天，看稿子疲倦的時候，突發奇想想知道中外兩位重攝高手如何解讀並重新拍攝蓋洛先生原來拍攝的那些照片。於是，在網上迅速下單，買下了一本。

　　書到手了，我打開扉頁，看到了蓋洛當時寫下的一段話：「這是中國的萬里長城——地理學界告訴大家的就只有這句話。長城是用什麼建造的？是不是用瓷器建造的？如果是的話，為什麼要用瓷器建造？長城現在有多長？曾經有多長？對不起，統統不知道。」很顯然，這摘自《中國長城》。看到這句話，我已經很清楚地知道，《兩個威廉與長城的故事》與《追尋遠去的長城》走的是出版的兩條不同路徑：前者決定走的是大眾路線，希望能有更多的讀者受眾；後者走的是學術路徑，希望用翔實而豐富的學術知識和眾多的重拍照片給讀者啟思。

　　由於每天都在面對學術研究方面的文字，我不由自主地想從威廉·林賽先生的這本書裏尋找到一些休息的空間。這大抵就是一種惰性使然吧？但是，轉念一想，如果每一本書都板著一副臉孔告訴我們這是什麼，那是什麼，讀的人也許也就不那麼多了。

　　周六去拜訪一位長輩，包裏背著威廉·林賽先生的這本書。談話過程中，我們說起了這本書。我將它拿出來與長輩分享。長輩隨手翻看了幾頁，指出了幾個精彩之處：「將它留在這吧，下次我還你。」如果不是看得正起勁，如果不是正好在咀嚼其中的一些精彩之處，我也許就放下了。但是，在與長輩告別的時候，我還是忍不住請長輩原諒，將書籍帶回。

　　周日一天，雖然書在身邊，終究沒有時間看。一個與長城有關的命題讓我興奮不已，讓我將時間全天消耗掉而忘記了包裏還有一本讓我意猶未盡的書籍。

　　到今天，終於將這本書看完了。掩卷之際，看到了威廉·林賽先生再次提及的一個命題：眼下的「不變」只是暫時，而「變」則是永恒。威廉·林賽先生說起這個命題時，帶著他對長城的深情。他希望大家一起為長城保護

做出國際性的貢獻。威廉‧林賽先生做到了。現在，依託著重要出版課題的便利，我見到了越來越多的志願者參與到長城重攝的行列。這讓我知道，長城的保護，在這些老照片的不斷重攝中，會得到越來越多人的關注，會引起越來越多人的共鳴。

威廉‧林賽先生用細膩的筆觸寫下了新老照片之間的差異，張保田先生則分析了原來拍攝者拍攝時辨識長城的錯失之處甚至某些長城被錯過的原因。威廉‧林賽先生補充了威廉‧蓋洛先生的檔案資料，留下了不少當時外國人走長城的細節。而張保田先生則重點比較了同一長城區域內不同攝影者留存影像的歷史。威廉‧林賽先生的整本書裏，雖然有其它不少中外攝影者的照片，但重點是與威廉‧蓋洛先生的照片進行的重攝，選取的拍照地址較多地局限於威廉‧蓋洛先生曾經走過的路。而張保田先生的重攝，將拍攝的範圍放到了更為廣闊的範圍，涉及的長城段落多了不少。

兩本書的不同點很多，而相同點同樣很多。他們同樣付出了極大的辛勞去尋找老照片上的長城，他們同樣求助了許多在長城研究方面貢獻卓著的專家，他們同樣嚴格遵守了重攝的重要要求，他們同樣關注到了自然與人文變化帶來的長城重要變化。

張保田先生為長城重攝，付出了不止 10 年。我不知道威廉‧林賽先生在重攝方面花費的時間和精力具體有多少，想來也不少。如人飲水，其中的甘苦也只有他們自己能知道。正如中國長城學會副會長董耀會先生在《追尋遠去的長城》前言中說的那樣：「它（《追尋遠去的長城》）像一條線，把長城和熱愛長城的人們連接起來，讓人們瞭解更多長城和長城故事，感受古老長城的魅力。……通過《追尋遠去的長城》，讀者也可以認識一批為長城默默奉獻的人們。他們熱愛長城的生活，告訴我們一個雖然很簡單，卻常被忽略的道理：如果讓生活變得簡單些，騰出一些時間，做點自己喜歡也有社會意義的事，你的生活就可能會過得更開心，更快樂。」這話不僅適用於張保田先生，也適用於威廉‧林賽先生。如果瞭解董耀會先生的人也知道，這話同樣適用於他。

老照片定格了，重攝技術再次在同樣的空間位置上定格了新照片。兩相比較，我們看到了變化的滄桑。張保田先生看到了其中的變，威廉‧林賽先生看到了其中的變，越來越多的長城愛好者看到了其中的變。《追尋遠去的長城》和《兩個威廉與長城的故事》中，兩位先生用自己的解讀和領悟帶著我們去感悟了滄海桑田。而讀完這兩本書的我，卻感悟了流淌其中那變化中的

定格：他們共同的、對長城的、矢志不渝的熱愛。

（本文 2013 年 11 月 28 日發表在百道網首頁，選入《鳳凰傳媒》2013 年第 4 期）

11.《長城百科全書》：長城知識的一次大梳理

如果你要瞭解初步長城，在沒有豐富的網絡信息系統的年代，最好擁有什麼？對長城有瞭解的人，或許馬上就能回答出來：擁有一本《長城百科全書》！

是的，在 20 世紀 90 年代，如果誰擁有一本厚重的《長城百科全書》，可以說是有一種長城文化的盛宴了。這本《長城百科全書》於 1994 年 8 月由吉林人民出版社出版。全書分爲總論、長城區域歷史、長城區域地理、長城區域軍事、長城區域民族、長城區域人物、長城建築、長城關隘、長城區域經濟、長城文學藝術、長城旅遊等板塊，以詞條的形式充分展示了當時學者對長城的認識。

從《長城百科全書》的編纂可以看出，該書各分類的主編、副主編，多是當時年富力強的學界精英，現在有不少學者成爲學術界的中堅力量，如羅哲文、董耀會、曹大爲、王天有、李鳳山、李鴻賓。在《中國長城志》編纂時，很多學者繼續成爲《中國長城志》的核心專家、分卷作者，成爲新時期新百科全書式歷史典籍的主要指導者和執行者。

感謝中國長城學會組織了如此大量學者，在 20 世紀 90 年代完成了這一鴻篇巨製。從現在來看，這些稿件中有些內容與長城本體略遠，但從整體上來看，這本書的百餘名作者爲長城歷史、文化等宣傳所起到的作用，是不可估量的。我正是從這本書裏，獲得了對長城最初的知識體系。從這一點上來看，《長城百科全書》在長城文化出版領域是具有其重要的歷史地位的。

我從側面得知，中國長城學會在 2014 年前後完成了《長城百科全書》的又一次整理。這一次整理的書籍，我還沒有見到。我相信，經過 20 年的沉澱之後的新版《長城百科全書》，一定有更多知識信息帶給熱愛長城的朋友們。

（2015 年 1 月 29 日）

附錄三　中國歷代已知長城分佈簡況

　　長城是世界著名文化遺產，是中國重要的文物，深受社會的關注。但是，長城到底有多長，其分佈情況具體是怎樣的，卻沒有幾個人能說清楚。2012 年，國家文物局正式向外公佈，已經認定的中國歷代長城遺跡總長為 21196.18 千米。〔註 1〕這是中國首次公佈經過系統測量、統計的歷代長城總長度。通過公佈的數據，我們對各省的長城有了初步的瞭解。但是，根據測繪統計得出的數據中，具體到每個朝代的長城，其遺址都在哪些省份、哪些縣市有所發現，這個問題仍將是長城研究者需要花費大量時間和精力去解決的問題。深感國家文物局公佈的數據重要，為讓長城「家底」更加清晰，筆者特按朝代進行耙梳，略作補充，擬名為《中國歷代已知長城分佈簡況》，與長城研究者、愛好者共享。

1. 春秋戰國長城

（1）楚國長城

　　楚國長城主要分佈在河南省南陽市的方城縣、桐柏縣，平頂山市的魯山縣、葉縣、舞鋼市，駐馬店市泌陽縣，北起河南省魯山縣，經葉縣、方城縣、舞鋼市、泌陽縣，南至桐柏縣。〔註 2〕烽火臺及駐防體系延伸到湖北

〔註 1〕《長城保護宣傳暨長城資源調查和認定成果發布活動舉辦》，中華人民共和國國家文物局網，2012 年 6 月 7 日，http://www.sach.gov.cn/art/2012/6/7/art_1662_110760.html。

〔註 2〕參見河南省長城資源調查隊：《河南省長城資源調查綜述》，國家文物局編：《長城資源調查工作文集》，北京：文物出版社，2013 年，第 94 頁。《關於河南省長城認定的批覆》，中華人民共和國國家文物局網，2012 年 6 月 5 日，http://www.sach.gov.cn/art/2012/6/5/art_1691_125960.html。

省境內。〔註3〕

（2）齊國長城

　　齊國長城分佈於山東省 16 個縣（市、區）。東起青島市黃島區，經膠南市、諸城市、五蓮縣、莒縣、安丘市、沂水縣、臨朐縣、沂源縣、淄博市博山區、淄川區，萊蕪市萊城區、章丘市、濟南市歷城區、肥城市，西迄濟南市長清區。〔註4〕除主線外，還有在南側還有三段與主線呼應的複線，分別為：從長清三岔溝至肥城的連環山；從博山區望魯山北 729 高地南行至梯子山後，沿博山、萊城交界向東南，直至萊城區炮臺頂；從臨朐、沂水交界處的脖根腿東山向東南，行經朱家峪東山，過穆陵關，向東至三楞山，與北側由安丘方向延伸向東的主線交接。〔註5〕

（3）燕國長城

　　燕國長城有兩段：燕南長城和燕北長城。

　　燕南長城主要分佈在河北省保定市易縣、徐水縣、容城縣、安新縣、雄縣和廊坊市大城縣、文安縣。〔註6〕

　　燕北長城主要分佈在遼寧、內蒙古和河北三省境內。遼寧省內分佈於撫順縣，撫順市順城區、望花區，瀋陽市東陵區、皇姑區、沈北新區，阜新蒙古族自治縣、北票市、建平縣。內蒙古自治區內東起敖漢旗，經喀喇沁旗，西至赤峰市元寶山區。河北省內分佈於沽源縣、赤城縣。〔註7〕

〔註3〕關於楚長城，調查報告集中曾經多次提到湖北的調查。但 2012 年的國家文物局認定中並沒有提到湖北段。

〔註4〕參見《關於山東省長城認定的批覆》，中華人民共和國國家文物局網，2012 年 6 月 5 日，http://www.sach.gov.cn/art/2012/6/5/art_1691_125938.html。

〔註5〕參見山東省長城資源調查隊：《山東省齊長城資源調查工作總結報告》，國家文物局編：《長城資源調查工作文集》，北京：文物出版社，2013 年，第 92 頁。

〔註6〕參見《關於河北省長城認定的批覆》，中華人民共和國國家文物局網，2012 年 6 月 18 日，http://www.sach.gov.cn/art/2012/6/18/art_1691_125920.html。

〔註7〕參見《關於遼寧省長城認定的批覆》，中華人民共和國國家文物局網，2012 年 6 月 5 日，http://www.sach.gov.cn/art/2012/6/5/art_1691_125951.html。《關於內蒙古自治區長城認定的批覆》，中華人民共和國國家文物局網，2012 年 6 月 5 日，http://www.sach.gov.cn/art/2012/6/5/art_1691_125943.html。《關於河北省長城認定的批覆》，中華人民共和國國家文物局網，2012 年 6 月 18 日，http://www.sach.gov.cn/art/2012/6/18/art_1691_125920.html。

（4）趙國長城

趙國長城分為兩段：趙南長城和趙北長城。

趙南長城主要位於河北省邯鄲市涉縣、磁縣及河南省衛輝市、輝縣市、林州市、鶴壁市淇濱區。〔註8〕

趙北長城主要分佈在內蒙古自治區，東起興和縣，經察哈爾右翼前旗、烏蘭察布市集寧區、卓資縣，呼和浩特市賽罕區、新城區、回民區、土默特左旗、土默特右旗、包頭市東河區、石拐區、青山區、昆都侖區、九原區，西迄烏拉特前旗。〔註9〕

（5）魏國長城

魏國長城主要分佈於陝西省富縣、黃陵縣、宜君縣、黃龍縣、韓城市、合陽縣、澄城縣、大荔縣、華陰市及河南省新密市。〔註10〕

（6）韓國長城

由於韓國地處河南中西部，西鄰秦、南鄰楚，東北魏接壤。韓國也曾修築過長城，主要用於解決韓、魏兩國的問題。一些學者認為韓長城遺址位於滎陽與新密市交界處。這段長城很可能是考古工作者實地考察中列為魏國長城的河南省新密段。〔註11〕

（7）秦國北長城

秦國北長城大致起於今甘肅省臨洮縣，向東南至渭源，然後轉向東北，經通渭、靜寧等縣達寧夏固原，再由固原折向東北方向，經甘肅環縣，陝西橫山、榆林、神木等縣直達黃河西岸。秦國北長城主要分佈於甘肅省華池縣、環縣、鎮原縣、靜寧縣、通渭縣、隴西縣、渭源縣、臨洮縣，寧夏省彭陽縣、

〔註8〕 參見《關於河北省長城認定的批覆》，中華人民共和國國家文物局網，2012年6月18日，http://www.sach.gov.cn/art/2012/6/18/art_1691_125920.html。《關於河南省長城認定的批覆》，中華人民共和國國家文物局網，2012年6月5日，http://www.sach.gov.cn/art/2012/6/5/art_1691_125960.html。

〔註9〕 參見《關於內蒙古自治區長城認定的批覆》，中華人民共和國國家文物局網，2012年6月5日，http://www.sach.gov.cn/art/2012/6/5/art_1691_125943.html。

〔註10〕 參見《關於陝西省長城認定的批覆》，中華人民共和國國家文物局網，2012年6月5日，http://www.sach.gov.cn/art/2012/6/5/art_1691_125933.html。《關於河南省長城認定的批覆》，中華人民共和國國家文物局網，2012年6月5日，http://www.sach.gov.cn/art/2012/6/5/art_1691_125960.html。

〔註11〕 參見《關於河南省長城認定的批覆》，中華人民共和國國家文物局網，2012年6月5日，http://www.sach.gov.cn/art/2012/6/5/art_1691_125960.html。

固原市原州區、西吉縣，陝西省神木縣、榆林市榆陽區、橫山縣、靖邊縣、志丹縣，南迄吳起縣。此外，秦國北長城在內蒙古自治區也有所發現，南起伊金霍洛旗，經準格爾旗、鄂爾多斯市東勝區，北到達拉特旗。〔註12〕

此外，秦塹洛修長城，這段長城應是沿著洛水而修，主要是抵抗魏國。這一長城現在也沒有找到遺跡。

（8）中山國長城

1988年，河北省考古工作者在唐縣唐河東岸發現了石砌中山長城遺跡，起自河北保定市順平縣神南鄉大黃峪村西北，此後陸續在曲陽、順平、淶源發現相近的長城遺跡。〔註13〕河北省未確定的戰國長城中，有一部分應是中山長城。

（9）其它

河北和山西兩省在長城普查中，尚有一些確定為戰國長城的段落，尚未確定其修建者。這些戰國長城，河北省境內分佈在圍場滿族蒙古族自治縣、豐寧滿族自治縣、懷安縣、淶源縣、唐縣、順平縣、曲陽縣。山西省境內東起陵川縣，經壺關縣，西迄高平縣。〔註14〕

2. 秦漢至明的長城

（1）秦朝長城

秦朝除充分利用戰國各諸侯國北部所修的長城外，還新修了部分長城。

〔註12〕參見《關於甘肅省長城認定的批覆》，中華人民共和國國家文物局網，2012年6月5日，http://www.sach.gov.cn/art/2012/6/5/art_1691_125965.html。《關於寧夏回族自治區長城認定的批覆》，中華人民共和國國家文物局網，2012年6月5日，http://www.sach.gov.cn/art/2012/6/5/art_1691_125942.html。《關於陝西省長城認定的批覆》，中華人民共和國國家文物局網，2012年6月5日，http://www.sach.gov.cn/art/2012/6/5/art_1691_125933.html。《關於內蒙古自治區長城認定的批覆》，中華人民共和國國家文物局網，2012年6月5日，http://www.sach.gov.cn/art/2012/6/5/art_1691_125943.html。

〔註13〕參見李文龍：《保定境內戰國中山長城調查記》，《文物春秋》，2001年第1期。此次長城認定，沒有提中山長城的情況。

〔註14〕參見《關於河北省長城認定的批覆》，中華人民共和國國家文物局網，2012年6月18日，http://www.sach.gov.cn/art/2012/6/18/art_1691_125920.html。《關於山西省長城認定的批覆》，中華人民共和國國家文物局網，2012年6月18日，http://www.sach.gov.cn/art/2012/6/18/art_1691_125918.html。

現存秦長城遺跡主要留存在內蒙古和寧夏兩省境內。內蒙古自治區內秦長城東起奈曼旗，經敖漢旗、赤峰市松山區、多倫縣，西至正藍旗。寧夏回族自治區內秦長城分佈於固原市原州區和彭陽縣。〔註15〕

（2）漢長城

現存漢長城遺跡主要分佈在遼寧、內蒙古、河北、山西、寧夏、甘肅、新疆等省。遼寧省內漢長城分佈於丹東市振安區、鳳城市、新賓滿族自治縣、撫順縣，撫順市東洲區、順城區、新撫區，瀋陽市東陵區、皇姑區、沈北新區，黑山縣、北鎮市、凌海市、義縣、建平縣。內蒙古自治區內漢長城主線東起喀喇沁旗，經寧城縣、興和縣、察哈爾右翼前旗、豐鎮市、涼城縣、卓資縣、察哈爾右翼中旗，呼和浩特市賽罕區、新城區，武川縣、固陽縣、烏拉特前旗、烏拉特中旗、烏拉特後旗、磴口縣、阿拉善左旗、阿拉善右旗，西迄額濟納旗；漢長城達拉特旗段分佈於鄂爾多斯市達拉特旗；漢長城鄂托克旗-烏海段東起鄂托克旗，經烏海市海南區，西迄海勃灣區；漢代當路塞分佈於呼和浩特市新城區、武川縣、土默特左旗、固陽縣，包頭市石拐區、昆都侖區；漢外長城東起武川縣，經固陽縣、達爾罕茂明安聯合旗、烏拉特中旗，西迄烏拉特後旗。河北省內漢長城東起平泉縣，經承德縣、承德市雙橋區、鷹手營子礦區、興隆縣、雙灤縣、隆化縣、圍場滿族蒙古族自治縣、灤平縣、豐寧滿族自治縣、沽源縣、赤城縣、崇禮縣，西迄張北縣。山西省內漢長城東起天鎮縣，經左雲縣，西迄右玉縣。寧夏回族自治區內漢長城分佈於固原市原州區和彭陽縣。甘肅省內漢長城東起永登縣，經天祝藏族自治縣、古浪縣、威武市涼州區、民勤縣、金昌市金川區、永昌縣、山丹縣、張掖市甘州區、林澤縣、高臺縣、金塔縣、玉門市、瓜州縣，西迄敦煌市。新疆維吾爾自治區內有兩條漢代烽燧線。南線分佈於若羌縣和且末縣。北線東起若羌縣，經尉犁縣、輪臺縣、和碩縣，西迄庫車縣。〔註16〕

〔註15〕 參見《關於內蒙古自治區長城認定的批覆》，中華人民共和國國家文物局網，2012 年 6 月 5 日，http://www.sach.gov.cn/art/2012/6/5/art_1691_125943.html《關於寧夏回族自治區長城認定的批覆》，中華人民共和國國家文物局網，2012 年 6 月 5 日，http://www.sach.gov.cn/art/2012/6/5/art_1691_125942.html。

〔註16〕 參見《關於遼寧省長城認定的批覆》，中華人民共和國國家文物局網，2012 年 6 月 5 日，http://www.sach.gov.cn/art/2012/6/5/art_1691_125951.html。《關於內蒙古自治區長城認定的批覆》，中華人民共和國國家文物局網，2012 年 6 月 5 日，http://www.sach.gov.cn/art/2012/6/5/art_1691_125943.html。《關於河北省長城認定的批覆》，中華人民共和國國家文物局網，2012 年 6 月 18 日，

（3）北魏長城

現存北魏長城遺跡主要分佈在內蒙古、河北、山西三省境內。內蒙古自治區內的北魏長城分為多段，通遼段分佈於庫倫旗；六鎮長城南線段東起商都縣，經察哈爾右翼後旗、察哈爾右翼中旗、四王子旗，西迄達爾罕茂明安聯合旗；六鎮長城北線段東起四王子旗，經達爾罕茂明安聯合旗，西迄武川縣；烏拉特前旗段分佈於烏拉特前旗。河北省內的北魏長城分佈於萬全縣境內。山西省內的分佈於天鎮縣。〔註17〕

（4）東魏長城

現存東魏長城遺跡主要分佈在山西省寧武縣境內。〔註18〕

（5）北齊長城

現存北齊長城主要分佈在遼寧、北京、河北、山西四省。遼寧省內分佈於綏中縣。北京市內東起平谷區，經密雲縣、懷柔區、延慶縣、昌平區，西迄門頭溝區。河北省內東起秦皇島市山海關區，經撫寧縣、青龍滿族自治縣、遷安縣、承德縣、赤城縣、崇禮縣，西至蔚縣。山西省內北齊長城分為兩條線，第一條線東起廣靈縣，經渾源縣、應縣、山陰縣、代縣、原平市、寧武縣、神池縣、五寨縣、岢嵐縣、西迄興縣；第二條線東起左雲縣、經朔州市平魯區，西迄偏關縣。澤州縣也有分佈。〔註19〕

---

http://www.sach.gov.cn/art/2012/6/18/art_1691_125920.html。《關於山西省長城認定的批覆》，中華人民共和國國家文物局網，2012 年 6 月 18 日，http://www.sach.gov.cn/art/2012/6/18/art_1691_125918.html。《關於寧夏回族自治區長城認定的批覆》，中華人民共和國國家文物局網，2012 年 6 月 5 日，http://www.sach.gov.cn/art/2012/6/5/art_1691_125942.html。《關於甘肅省長城認定的批覆》，中華人民共和國國家文物局網，2012 年 6 月 5 日，http://www.sach.gov.cn/art/2012/6/5/art_1691_125965.html。《關於新疆維吾爾自治區長城資源認定的批覆》，中華人民共和國國家文物局網，2012 年 6 月 18 日，http://www.sach.gov.cn/art/2012/6/18/art_1691_125917.html。

〔註17〕參見《關於內蒙古自治區長城認定的批覆》，中華人民共和國國家文物局網，2012 年 6 月 5 日，http://www.sach.gov.cn/art/2012/6/5/art_1691_125943.html。《關於河北省長城認定的批覆》，中華人民共和國國家文物局網，2012 年 6 月 18 日，http://www.sach.gov.cn/art/2012/6/18/art_1691_125920.html。《關於山西省長城認定的批覆》，中華人民共和國國家文物局網，2012 年 6 月 18 日，http://www.sach.gov.cn/art/2012/6/18/art_1691_125918.html。

〔註18〕參見《關於山西省長城認定的批覆》，中華人民共和國國家文物局網，2012 年 6 月 18 日，http://www.sach.gov.cn/art/2012/6/18/art_1691_125918.html。

〔註19〕參見《關於遼寧省長城認定的批覆》，中華人民共和國國家文物局網，2012

（6）隋長城

現存隋長城主要分佈在內蒙古、山西和陝西境內。其中內蒙古分佈於鄂托克前旗，山西分佈於岢嵐縣，陝西分佈於神木縣、靖邊縣、定邊縣。〔註20〕

（7）唐長城

唐烽燧線主要分佈在新疆，有南、北、中三條。北線東起伊吾縣，經哈密市、巴里坤哈薩克自治縣、奇臺縣、吉木薩爾縣、阜康市、呼圖壁縣、瑪納斯縣；中線東起哈密市，經鄯善縣、吐魯番市、托克遜縣、烏魯木齊市達阪城區、烏魯木齊縣、和靜縣、焉耆回族自治縣、輪臺縣、庫車縣、沙雅縣、拜城縣、新和縣、溫宿縣、阿瓦提縣、烏什縣、柯坪縣、圖木舒克市、阿圖什市、巴楚縣、伽師縣，西迄疏附縣；南線東起若羌縣，經墨玉縣、和田縣、皮山縣、葉城縣、莎車縣、英吉沙縣，西迄塔什庫爾干縣。〔註21〕

此外，在河北省境內赤城縣分佈了一些唐長城遺址。〔註22〕這應該是張說所修長城的遺址。

（8）五代長城

此次長城調查資料，公佈了一段五代長城，分佈於山西省沁水縣。〔註23〕但沒有具體到五代中的哪個王朝所修。

年 6 月 5 日，http://www.sach.gov.cn/art/2012/6/5/art_1691_125951.html。《關於北京市長城認定的批覆》，中華人民共和國國家文物局網，2012 年 5 月 24 日，http://www.sach.gov.cn/art/2012/5/24/art_1691_125989.html。《關於河北省長城認定的批覆》，中華人民共和國國家文物局網，2012 年 6 月 18 日，http://www.sach.gov.cn/art/2012/6/18/art_1691_125920.html。《關於山西省長城認定的批覆》，中華人民共和國國家文物局網，2012 年 6 月 18 日，http://www.sach.gov.cn/art/2012/6/18/art_1691_125918.html。

〔註20〕 參見《關於內蒙古自治區長城認定的批覆》，中華人民共和國國家文物局網，2012 年 6 月 5 日，http://www.sach.gov.cn/art/2012/6/5/art_1691_125943.html。《關於陝西省長城認定的批覆》，中華人民共和國國家文物局網，2012 年 6 月 5 日，http://www.sach.gov.cn/art/2012/6/5/art_1691_125933.html。《關於山西省長城認定的批覆》，中華人民共和國國家文物局網，2012 年 6 月 18 日，http://www.sach.gov.cn/art/2012/6/18/art_1691_125918.html。

〔註21〕 參見《關於新疆維吾爾自治區長城資源認定的批覆》，中華人民共和國國家文物局網，2012 年 6 月 18 日，http://www.sach.gov.cn/art/2012/6/18/art_1691_125917.html。

〔註22〕 參見《關於河北省長城認定的批覆》，中華人民共和國國家文物局網，2012 年 6 月 18 日，http://www.sach.gov.cn/art/2012/6/18/art_1691_125920.html。

〔註23〕 參見《關於山西省長城認定的批覆》，中華人民共和國國家文物局網，2012 年 6 月 18 日，http://www.sach.gov.cn/art/2012/6/18/art_1691_125918.html。

（9）宋長城

宋長城遺址主要分佈在寧夏回族自治區境內，東起固原市原州區，西迄西吉縣。〔註24〕

（10）西夏長城

西夏長城主要分佈在內蒙古自治區境內，包頭段分佈於包頭市東河區；陰山北部草原段東起武川縣，經達爾罕茂明安聯合旗、烏拉特中旗、烏拉特後旗、阿拉善左旗、阿拉善右旗，西迄額濟納旗。〔註25〕

（11）金界壕

金界壕遺址主要分佈在內蒙古與河北兩省境內。內蒙古金界壕主線東起莫力達瓦達斡爾族自治旗，經札蘭屯市、札賚特旗、科爾沁右翼前旗、突泉縣、科爾沁右翼中旗、霍林郭勒市、札魯特旗、阿魯科爾沁旗、巴林左旗、巴林右旗、林西縣、克什克騰旗、翁牛特旗、赤峰市松山區、東烏珠穆沁旗、錫林浩特市、正藍旗、正鑲白旗、鑲黃旗、多倫縣、太僕寺旗、蘇尼特右旗、化德縣、商都縣、察哈爾右翼後旗、四王子旗、達爾罕茂明安聯合旗，西迄武川縣；嶺北線東起額爾古納市，經陳巴爾虎旗、滿洲里市，西迄新巴爾虎右旗；漠南線東起札賚特旗，經科爾沁右翼前旗、東烏珠穆沁旗、阿巴嘎旗、蘇尼特左旗、蘇尼特右旗，西迄四王子旗。河北省金界壕東起豐寧滿族自治縣，經沽源縣，西迄康保縣。〔註26〕此外，黑龍江省境內也有一些金界壕的遺址。〔註27〕

（12）明長城

遼寧明長城分佈於丹東市振安區、寬甸滿族自治縣、鳳城市、本溪滿族自治縣、本溪市明山區、南芬區、平山區、溪湖區，新賓滿族自治縣、撫順縣，

〔註24〕 《關於寧夏回族自治區長城認定的批覆》，中華人民共和國國家文物局網，2012 年 6 月 5 日，http://www.sach.gov.cn/art/2012/6/5/art_1691_125942.html。

〔註25〕 《關於內蒙古自治區長城認定的批覆》，中華人民共和國國家文物局網，2012 年 6 月 5 日，http://www.sach.gov.cn/art/2012/6/5/art_1691_125943.html。

〔註26〕 參見《關於內蒙古自治區長城認定的批覆》，中華人民共和國國家文物局網，2012 年 6 月 5 日，http://www.sach.gov.cn/art/2012/6/5/art_1691_125943.html。《關於河北省長城認定的批覆》，中華人民共和國國家文物局網，2012 年 6 月 18 日，http://www.sach.gov.cn/art/2012/6/18/art_1691_125920.html。

〔註27〕 參見《關於黑龍江省金界壕遺址保護總體規劃編制立項的批覆》，中華人民共和國國家文物局網，2011 年 4 月 29 日，http://www.sach.gov.cn/art/2011/4/29/art_1691_126162.html。

撫順市東洲區、望花區、順城區，開原市、鐵嶺市清河區、西豐縣、昌圖縣、鐵嶺縣、法庫縣，瀋陽市沈北新區、東陵區、蘇家屯區、於洪區，遼中縣、燈塔市、遼陽縣，遼陽市轄區、太子河去，海城市、鞍山市千山區、臺安縣、岫岩滿族自治縣、盤山縣、盤錦市興隆臺區、大窪縣、阜新蒙古族自治縣、阜新市清河門區、彰武縣、黑山縣、北鎮市、義縣，錦州市古塔區、凌河區，凌海市、錦州市太和區、北票市、葫蘆島市連山區、興城市、綏中縣。〔註28〕

河北明長城東起秦皇島市山海關區，經撫寧縣、青龍滿族自治縣、盧龍縣、遷安縣、遷西縣、遵化市、寬城滿族自治縣、興隆縣、灤平縣、唐縣、淶水縣、易縣、淶源縣、阜平縣、赤城縣、沽源縣、崇禮縣、懷來縣、涿鹿縣、宣化縣、萬全縣，張家口市宣化區、橋東區、橋西區、下花園區，蔚縣、陽原縣、懷安縣、尚義縣、靈壽縣、平山縣、鹿泉市、井陘縣、贊皇縣、內丘縣、邢臺縣、沙河市、武安市，西迄涉縣。〔註29〕

天津市明長城分佈於薊縣。〔註30〕

北京市明長城東起平谷區，經密雲縣、懷柔區、延慶縣、昌平區，西迄門頭溝區。〔註31〕

山西省明外長城東起於天鎮縣，經陽高縣、大同縣，大同市新榮區、城區、南郊區，左雲縣、右玉縣、朔州市平魯區，西迄河曲縣。明內長城第一條線東起靈丘縣，經廣靈縣、渾源縣、懷仁縣、應縣、山陰縣、繁峙縣、代縣、原平市、朔州市朔城區、寧武縣、神池縣，西迄偏關縣；第二條線北起靈丘縣，經五臺縣、盂縣、陽泉市郊區、平定縣、昔陽縣、和順縣、左權縣，南迄黎城縣。〔註32〕

內蒙古明長城東起興和縣，經豐鎮市、涼城縣、和林格爾縣、清水河縣、準格爾旗、鄂托克前旗、鄂托克旗、烏海市海南區，西迄阿拉善左旗。〔註33〕

〔註28〕《關於遼寧省長城認定的批覆》，中華人民共和國國家文物局網，2012 年 6 月 5 日，http://www.sach.gov.cn/art/2012/6/5/art_1691_125951.html。

〔註29〕《關於河北省長城認定的批覆》，中華人民共和國國家文物局網，2012 年 6 月 18 日，http://www.sach.gov.cn/art/2012/6/18/art_1691_125920.html。

〔註30〕《關於天津市長城認定的批覆》，中華人民共和國國家文物局網，2012 年 6 月 5 日，http://www.sach.gov.cn/art/2012/6/5/art_1691_125932.html。

〔註31〕《關於北京市長城認定的批覆》，中華人民共和國國家文物局網，2012 年 5 月 24 日，http://www.sach.gov.cn/art/2012/5/24/art_1691_125989.html。

〔註32〕《關於山西省長城認定的批覆》，中華人民共和國國家文物局網，2012 年 6 月 18 日，http://www.sach.gov.cn/art/2012/6/18/art_1691_125918.html。

〔註33〕《關於內蒙古自治區長城認定的批覆》，中華人民共和國國家文物局網，2012 年 6 月 5 日，http://www.sach.gov.cn/art/2012/6/5/art_1691_125943.html。

陝西明長城東起府谷縣，經神木縣、榆林市榆陽區、橫山縣、靖邊縣、吳起縣，西迄定邊縣。〔註34〕

寧夏明長城東起鹽池縣，經吳忠市利通區、紅寺堡區，青銅峽市、同心縣、石嘴山市惠農區、平羅縣、石嘴山市大武口區、賀蘭縣、靈武市、銀川市興慶區、永寧縣、銀川市西夏區、固原市原州區、西吉縣、中寧縣、海原縣，西迄中衛市沙坡頭區。〔註35〕

甘肅明長城東起環縣，經白銀市平川區、靖遠縣、白銀市白銀區、景泰縣、榆中縣、皋蘭縣、蘭州市城關區、七里河區、安寧區、西固區，永靖縣、永登縣、天祝藏族自治縣、古浪縣、武威市涼州區、民勤縣、永昌縣、金昌市金川區、山丹縣、民樂縣、張掖市甘州區、臨澤縣、肅南裕固族自治縣、高臺縣、金塔縣、酒泉市肅州區，西迄嘉峪關市。〔註36〕

青海明長城主線東起樂都縣，西經互助土族自治縣、大通回族土族自治縣，向南經湟中縣、西寧市城中區、湟源縣，向東經平安縣，止於民和回族土族自治縣。還有數條各自獨立的長城牆體或壕塹，分佈在西寧市城北區、民和回族土族自治縣、化隆回族自治縣、樂都縣、互助土族自治縣、貴德縣、門源回族自治縣、湟中縣、大通回族土族自治縣。〔註37〕

3. 朝代不明的長城

已經查明但暫時不能確定修建朝代和時代的長城，現分佈在河北省和甘肅省境內。河北省境內的分佈在赤城縣、宣化縣、張北縣，甘肅省的分佈在古浪縣。〔註38〕

〔註34〕 《關於陝西省長城認定的批覆》，中華人民共和國國家文物局網，2012 年 6 月 5 日，http://www.sach.gov.cn/art/2012/6/5/art_1691_125933.html。

〔註35〕 《關於寧夏回族自治區長城認定的批覆》，中華人民共和國國家文物局網，2012 年 6 月 5 日，http://www.sach.gov.cn/art/2012/6/5/art_1691_125942.html。

〔註36〕 《關於甘肅省長城認定的批覆》，中華人民共和國國家文物局網，2012 年 6 月 5 日，http://www.sach.gov.cn/art/2012/6/5/art_1691_125965.html。

〔註37〕 參見《關於青海省長城認定的批覆》，中華人民共和國國家文物局網，2012 年 6 月 18 日，http://www.sach.gov.cn/art/2012/6/18/art_1691_125919.html。

〔註38〕 《關於甘肅省長城認定的批覆》，中華人民共和國國家文物局網，2012 年 6 月 5 日，http://www.sach.gov.cn/art/2012/6/5/art_1691_125965.html。《關於河北省長城認定的批覆》，中華人民共和國國家文物局網，2012 年 6 月 18 日，http://www.sach.gov.cn/art/2012/6/18/art_1691_125920.html。

4. 小結

　　長城作爲如此大體量的建築，要摸清家底不是一件容易的事。根據國家文物局網站上的信息：「吉林省作爲第 16 個國家長城保護工程項目組成員，完成了我省境內田野調查任務，達到了預期工作目標，初步確認吉林境內長城長度爲 414 千米，長城段落 122 段，相關遺存 108 處；柳條新邊長度 291 千米，相關遺存 28 處。我省境內已發現和確認的漢長城、老邊崗土長城、延邊長城填補了我省無長城的空白，意義重大。這三段長城也成爲繼高句麗、渤海遺跡後的我省代表性文物資源，也是我省五片一線大遺址保護格局中的重要組成部分。」〔註 39〕國家文物局沒有認定吉林省的長城，但並不反對他們對自己長城資源調查的情況進行總結，可見在中國境內，有一些地方的遺跡是否屬於長城仍存在爭議，關於長城仍有「家底」沒有摸清，仍有繼續研究和繼續認定的空間。理清這些，拋磚引玉，期待更多學者加入長城研究的行列，共同爲長城家底的摸清加倍努力。

〔註39〕　《吉林省第三次全國文物普查暨長城資源調查工作總結大會在四平市召開》，中華人民共和國國家文物局網，2012 年 5 月 3 日，http://www.sach.gov.cn/art/2012/5/3/art_1663_120478.html。

跋　語：長城學，幾代長城人的期許

　　「我自己 30 歲來中國，現在已經近 60 歲。我經常去參加一些有關長城的會議，感覺到從事這方面研究的人士，白頭髮的多，黑頭髮的少。長城的未來要依靠年輕人，特別在信息時代。我對『傳承』最大的願望是在中國一流大學裏正式設立《長城學》課程，不管是一門歷史系的專業課，還是面對全校的『通選課』。因爲長城不僅僅是中國的故事，也是長城兩邊的故事，從古地圖對長城的標注的研究，中國長城也是一個世界性的故事。《長城學》也不僅僅是歷史，它也是地理、地圖、建築、人文、法律等等方面研究的大學問。我正在這個方面做出推動。」——一字一句摘錄下《威廉·林賽：願做長城的「洋清潔工」》（《新京報》2014 年 10 月 5 日 A06 版）是因爲感動，不是僅僅感動於威廉·林賽先生對中國長城學建設的熱情，而是感動於從 20 世紀 90 年代開始幾代人共同的心聲已經有了越來越多的呼聲！

　　中國古代是否有人提長城學，沒有通讀所有的文獻，我不敢妄言。但是，至少從 20 世紀 80 年代習仲勳、鄧小平等國家領導人先後題寫「愛我中華，修我長城」之後，長城的研究逐漸形成了一定的規模和氣候。20 世紀 90 年代初，在侯仁之、羅哲文等先生的指導下，在中國長城學會的推動下，中國逐漸開始了長城學這一學科建設的探索。1990 年《文物春秋》第 1 期上，羅哲文與董耀會兩位先生共同完成了《關於長城學的幾個基本理論問題》。在這篇文章裏，從長城學的界定、長城學的研究範圍、長城學的研究方法三個方面對長城學提出設想。成大林先生就《長城與長城學》發表文章，綜述長城的基本情況。此後，長城學的呼聲雖然不時存在，但多是雷聲大雨點小。

　　為什麼會這樣？這或許和長城是否能成為一個學科、一門學問有著一定的關係。長城是否能獨立成為一個學科、一門學問呢？愚意以為是有可能的。

　　首先，長城本身具有極大的可探藏量。無論從橫向空間來考察長城的建築本體，還是從縱向時間來考察長城的歷史文化，其空間都是極為巨大的。這種巨大的可探藏量決定了長城可以如動物群、植物群那樣，成為一門學科，進行一門深入的研究。

　　其次，長城可以研究的角度是豐富的。前些日子一位朋友問我，長城是哪個學科範圍內的。我回答，現在至少有十幾個學科可以研究長城。這不是信口開河。在 20 世紀 90 年代，長城的研究已經在歷史學（歷史地理學）、軍事學、經濟學、民族學、地理學、建築學等領域取得了較多的成績。時至今日，長城已經和以下學問形成了交叉與聯繫：歷史學、考古學、博物館學、民族學、民俗學、人類學、軍事學、經濟學、地理學、建築學、社會學、管理學、法律學、環境學、教育學、旅遊學、美學等。在上述各種學科中均已經有一些文章，或者專門以長城立論，或者在研究中談論到長城。

　　是不是將這些彙聚起來，就成了長城學呢？顯然不是那麼簡單。不過透過這些可以很明確地知道，未來形成的長城學一定是整體性、系統性、原則性、典型性、綜合性、概括性、交叉性、應用性均極為明顯的一門學科。

　　在這裡，我使用了「未來的長城學」這一概念，是想說明，雖然至遲從 20 世紀 90 年代開始已經有很多長輩在呼籲長城學，但長城學到現在並未完全建立起來。現在我們對長城的研究，仍舊是在對各種具體問題進行研究的階段——20 世紀 90 年代，通過《長城百科全書》，眾多長城的前輩們已經對長城的基本知識進行了一次小的梳理和總結；21 世紀初開始，國家文物局投入巨大人力與物力測繪長城的同時，大批長城研究成果正在結集出版；中國長城學會與鳳凰出版傳媒集團共同努力，延請大批專家教授從長城實體到長城研究正在進行更大規模的梳理——在這次長城梳理之後，隨著一大批新老學者不斷加入長城研究的行列。在網絡上，多處可見長城熱愛者對長城某些文化、某些知識的推動，以宣傳和介紹長城文化和長城研究成果而設立的「長城時光」（http://www.wallstime.com）網站也在 2015 年開始網上探索。相信，長城學在不久的將來會水到渠成。

　　從 2010 年進入《中國長城志》編纂團隊到 2014 年成為鳳凰出版傳媒集團與南京大學聯合培養的博士後，到現在，隨著長城典籍閱讀量的逐漸加增，

對長城的認識也在不斷深化和調整。將這些文字公佈於眾，一方面想梳理一下自己對長城現階段的認識，一方面也想堅立一個靶子，讓更多的朋友能參與到長城的討論中來。說得不合適的地方，還期待更多朋友的批評指正。

　　長城學，是幾代長城人的期許。長城學，也將在幾代長城人一磚一瓦的砌築中逐漸成形。我熱切期待著這一天的到來。

　　是以為跋。